CW00890224

Il Corsaro Nero

Emilio Salgari

CAPITOLO I

I FILIBUSTIERI DELLA TORTUE.

Una voce robusta, che aveva una specie di vibrazione metallica, s'alzò dal mare ed echeggiò fra le tenebre, lanciando queste parole minacciose:

- Uomini del canotto! Alt! o vi mando a picco!...

La piccola imbarcazione, montata da due soli uomini, che avanzava faticosamente sui flutti color inchiostro, fuggendo l'alta sponda che si delineava confusamente sulla linea dell'orizzonte, come se da quella parte temesse un grave pericolo, s'era bruscamente arrestata.

I due marinai, ritirati rapidamente i remi, si erano alzati d'un sol colpo, guardando con inquietudine dinanzi a loro, e fissando gli sguardi su di una grande ombra, che pareva fosse improvvisamente emersa dai flutti.

Erano entrambi sulla quarantina, ma dai lineamenti energici e angolosi, resi più arditi dalle barbe folte, irte, e che forse mai avevano conosciuto l'uso del pettine e della spazzola.

Due ampi cappelli di feltro, in più parti bucherellati e con le tese sbrindellate, coprivano le loro teste; camicie di flanella lacerate e scolorite, e prive di maniche, riparavano malamente i loro robusti petti, stretti alla cintura da fasce rosse, del pari ridotte in stato miserando, ma sostenenti un paio di grosse e pesanti pistole che si usavano verso la fine del sedicesimo secolo. Anche i loro corti calzoni erano laceri, e le gambe ed i piedi, privi di scarpe, erano imbrattati di fango nerastro.

Quei due uomini che si sarebbero potuti scambiare per due evasi da qualche penitenziario del Golfo del Messico, se in quel tempo fossero esistiti quelli fondati più tardi alle Guiane, vedendo quella grande ombra che spiccava nettamente sul fondo azzurro cupo dell'orizzonte, fra lo scintillio delle stelle, si scambiarono uno sguardo inquieto.

- Guarda un po', Carmaux, - disse colui che pareva il più giovane. - Guarda bene, tu che hai la vista più acuta di me. Sai che si tratta di vita o di morte.

- Vedo che è un vascello e sebbene non sia lontano più di tre tiri di pistola non saprei dire se viene dalla Tortue o dalle colonie spagnole.

- Che siano amici?... Uhm! Osare spingersi fin qui, quasi sotto i cannoni dei forti, col pericolo d'incontrare qualche squadra di navi d'alto bordo scortante qualche galeone pieno d'oro!...

- Comunque sia ci hanno veduti, Wan Stiller, e non ci lasceranno fuggire. Se lo tentassimo, un colpo di mitraglia sarebbe sufficiente a mandarci tutti e due a casa di Belzebú.

La stessa voce di prima, potente e sonora, echeggiò per la seconda volta fra le tenebre, perdendosi lontana sulle acque del golfo:

- Chi vive?

- Il diavolo, - borbottò colui che si chiamava Wan Stiller.

Il compagno invece salí sul banco e con quanta voce aveva gridò:

- Chi è l'audace che vuol sapere da qual paese veniamo noi?... Se la curiosità lo divora, venga da noi e gliela pagheremo a colpi di pistola.

Quella smargiassata, invece di irritare l'uomo che interrogava dal ponte della nave, parve che lo rendesse lieto, poiché rispose:

- I valorosi s'avanzino e vengano ad abbracciare i Fratelli della Costa!... I due uomini del canotto avevano mandato un grido di gioia.

- I Fratelli della Costa! - avevano esclamato. Poi colui che si chiamava Carmaux aggiunse:

- Il mare m'inghiotta, se non ho conosciuta la voce che ci ha data questa bella nuova.

- Chi credi che sia? - chiese il compagno, che aveva ripreso il remo manovrandolo con supremo vigore.

- Un uomo solo, fra tutti i valorosi della Tortue, può osare spingersi fino sotto i forti spagnuoli.

- Chi?...

- Il Corsaro Nero.

- Tuoni d'Amburgo!... Lui!... Proprio lui!...

- Che triste notizia per quell'audace marinaio!... - mormorò Carmaux con un sospiro. - Ed è proprio morto!...

- Mentre lui forse sperava di giungere in tempo per strapparlo vivo dalle mani degli spagnuoli, è vero, amico?

- Sí, Wan Stiller.

- Ed è il secondo che gli appiccano!...

- Il secondo, sí. Due fratelli, e tutti e due appesi alla forca infame!

- Si vendicherà, Carmaux.

- Lo credo, e noi saremo con lui. Il giorno che vedrò strangolare quel dannato governatore di Maracaibo, sarà il piú bello della mia vita e darò fine ai due smeraldi che tengo cuciti nei miei pantaloni. Saranno almeno mille piastre che mangerò coi camerati.

- Ah!... Ci siamo!... Te lo dicevo io? È la nave del Corsaro Nero!...

Il vascello, che poco prima non si poteva ben discernere in causa della profonda oscurità, non si trovava allora che a mezza gomena dal piccolo canotto.

Era uno di quei legni da corsa che adoperavano i filibustieri della Tortue per dare la caccia ai grossi galeoni spagnuoli, recanti in Europa i tesori dell'America Centrale, del Messico e delle regioni equatoriali.

Buoni velieri, muniti d'alta alberatura per potere approfittare delle brezze più leggere, colla carena stretta, la prora e la poppa soprattutto altissime come si usavano in quell'epoca, e formidabilmente armati.

Dodici bocche da fuoco, dodici caronade, sporgevano le loro nere gole dai sabordi, minacciando a babordo ed a tribordo, mentre sull'alto cassero si allungavano due grossi cannoni da caccia, destinati a spazzare i ponti a colpi di mitraglia.

Il legno corsaro si era messo in panna per attendere il canotto, ma sulla prora si vedevano, alla luce d'un fanale, dieci o dodici uomini armati di fucili, i quali parevano pronti a far fuoco al minimo sospetto.

I due marinai del canotto, giunti sotto il bordo del veliero, afferrarono una fune che era stata loro gettata insieme ad una scala di corda, assicurarono l'imbarcazione, ritirarono i remi, poi si issarono sulla coperta con un'agilità sorprendente.

Due uomini, entrambi muniti di fucili, puntarono su di essi le armi, mentre un terzo si avvicinava, proiettando sui nuovi arrivati la luce d'una lanterna.

- Chi siete? - fu chiesto loro.

- Per Belzebú, mio patrono!... - esclamò Carmaux. - Non si conoscono più gli amici?...

- Un pesce-cane mi mangi se questi non è il biscaglino Carmaux!... - gridò l'uomo della lanterna. - Come sei ancora vivo, mentre alla Tortue ti si credeva morto?... Toh!... Un altro risuscitato!... Non sei tu l'amburghese Wan Stiller?...

- In carne ed ossa, - rispose questi.

- Anche tu adunque sei sfuggito al capestro?...

- Eh!... La morte non mi voleva ed io ho pensato che era meglio vivere qualche anno ancora.

- Ed il capo?...

- Silenzio, - disse Carmaux.

- Puoi parlare: è morto?

- Banda di corvi!... Avete finito di gracchiare?... - gridò la voce metallica, che aveva lanciata quella frase minacciosa agli uomini del canotto.

- Tuoni d'Amburgo!... Il Corsaro Nero!... - borbottò Wan Stiller, con un brivido. Carmaux, alzando la voce, rispose:

- Eccomi comandante.-

Un uomo era sceso allora dal ponte di comando e si dirigeva verso di loro, con una mano appoggiata al calcio d'una pistola che pendevagli dalla cintola.

Era vestito completamente di nero e con una eleganza che non era abituale fra i filibustieri del grande Golfo del Messico, uomini che si accontentavano di un paio di calzoni e d'una camicia, e che curavano piú le loro armi che gli indumenti.

Portava una ricca casacca di seta nera, adorna di pizzi di eguale colore, coi risvolti di pelle egualmente nera; calzoni pure di seta nera, stretti da una larga fascia frangiata; alti stivali alla scudiera e sul capo un grande cappello di feltro, adorno d'una lunga piuma nera che gli scendeva fino alle spalle.

Anche l'aspetto di quell'uomo aveva, come il vestito, qualche cosa di funebre, con quel volto pallido, quasi marmoreo, che spiccava stranamente fra le nere trine del colletto e le larghe tese del cappello, adorno d'una barba corta, nera, tagliata alla nazzarena e un pò arricciata.

Aveva però i lineamenti bellissimi: un naso regolare, due labbra piccole e rosse come il corallo, una fronte ampia solcata da una leggera ruga che dava a quel volto un non so che di malinconico, due occhi poi neri come carbonchi, d'un taglio perfetto, dalle ciglia lunghe, vivide e animate da un lampo tale che in certi momenti doveva sgomentare anche i piú intrepidi filibustieri di tutto il golfo.

La sua statura alta, slanciata, il suo portamento elegante, le sue mani aristocratiche, lo faceva conoscere, anche a prima vista, per un uomo d'alta condizione sociale e soprattutto per un uomo abituato al comando.

I due uomini del canotto, vedendolo avvicinarsi, si erano guardati in viso con una certa inquietudine, mormorando:

- Il Corsaro Nero!

- Chi siete voi e da dove venite? - chiese il Corsaro, fermandosi dinanzi a loro e tenendo sempre la destra sul calcio della pistola.

- Noi siamo due filibustieri della Tortue, due Fratelli della Costa, - rispose Carmaux.

- E venite?

- Da Maracaybo.

- Siete fuggiti dalle mani degli spagnuoli?

- Sí, comandante.

- A qual legno appartenevate?

- A quello del Corsaro Rosso. -

Il Corsaro Nero udendo quelle parole trasalí, poi stette un istante silenzioso, guardando i due filibustieri con due occhi che pareva mandassero fiamme.

- Al legno di mio fratello, - disse poi, con un tremito nella voce.

Afferrò bruscamente Carmaux per un braccio e lo condusse verso poppa, traendolo quasi a forza.

Giunto sotto il ponte di comando, alzò il capo verso un uomo che stava ritto lassú, come se attendesse qualche ordine, e disse:

- Incrocierete sempre al largo, signor Morgan; gli uomini rimangano sotto le armi e gli artiglieri con le micce accese; mi avvertirete di tutto ciò che può succedere.

- Sí, comandante, - rispose l'altro. - Nessuna nave o scialuppa si avvicinerà, senza che ne siate avvertito.

Il Corsaro Nero scese nel quadro, tenendo sempre Carmaux per il braccio, entrò in una piccola cabina ammobiliata con molta eleganza ed illuminata da una lampada dorata, quantunque a bordo delle navi filibustiere fosse proibito, dopo le nove di sera, di tenere acceso qualsiasi lume, quindi indicando una sedia disse brevemente:

- Ora parlerai.

- Sono ai vostri ordini, comandante. -

Invece d'interrogarlo, il Corsaro si era messo a guardarlo fisso, tenendo le braccia incrociate sul petto. Era diventato piú pallido del solito, quasi livido, mentre il petto gli si sollevava sotto frequenti sospiri.

Due volte aveva aperto le labbra come per parlare, e poi le aveva richiuse come se avesse paura di fare una domanda, la cui risposta doveva forse essere terribile.

Finalmente, facendo uno sforzo, chiese con voce sorda:

- Me l'hanno ucciso, è vero?

- Chi?

- Mio fratello, colui che chiamavano il Corsaro Rosso.

- Sí, comandante, - rispose Carmaux, con un sospiro. - Lo hanno ucciso come vi hanno spento l'altro fratello, il Corsaro Verde. -

Un grido rauco che aveva qualche cosa di selvaggio, ma nello stesso tempo straziante, uscí dalle labbra del comandante.

Carmaux lo vide impallidire orribilmente e portarsi una mano sul cuore, e poi lasciarsi cadere su di una sedia, nascondendosi il viso colla larga tesa del cappello.

Il Corsaro rimase in quella posa alcuni minuti, durante i quali il marinaio del canotto lo udí singhiozzare, poi balzò in piedi come se si fosse vergognato di quell'atto di debolezza. La tremenda emozione che lo aveva preso era completamente scomparsa; il viso era tranquillo, la fronte serena, il colorito non piú marmoreo di prima, ma lo sguardo era animato da un lampo cosí tetro che metteva paura.

Fece due volte il giro della cabina come se avesse voluto tranquillarsi interamente prima di continuare il dialogo, poi tornò a sedersi, dicendo:

- Io temevo di giungere troppo tardi, ma mi resta la vendetta. L'hanno fucilato?

- Appiccato, signore.

- Sei certo di questo?

- L'ho veduto coi miei occhi pendere dalla forca eretta sulla Plaza de Granada.

- Quando l'hanno ucciso?

- Quest'oggi, dopo il mezzodí.

- È morto?...

- Da prode, signore. Il Corsaro Rosso non poteva morire diversamente, anzi...

- Continua.

- Quando il laccio stringeva, ebbe ancora la forza d'animo di sputare in faccia al governatore.

- A quel cane di Wan Guld?

- Sí, al duca fiammingo.

- Ancora lui! Sempre lui!... Ha giurato adunque un odio feroce contro di me? Un fratello ucciso a tradimento e due appiccati da lui!

- Erano i due piú audaci corsari del golfo, signore, è quindi naturale che li odiasse.

- Ma mi rimane la vendetta!... - gridò il filibustiere con voce terribile. - No, non morrò se prima

non avrò sterminato quel Wan Guld e tutta la sua famiglia e dato alle fiamme la città ch'egli governa. Maracaybo, tu mi sei stata fatale; ma io pure sarò fatale a te!... Dovessi fare appello a tutti i filibustieri della Tortue ed a tutti i bucanieri di San Domingo e di Cuba, non lascerò pietra su pietra di te! Ora parla, amico: narrami ogni cosa. Come vi hanno presi?.

- Non ci hanno presi colla forza delle armi bensí sorpresi a tradimento quando eravamo inermi, comandante.

Come voi sapevate, vostro fratello si era diretto su Maracaybo per vendicare la morte del

Corsaro Verde, avendo giurato, al pari di voi, di appiccare il duca fiammingo.Eravamo in ottanta, tutti risoluti e decisi ad ogni evento, anche ad affrontare una squadra, ma avevamo fatto i conti senza il cattivo tempo.All'imboccatura del Golfo di Maracaybo, un uragano tremendo ci sorprende, ci caccia sui bassi fondi e le onde furiose frantumano la nostra nave. Ventisei soli, dopo infinite fatiche, riescono a raggiungere la costa: eravamo tutti in condizioni cosí deplorevoli da non opporre la minima resistenza e sprovvisti di qualsiasi arma.Vostro fratello ci incoraggia e ci guida lentamente attraverso le paludi, per tema che gli spagnuoli ci avessero scorti, e che avessero incominciato ad inseguirci.Credevamo di poter trovare un rifugio sicuro nelle folte foreste, quando cademmo in una imboscata. Trecento spagnuoli, guidati da Wan Guld in persona, ci piombano addosso, ci chiudono in un cerchio di ferro, uccidono quelli che oppongono resistenza e ci conducono prigionieri a Maracaybo.

- E mio fratello era del numero?

- Sí, comandante. Quantunque fosse armato d'un pugnale, si era difeso come un leone, preferendo morire sul campo piuttosto che sulla forca, ma il fiammingo l'aveva riconosciuto ed invece di farlo uccidere con un colpo di fucile o di spada, l'aveva fatto risparmiare. Trascinati a Maracaybo, dopo di essere stati maltrattati da tutti i soldati ed ingiuriati dalla popolazione, fummo condannati alla forca. Ieri mattina però, io ed il mio amico Wan Stiller, piú fortunati dei nostri compagni, siamo riusciti a fuggire strangolando la nostra sentinella. Dalla capanna di un indiano presso il quale ci siamo rifugiati, abbiamo assistito alla morte di vostro fratello e dei suoi coraggiosi filibustieri, poi alla sera aiutati da un negro ci siamo imbarcati su di un canotto, decisi di attraversare il golfo del Messico e giungere alla Tortue. Ecco tutto, comandante.

- E mio fratello è morto!... - disse il Corsaro con una calma terribile.

- L'ho veduto come vedo ora voi.

- E sarà ancora appeso alla forca infame?

- Vi rimarrà tre giorni.

- E poi verrà gettato in qualche fogna.

- Certo comandante.-

Il Corsaro si era bruscamente alzato e si era avvicinato al filibustiere.

- Hai paura tu?... - gli chiese con strano accento.

- Nemmeno di Belzebú, comandante.

- Dunque tu non temi la morte?

- No.

- Mi seguiresti?

- Dove?

- A Maracaybo.

- Quando?

- Questa notte.

- Si va ad assalire la città?

- No, non siamo in numero sufficiente ora, ma piú tardi Wan Guld riceverà mie nuove. Ci andremo noi due ed il tuo compagno.

- Soli? - chiese Carmaux, con stupore.

- Noi soli.

- Ma che volete fare?

- Prendere la salma di mio fratello.

- Badate comandante! Correte il pericolo di farvi prendere.

- Tu sai chi è il Corsaro Nero?

- Lampi e folgori! È il filibustiere piú audace della Tortue.

- Va' adunque ad aspettarmi sul ponte e fa preparare una scialuppa.

- È inutile, capitano, abbiamo il nostro canotto, una vera barca da corsa.

- Va'!

CAPITOLO II

UNA SPEDIZIONE AUDACE.

Carmaux si era affrettato ad obbedire, sapendo che col formidabile Corsaro era pericoloso indugiare.

Wan Stiller lo attendeva dinanzi al boccaporto, in compagnia del mastro d'equipaggio e d'alcuni filibustieri, i quali lo interrogavano sulla disgraziata fine del Corsaro Rosso e del suo equipaggio, manifestando terribili propositi di vendetta contro gli spagnuoli di Maracaybo e soprattutto contro il governatore. Quando l'amburghese apprese che si doveva preparare il canotto per fare ritorno alla costa, dalla quale si erano allontanati precipitosamente per un vero miracolo, non poté nascondere il suo stupore e la sua apprensione.

- Tornare ancora laggiú!... - esclamò. - Ci lasceremo la pelle, Carmaux.

- Bah!... Non ci andremo soli questa volta.

- Chi ci accompagnerà dunque?

- Il Corsaro Nero.

- Allora non ho piú timori. Quel diavolo d'uomo vale cento filibustieri.

- Ma verrà solo.

- Non conta, Carmaux; con lui non vi è da temere. E rientreremo in Maracaybo?...

- Sí, mio caro, e saremo bravi se condurremo a buon fine l'impresa. Ehi, mastro, fà gettare nel canotto tre fucili, delle munizioni, un paio di sciabole d'arrembaggio per noi due, e qualche cosa da mettere sotto i denti. Non si sa mai ciò che può succedere e quando potremo tornare.

- È già fatto, - rispose il mastro. - Non mi sono dimenticato nemmeno il tabacco.

- Grazie, amico. Tu sei la perla dei mastri.

- Eccolo, - disse in quell'istante Wan Stiller.

Il Corsaro era comparso sul ponte. Indossava ancora il suo funebre costume, ma si era appesa al fianco una lunga spada, ed alla cintura un paio di grosse pistole ed uno di quegli acuti pugnali spagnuoli chiamati misericordie. Sul braccio portava un ampio ferraiuolo, nero come il vestito.

S'avvicinò all'uomo che stava sul ponte di comando e che doveva essere il comandante in seconda, scambiò con lui alcune parole, poi disse brevemente ai due filibustieri:

- Partiamo.

- Siamo pronti - rispose Carmaux.

Scesero tutti e tre nel canotto che era stato condotto sotto la poppa e già provvisto d'armi e di viveri. Il Corsaro si avvolse nel suo ferraiuolo e si sedette a prora, mentre i filibustieri, afferrati i remi, ricominciarono con grande lena la faticosa manovra.

La nave filibustiera aveva subito spento i fanali di posizione e, orientate le vele, si era messa a seguire il canotto, correndo bordate, onde non precederlo. Probabilmente il comandante in seconda

voleva scortare il suo capo fin presso la costa per proteggerlo nel caso d'una sorpresa.

Il Corsaro, semisdraiato a prora, col capo appoggiato ad un braccio, stava silenzioso, ma il suo sguardo, acuto come quello di un'aquila, percorreva attentamente il fosco orizzonte, come se cercasse discernere la costa americana che le tenebre nascondevano.

Di tratto in tratto volgeva il capo verso la sua nave che sempre lo seguiva, ad una distanza di sette od otto gomene, poi tornava a guardare verso il sud.

Wan Stiller e Carmaux intanto arrancavano di gran lena, facendo volare, sui neri flutti, il sottile

e svelto canotto. Né l'uno né l'altro parevano preoccupati di ritornare verso quella costa, popolata dai loro implacabili nemici, tanta era la fiducia che avevano nell'audacia e nella valentia del formidabile Corsaro, il cui solo nome bastava a spargere il terrore in tutte le città marittime del grande golfo messicano. Il mare interno di Maracaybo, essendo liscio come se fosse di olio, permetteva alla veloce imbarcazione di avanzare senza troppo affaticare i due rematori. Non essendovi in quel luogo, racchiuso fra due capi che lo proteggono dalle larghe ondate del Grande Golfo, coste ripide, non vi sono flutti di fondo, sicché è rado che l'acqua là entro si sconvolga.

I due filibustieri arrancavano da un'ora, quando il Corsaro Nero, che fino allora aveva mantenuto una immobilità quasi assoluta, si alzò bruscamente in piedi, come se volesse abbracciare collo sguardo maggiore orizzonte.

Un lume, che non si poteva confondere con una stella, brillava a fior d'acqua, verso il sud-ovest, ad intervalli d'un minuto.

- Maracaybo, - disse il Corsaro, con accento cupo, che tradiva un impeto di sordo furore.

- Sí, - rispose Carmaux, che si era voltato.

- Quanto distiamo?

- Forse tre miglia, capitano.

- Allora a mezzanotte noi vi saremo.

- Sí.

- Vi è qualche crociera?

- Quella dei doganieri.

- È necessario evitarla.

- Conosciamo un posto ove potremo sbarcare tranquilli e nascondere il canotto fra i paletuvieri.

- Avanti.

- Una parola, capitano.

- Parla.

- Sarebbe meglio che la nostra nave non si avvicinasse di piú.

- Ha già virato e ci aspetterà al largo, - rispose il Corsaro. Stette silenzioso alcuni istanti, poi riprese:

- È vero che vi è una squadra nel lago?

- Sí, comandante, quella dell'ammiraglio Toledo che veglia su Maracaybo e Gibraltar.

- Ah!... Hanno paura? Ma l'Olonese è alla Tortue e fra noi due la manderemo a picco. Pazienza alcuni giorni ancora, poi Wan Guld saprà di che cosa saremo capaci noi. -

Si ravvolse di nuovo nel suo mantello, si calò il feltro sugli occhi, poi tornò a sedersi, tenendo gli sguardi fissi su quel punto luminoso che indicava il faro del porto. Il canotto riprese la corsa; non manteneva però piú la prora verso l'imboccatura di Maracaybo, volendo evitare la crociera delle guardie doganali, le quali non avrebbero mancato di fermarlo e di arrestare le persone che lo montavano.

Mezz'ora dopo, la costa del golfo era perfettamente visibile, non essendo lontana piú di tre o quattro gomene. La spiaggia scendeva in mare dolcemente, tutta ingombra di paletuvieri, piante che crescono per lo piú alla foce dei corsi d'acqua e che producono delle febbri terribili e che sono la causa del vomito prieto ossia della temuta febbre gialla.

Piú oltre si vedeva spiccare, sul fondo stellato del cielo, una cupa vegetazione, la quale lanciava in aria enormi ciuffi di foglie piumate, di dimensioni gigantesche.

Carmaux e Wan Stiller avevano rallentata la vogata e si erano voltati per vedere la costa. Non s'avanzavano che con grandi precauzioni, procurando di non fare rumore e guardando attentamente in tutte le direzioni, come se temessero qualche sorpresa.

Il Corsaro Nero non si era invece mosso, però aveva posto dinanzi a sé i tre fucili imbarcati dal mastro, per salutare, con una scarica, la prima scialuppa che avesse osato avvicinarsi.

Doveva essere la mezzanotte quando il canotto si arenava in mezzo ai paletuvieri, cacciandosi piú di mezzo fra le piante e le contorte radici.

Il Corsaro si era alzato. Ispezionò rapidamente la costa, poi balzò agilmente a terra, legando l'imbarcazione ad un ramo.

- Lasciate i fucili - disse a Wan Stiller ed a Carmaux. - Avete le pistole?

- Sí, capitano, - rispose l'amburghese.

- Sapete dove siamo?

- A dieci o dodici miglia da Maracaybo.

- È situata dietro questo bosco la città?

- Sul margine di questa macchia gigantesca.

- Potremo entrare questa notte?...

- È impossibile capitano. Il bosco è foltissimo e non potremo attraversarlo prima di domani mattina.

- Sicché saremo costretti ad attendere fino a domani sera?

- Se non volete arrischiarvi di entrare in Maracaybo di giorno, bisognerà rassegnarsi ad aspettare.

- Mostrarci in città di giorno sarebbe un'imprudenza, - rispose il Corsaro, come parlando fra sé stesso. - Se avessi qui la mia nave pronta ad appoggiarci ed a raccoglierci, l'oserei, ma la Folgore incrocia ora nelle acque del gran golfo. -

Rimase alcuni istanti immobile e silenzioso, come se fosse immerso in profondi pensieri, quindi riprese:

- E mio fratello, potremo trovarlo ancora?

- Rimarrà esposto sulla Plaza de Granada tre giorni, - disse Carmaux. - Ve lo dissi già.

- Allora abbiamo tempo. Avete conoscenze in Maracaibo?

- Sí, un negro, quello che ci offrí il canotto per fuggire. Abita sul margine di questa foresta in una capanna isolata.

- Non ci tradirà?

- Rispondiamo di lui.

- In cammino.

Salirono la sponda, Carmaux dinanzi, il Corsaro in mezzo e Wan Stiller in coda e si cacciarono in mezzo all'oscura boscaglia procedendo cautamente, cogli orecchi tesi e le mani sui calci delle pistole, potendo cadere da un istante all'altro in un agguato.

La foresta si rizzava dinanzi a loro, tenebrosa come una immensa caverna. Tronchi d'ogni forma e dimensione si ergevano verso l'alto, sostenendo foglie smisurate, le quali impedivano assolutamente di scorgere la volta stellata.

Festoni di liane cadevano dappertutto, intrecciandosi in mille guise, salendo e scendendo dai tronchi delle palme e correndo da destra a sinistra, mentre al suolo strisciavano, attorcigliate le une alle altre, radici smisurate, le quali ostacolavano non poco la marcia dei tre filibustieri, costringendoli a fare dei lunghi giri per trovare un passaggio, o a mettere mano alle sciabole d'arrembaggio per reciderle.

Dei vaghi bagliori, come di grossi punti luminosi, che proiettavano ad intervalli dei veri sprazzi di luce, correvano in mezzo a quelle migliaia di tronchi, danzavano ora a livello del suolo ed ora in

mezzo al fogliame. Si spegnevano bruscamente, poi si riaccendevano e formavano delle vere onde luminose di una incomparabile bellezza, che aveva qualche cosa di fantastico.

Erano le grosse lucciole dell'America Meridionale, le vaga lume che tramandano una luce cosí vivida da permettere di leggere le scritture piú minute anche alla distanza di qualche metro e che rinchiuse in un vasetto di cristallo in tre o quattro, bastano ad illuminare una stanza; e le lampyris occidental o perilampo, altri bellissimi insetti fosforescenti che si trovano in grandissimi sciami nelle foreste della Guiana e dell'Equatore.

I tre filibustieri, sempre nel piú profondo silenzio, continuavano la marcia, non lasciando le loro precauzioni, poiché oltre gli uomini, avevano da temere anche gli abitanti delle foreste, i sanguinari giaguari e soprattutto i serpenti, specialmente gli jaracarà, rettili velenosissimi, che sono difficili a scorgersi anche di giorno essendo la loro pelle del colore delle foglie secche.

Dovevano aver percorso due miglia, quando Carmaux, che si trovava sempre dinanzi, essendo il piú pratico dei luoghi, s'arrestò bruscamente armando con precipitazione una delle sue pistole.

- Un giaguaro od un uomo? - chiese il Corsaro, senza la minima apprensione.

- Può essere stato un giaguaro, ma anche una spia, - rispose Carmaux. - In questo paese non si è mai certi di vedere l'indomani.

- Dov'è passato?

- A venti passi da me.

Il Corsaro si curvò verso terra ed ascoltò attentamente, trattenendo il respiro. Un leggero scrosciare di foglie giunse fino a lui; era però cosí debole che solamente un orecchio molto esercitato ed acuto poteva udirlo.

- Può essere un animale, - rispose rialzandosi. - Bah!... Noi non siamo uomini da spaventarci.

Impugnate le sciabole e seguitemi.

Girò intorno al tronco di un albero enorme che torreggiava in mezzo alle palme, poi sostò in mezzo ad un gruppo di foglie giganti scrutando le tenebre.

Lo scrosciare delle foglie secche era cessato, tuttavia al suo orecchio giunse un tintinnio metallico e poco dopo un colpo secco come se il cane d'un fucile venisse alzato.

- Fermi! Qui vi è qualcuno che ci spia e che aspetta il momento opportuno per farci fuoco addosso.

- Che ci abbiano veduti sbarcare? - borbottò Carmaux, con inquietudine. - Questi spagnuoli hanno spie dappertutto.

Il Corsaro aveva impugnata colla destra la spada e colla sinistra una pistola e cercava di girare quell'ammasso di foglie, senza produrre il minimo rumore. Ad un tratto Carmaux e Wan Stiller lo videro slanciarsi innanzi e piombare, con un solo salto, addosso ad una forma umana, che si era improvvisamente alzata in mezzo ad un cespuglio.

L'assalto del Corsaro era stato cosí improvviso ed impetuoso che l'uomo che si teneva imboscato era andato a gambe levate, percosso in pieno viso dalla guardia della spada.

Carmaux e Wan Stiller si erano subito precipitati su di lui, e mentre il primo s'affrettava a raccogliere il fucile che l'uomo imboscato aveva lasciato cadere, senza avere avuto il tempo di scaricarlo, l'altro puntava la pistola dicendo:

- Se ti muovi sei un uomo spacciato.

- È uno dei nostri nemici, - disse il Corsaro che si era curvato.

- Un soldato di quel dannato Wan Guld, - rispose Wan Stiller. - Che cosa faceva imboscato in questo luogo? Sarei curioso di saperlo.

Lo spagnuolo, che era stato stordito dalla guardia della spada del Corsaro, cominciava a riaversi, accennando ad alzarsi.

- Carrai! - borbottò con un tremito nella voce. - Che sia caduto tra le mani del diavolo?

- L'hai indovinato, - disse Carmaux. - Giacché a voi piace chiamare cosí noi filibustieri.

Lo spagnuolo provò un brivido cosí forte, che Carmaux se ne accorse.

- Non aver tanta paura, per ora, - gli disse, ridendo. - Risparmiala per piú tardi, per quando danzerai nel vuoto un fandango disordinato con un bel pezzo di solida canapa stretto alla gola.

Poi volgendosi verso il Corsaro, che guardava in silenzio il prigioniero, gli chiese:

- Devo finirlo con un colpo di pistola?

- No, - rispose il capitano.

- Preferite appiccarlo ai rami di quell'albero?

- Nemmeno.

- Forse è uno di quelli che hanno appiccato i Fratelli della Costa ed il Corsaro Rosso, mio capitano.

A quel ricordo un lampo terribile balenò negli occhi del Corsaro Nero, ma subito si spense.

- Non voglio che muoia, - disse con voce sorda. - Può esserci piú utile d'un appiccato.

- Allora leghiamolo per bene, - dissero i due filibustieri.

Si levarono le fasce di lana rossa che portavano ai fianchi e strinsero le braccia del prigioniero, senza che questi osasse fare resistenza.

- Ora vediamo un pò chi sei, - diesse Carmaux.

Accese un pezzo di miccia da cannone che teneva in tasca e l'accostò al viso dello spagnuolo. Quel povero diavolo, caduto nelle mani dei formidabili corsari della Tortue, era un uomo di

appena trent'anni, lungo e magro come il suo compatriota Don Chisciotte, con un viso angoloso, coperto da una barba rossiccia e due occhi grigi, dilatati dallo spavento.

Indossava una casacca di pelle gialla con qualche rabesco, corti e larghi calzoni a righe nere e rosse e calzava lunghi stivali di pelle nera. Sul capo invece portava un elmetto d'acciaio adorno di una vecchia piuma, la quale non aveva piú che rade barbe e dalla cintura gli pendeva una lunga spada, la cui guaina era assai irruginita alle sue estremità.

- Per Belzebú mio patrono!... - esclamò Carmaux, ridendo. - Se il Governatore di Maracaybo ha di questi prodi vuol dire che non li nutre di certo con capponi, poiché è piú magro di un'aringa affumicata. Credo, capitano, che valga la pena d'appiccarlo.

- Non ho detto d'appiccarlo - rispose il Corsaro.

Poi toccando il prigioniero con la punta della spada gli disse:

- Ora parlerai se ti preme la pelle.

- La pelle è già perduta - rispose lo spagnuolo. - Non si esce vivi dalle vostre mani e quando io avessi narrato a voi quanto vorreste sapere, non sarei certo di rivedere egualmente l'indomani.

- Lo spagnuolo ha del coraggio, - disse Wan Stiller.

- E la sua risposta vale la sua grazia, - aggiunse il Corsaro. - Via, parlerai?

- No, - rispose il prigioniero.

- Ti ho promesso salva la vita.

- E chi vi crederà?

- Chi?... Ma sai chi sono io?

- Un filibustiere.

- Sí, ma che si chiama il Corsaro Nero.

- Per la nostra Signora di Guadalupa! - esclamò lo spagnuolo, diventando livido. - Il Corsaro

Nero qui!... Siete venuto per sterminarci tutti e vendicare il vostro fratello, il Corsaro Rosso?

- Sí, se non parlerai, - rispose il filibustiere con voce cupa. - Vi sterminerò tutti e di Maracaybo non rimarrà pietra su pietra!

- Por todos santos!... Voi qui? - ripeté il prigioniero, che non si era ancora rimesso dalla sorpresa.

- Parla!...

- Sono morto; è quindi inutile.

- Il Corsaro Nero è un gentiluomo, sappilo, ed un gentiluomo non ha mai mancato alla parola data, - rispose il capitano con voce solenne.

- Allora interrogatemi.

CAPITOLO III

IL PRIGIONIERO.

Ad un cenno del capitano, Wan Stiller e Carmaux avevano sollevato il prigioniero e l'avevano seduto ai piedi d'un albero, senza però slegargli le mani, quantunque fossero certi che non avrebbe commesso la pazzia di tentare la fuga.

Il Corsaro gli sedette di fronte, su di una enorme radice che sorgeva dal suolo come un serpente gigantesco, mentre i due filibustieri si erano messi in sentinella alle estremità di quel macchione, non essendo ancora bene sicuri che il prigioniero fosse solo.

- Dimmi, - disse il Corsaro, dopo alcuni istanti di silenzio. - È ancora esposto mio fratello?...

- Sí, - rispose il prigioniero. - Il governatore ha ordinato di tenerlo appeso tre giorni e tre notti, prima di gettare il cadavere nella foresta, a pasto delle fiere.

- Credi che sia possibile rubare il cadavere?

- Forse, non essendovi di notte che una sentinella a guardia della Plaza de Granada. Quindici appiccati non possono ormai fuggire.

- Quindici!... - esclamò il Corsaro, con accento cupo. - Dunque quel feroce Wan Guld non ne ha risparmiato neppure uno?

- Nessuno.

- E non teme la vendetta dei filibustieri della Tortue?

- Maracaybo è ben munita di truppe e di cannoni.

Un sorriso di disprezzo sfiorò le labbra del fiero Corsaro.

- Che cosa fanno i cannoni a noi? - disse. - Le nostre sciabole d'arrembaggio valgono bene di piú; lo avete veduto ancora all'assalto di S. Francisco di Campeche, a S. Agostino della Florida ed in altri combattimenti.

- È vero, ma Wan Guld si tiene al sicuro in Maracaybo.

- Ah sí!... Ebbene, lo vedremo quando mi sarò abboccato coll'Olonese.

- Coll'Olonese!... - esclamò lo spagnuolo, con un fremito di terrore.

Parve che il Corsaro non avesse fatto attenzione allo spavento del prigioniero poiché riprese, cambiando tono:

- Che cosa facevi in questo bosco?

- Sorvegliavo la spiaggia.

- Solo?

- Sí, solo.

- Si temeva una sorpresa da parte nostra?

- Non lo nego, poiché era stata segnalata una nave sospetta, incrociante nel golfo.

- La mia?

- Se voi siete qui, quella nave doveva essere la vostra.

- Ed il governatore si sarà affrettato a fortificarsi.

- Ha fatto di piú; ha mandato alcuni fidi a Gibraltar ad avvertire l'ammiraglio.

Questa volta fu il Corsaro che provò un fremito, se non di spavento, certo d'inquietudine.

- Ah!... - esclamò, mentre la sua tinta pallida diventava livida. - La mia nave corre forse un grave pericolo?

Poi alzando le spalle, soggiunse:

- Bah! Quando i vascelli dell'ammiraglio giungeranno a Maracaybo, io sarò a bordo della

Folgore.

S'alzò bruscamente, con un fischio chiamò i due filibustieri che vegliavano sul margine della macchia e disse brevemente:

- Partiamo.

- E di quest'uomo, che cosa dobbiamo farne? - chiese Carmaux.

- Conducetelo con noi; la vostra vita risponderà per la sua, se vi fugge.

- Tuoni d'Amburgo! - esclamò Wan Stiller. - Lo terrò per la cintola, onde non gli salti il ticchio di giuocare di gambe.

Si rimisero in cammino l'uno dietro l'altro, in fila indiana, Carmaux dinanzi e Wan Stiller ultimo, dietro al prigioniero, per non perderlo di vista un solo istante. Cominciava ad albeggiare. Le tenebre fuggivano rapidamente, cacciate dalla rosea luce che invadeva il cielo, e che si distendeva anche sotto gli alberi giganti della foresta. Le scimmie, che sono cosí numerose nell'America meridionale, specialmente nel Venezuela, si svegliavano, empiendo la foresta di grida strane.

Sulla cima di quelle graziose palme chiamate assai, dal tronco sottile ed elegante o fra il verde fogliame degli enormi eriodendron, od in mezzo alle sipos, grosse liane che si avviticchiano intorno agli alberi, od aggrappate alle radici aeree delle aroidee, od in mezzo alle splendide bromelie dai ricchi rami carichi di fiori scarlatti, si vedevano agitarsi, come folletti, ogni specie di quadrumani.

Là vi era una piccola tribú di mico, le scimmie piú graziose e nello stesso tempo le piú svelte e le piú intelligenti, quantunque siano cosí piccine da potersi nascondere in un taschino della giacca; piú oltre vi erano drappelli di sahuì rosse, un po' piú grosse degli scoiattoli, adorne di una bellissima criniera che le fa rassomigliare ai leoncini; poi bande di mono, le scimmie piú magre di tutte, con gambe e braccia cosí lunghe che le fanno rassomigliare a ragni di dimensioni enormi, o truppe di prego, quadrumani che hanno la smania di tutto devastare e che sono il terrore dei poveri piantatori.

I volatili non mancavano e mescolavano le loro grida a quelle dei quadrumani. Fra le grandi foglie delle pomponasse, che servono alla fabbricazione dei bellissimi e leggeri cappelli di Panama, o fra i boschetti di laransia dai fiori esalanti acuti profumi o sulle quaresme, bellissime palme dai fiori purpurei, cicalavano a piena gola i piccoli mahitaco, specie di pappagalli dalla testa turchina; gli arà, grossi pappagalli tutti rossi, che da mane a sera, con una costanza degna di migliore causa, gridano incessantemente arà arà; o i choradeira detti anche uccelli piagnoni, poiché sembra che piangano e che abbiano sempre da lamentarsi.

I filibustieri e lo spagnuolo, già abituati a percorrere le grandi foreste del continente americano e delle isole del Golfo del Messico, non si arrestavano ad ammirare né le piante, né i quadrumani, né i volatili. Marciavano piú rapidamente che potevano, cercando i passaggi aperti dalle fiere o dagli indiani, frettolosi di giungere fuori di quel caos di vegetali e di scorgere Maracaybo.

Il Corsaro era diventato meditabondo e tetro, come già lo era quasi sempre, anche a bordo della sua nave o fra le gozzoviglie della Tortue.

Avvolto nel suo ampio mantello nero, col feltro calato sugli occhi e con la sinistra appoggiata alla guardia della spada, la testa china sul petto, camminava dietro a Carmaux, senza guardare né i compagni, né il prigioniero, come fosse stato solo a percorrere la foresta.

I due filibustieri, conoscendo le sue abitudini, si guardavano bene dall'interrogarlo e di strapparlo dalle sue meditazioni. Tutt'al piú scambiavano a bassa voce, tra di loro, qualche parola per consigliarsi sulla direzione da tenersi, poi allungavano sempre il passo inoltrandosi vieppiú fra quelle reti gigantesche di sipos smisurate, ed i tronchi delle palme, degli jacarandò e delle massaranduba,

fugando colla loro presenza stormi di quei vaghi uccellini chiamati trochilidi od uccelli mosca, dalle splendide penne d'un azzurro scintillante e dal becco rosso, color del fuoco.

Camminavano da due ore, sempre piú rapidamente, quando Carmaux, dopo un istante di esitazione e dopo d'aver guardato piú volte gli alberi ed il suolo, s'arrestò indicando a Wan Stiller un macchione di cujueiro, piante che hanno foglie coriacee e che producono dei suoni bizzarri quando soffia il vento.

- È qui, Wan Stiller? - chiese. - Mi pare di non ingannarmi.

Quasi nello stesso momento, in mezzo alla macchia, si udirono echeggiare dei suoni melodiosi, dolcissimi, che pareva uscissero da qualche flauto.

- Che cos'è? - chiese il Corsaro, alzando bruscamente il capo e sbarazzandosi del mantello.

- È il flauto di Moko, - rispose Carmaux, con un sorriso.

- Chi è questo Moko?

- Il negro che ci ha aiutati a fuggire. La sua capanna è in mezzo a queste piante.

- E perché suona?

- Sarà occupato ad ammaestrare i suoi serpenti.

- È un incantatore di rettili?

- Sí, capitano.

- Ma questo flauto può tradirci.

- Glielo prenderò e manderemo i serpenti a passeggiare nel bosco.

Il Corsaro fece cenno di tirare innanzi, però estrasse la spada come se temesse qualche brutta sorpresa.

Carmaux si era già cacciato nel macchione avanzando su di un sentieruzzo appena visibile, poi

era tornato ad arrestarsi mandando un grido di stupore misto a ribrezzo.

Dinanzi ad una catapecchia di rami intrecciati, col tetto coperto di grandi foglie di palme e semi-nascosta da una cujera, enorme pianta da zucche che ombreggia quasi sempre le capanne degli indiani, stava seduto un negro di forme erculee. Era uno dei piú bei campioni della razza africana, poiché era di statura alta, con spalle larghe e robuste, petto ampio e braccia e gambe muscolose, che dovevano sviluppare una forza gigantesca.

Il suo viso, quantunque avesse le labbra grosse, il naso schiacciato e gli zigomi sporgenti, non era brutto; aveva anzi qualche cosa di buono, d'ingenuo, d'infantile, senza la menoma traccia di quell'espressione feroce che si riscontra in molte razze africane.

Seduto su di un pezzo di tronco d'albero, suonava un flauto fatto con una canna sottile di bambú, traendone dei suoni dolci, prolungati, che producevano una strana sensazione di mollezza, mentre dinanzi a lui strisciavano dolcemente otto o dieci dei piú pericolosi rettili dell'America meridionale.

Vi erano alcuni jararacà, piccoli serpenti color tabacco colla testa depressa e triangolare, col collo sottilissimo e che sono cosí velenosi che dagli indiani vengono chiamati i maledetti; alcuni naja chiamati anche ay ay, tutti neri e che iniettano un veleno fulminante, dei boicinega o serpenti a sonaglio e qualche urutú, rettile a strisce bianche disposte in croce sul capo, e la cui morsicatura produce la paralisi del membro offeso.

Il negro, udendo il grido di Carmaux, alzò i suoi occhi grandi, che parevano di porcellana, fissandoli sul filibustiere, poi staccando dalle labbra il flauto, disse con stupore:

- Siete voi?... Ancora qui... Vi credevo già nel golfo, al sicuro dagli spagnuoli.

- Sí, siamo noi ma... il diavolo mi porti se io farò un passo con quei brutti rettili che ti circondano.

- Le mie bestie non fanno male agli amici, - rispose il negro, ridendo. - Aspetta un momento compare bianco e li manderò a dormire.

Prese un cesto di foglie intrecciate, vi mise dentro i serpenti, senza che questi si ribellassero, lo richiuse accuratamente mettendovi sopra, per maggior precauzione, un grosso sasso, poi disse:

- Ora puoi entrare senza timore nella mia capanna, compare bianco. Sei solo?

- No, conduco con me il capitano della mia nave, il fratello del Corsaro Rosso.

- Il Corsaro Nero?... Lui qui?... Maracaybo tremerà tutta!...

- Silenzio, negrotto mio. Metti a nostra disposizione la tua capanna, e non avrai da pentirti.

Il Corsaro era allora giunto assieme al prigioniero ed a Wan Stiller. Salutò con un cenno della mano il negro che lo attendeva dinanzi alla capanna, poi entrò dietro Carmaux, dicendo:

- È questo l'uomo che ti ha aiutato a fuggire?

- Sí, capitano.

- Odia forse gli spagnuoli?

- Al pari di noi.

- Conosce Maracaybo?

- Come noi conosciamo la Tortue.

Il Corsaro si volse a guardare il negro, ammirando la potente muscolatura di quel figlio dell'Africa, poi aggiunse, come parlando fra sé:

- Ecco un uomo che potrà giovarmi

Gettò uno sguardo nella capanna e vista in un angolo una rozza sedia di rami intrecciati, si sedette, tornando ad immergersi nei suoi pensieri.

Intanto il negro si era affrettato a portare alcune focacce di manioca, specie di farina estratta da certi tuberi velenosissimi, ma che dopo essere stati grattugiati e spremuti perdono le loro qualità venefiche; della frutta di anone muricata, sorta di pigne verdi che contengono, sotto le squame esterne, una crema biancastra squisitissima, e parecchie dozzine di quei profumati banani detti d'oro, piú piccoli degli altri, ma molto piú deliziosi e piú nutritivi.

A tutto quello aveva inoltre aggiunto una zucca ripiena di pulque, bibita fermentata che si estrae in notevole quantità dalle agavi.

I tre filibustieri, che non avevano sgretolato un sol biscotto durante l'intera notte, fecero onore a quella colazione non dimenticando il prigioniero; poi si accomodarono alla meglio su alcuni fasci di fresche foglie che il negro aveva portato nella capanna e s'addormentarono tranquillamente, come se si trovassero in piena sicurezza. Moko si era però messo di sentinella, dopo aver legato per bene il prigioniero, che gli era stato raccomandato dal compare bianco.

Durante l'intera giornata nessuno dei tre filibustieri si mosse: però appena calate le tenebre, il Corsaro si era bruscamente alzato. Era diventato più pallido del solito ed i suoi occhi neri erano animati da un cupo lampo.

Fece due o tre volte il giro della capanna con passo agitato, poi arrestandosi dinanzi al prigioniero gli disse.

- Io ti ho promesso di non ucciderti, mentre avrei avuto il diritto di appiccarti al primo albero

della foresta; tu devi dirmi però se io potrei entrare inosservato nel palazzo del Governatore.

- Volete andare ad assassinarlo per vendicare la morte del Corsaro Rosso?

- Assassinarlo!... - esclamò il filibustiere, con ira. - Io mi batto, non uccido a tradimento, perché sono un gentiluomo. Un duello fra me e lui sí, non un assassinio.

- È vecchio, il governatore, mentre voi siete giovane, e poi non potreste introdurvi nella sua abitazione, senza venire arrestato dai numerosi soldati che vegliano presso di lui.

- So che è coraggioso.

- Come un leone.

- Sta bene: spero di ritrovarlo presto.

Si volse verso i due filibustieri che si erano alzati, dicendo a Wan Stiller:

- Tu rimarrai qui, a guardia di quest'uomo.

- Basta il negro, capitano.

- No, il negro è forte come un ercole e mi sarà di grande aiuto per trasportare la salma di mio fratello. Vieni, Carmaux, andremo a bere una bottiglia di vino di Spagna a Maracaybo.

- Mille pescicani!... A quest'ora, capitano!... - esclamò Carmaux.

- Hai paura?

- Con voi scenderei anche all'inferno, a prendere per il naso messer Belzebú, ma temo che vi scoprano.

Un sorriso beffardo contrasse le sottili labbra del Corsaro.

- La vedremo, - disse poi. - Vieni.

CAPITOLO IV

UN DUELLO FRA QUATTRO MURA.

Maracaybo, quantunque non avesse una popolazione superiore alle diecimila anime, in quell'epoca era una delle piú importanti città che la Spagna possedesse sulle coste del Golfo del Messico.

Situata in una splendida posizione, all'estremità meridionale del Golfo di Maracaybo, dinanzi allo stretto che mette nell'ampio lago omonimo, che internasi per molte leghe nel continente, era diventata rapidamente importantissima, e serviva d'emporio a tutte le produzioni del Venezuela.

Gli spagnuoli l'avevano munita di un forte poderoso, armato d'un gran numero di cannoni e sulle due isole, che la difendevano dal lato del golfo, avevano messe guarnigioni fortissime, temendo sempre un'improvvisa irruzione dei formidabili filibustieri della Tortue.

Belle abitazioni erano state erette dai primi avventurieri che avevano posto piede su quelle sponde ed anche non pochi palazzi si vedevano, costruiti da architetti venuti dalla Spagna per cercare fortuna nel nuovo mondo; abbondavano soprattutto i pubblici ritrovi, dove si radunavano i ricchi proprietari di miniere, e dove, in tutte le stagioni, danzavasi il fandango od il bolero.

Quando il Corsaro ed i suoi compagni, Carmaux ed il negro, entrarono in Maracaybo indisturbati, le vie erano ancora popolate e le taverne dove spacciavansi vini d'oltre Atlantico erano affollate, poiché gli spagnuoli, anche nelle loro colonie, non avevano rinunciato a sorbirsi un ottimo bicchiere della natia Malaga o Xéres. Il Corsaro aveva rallentato il passo. Col feltro calato sugli occhi, avvolto nel suo mantello, quantunque la sera fosse calda, colla sinistra appoggiata fieramente sulla guardia della spada, osservava attentamente le vie e le case, come se avesse voluto imprimersele nella mente.

Giunti sulla Plaza de Granada che formava il centro della città, s'arrestò sull'angolo di una casa,

appoggiandosi contro il muro, come se una improvvisa debolezza avesse colto quel fiero scorridore del golfo.

La piazza offriva uno spettacolo cosí lugubre, da fare fremere l'uomo piú impassibile della terra. Da quindici forche, innalzate in semicerchio dinanzi ad un palazzo sul quale ondeggiava la

bandiera spagnuola, pendevano quindici cadaveri umani.

Erano tutti scalzi, colle vesti a brandelli, eccettuato uno che indossava un costume dal colore del fuoco e che calzava alti stivali da mare.

Sopra quelle quindici forche, numerosi gruppi di zopilotes e di urubú, piccoli avvoltoi dalle penne tutte nere, incaricati della pulizia delle città dell'America centrale, pareva che non attendessero la putrefazione di quei disgraziati per gettarsi su quelle povere carni.

Carmaux si era avvicinato al Corsaro, dicendogli con voce commossa:

- Ecco i compagni.

- Sí, - rispose il Corsaro, con voce sorda. - Reclamano vendetta e l'avranno presto.

Si staccò dal muro facendo uno sforzo violento, chinò il capo sul petto come se avesse voluto celare la terribile emozione che aveva sconvolto i suoi lineamenti e s'allontanò a rapidi passi, entrando in una posada, specie d'albergo, dove abitualmente si radunano i nottambuli per vuotare con loro comodo parecchi boccali di vino.

Trovato un tavolo vuoto si sedette, o meglio si lasciò cadere su di una scranna, senza alzare il

capo, mentre Carmaux urlava:

- Un boccale del tuo migliore Xeres, oste briccone!... Bada che sia autentico o non rispondo dei tuoi orecchi... L'aria del golfo mi ha fatta venire una tale sete, da asciugare tutta la tua cantina!...

Quelle parole, pronunciate in puro biscaglino, fecero accorrere piú che in fretta il trattore, con un fiasco di quell'eccellente vino.

Carmaux empí tre tazze, ma il Corsaro era cosí immerso nei suoi tetri pensieri, che non pensò di toccare la sua.

- Per mille pescicani, - borbottò Carmaux, urtando il negro. - Il padrone è in piena tempesta ed io non vorrei trovarmi nei panni degli spagnuoli. Bell'audacia, in fede mia, venire qui; ma già, lui non ha paura.

Si guardò intorno con una certa curiosità non esente da una vaga paura ed i suoi occhi s'incontrarono con quelli di cinque o sei individui armati di navaje smisurate, i quali lo guardavano con particolare attenzione.

- Pare che mi ascoltassero, - diss'egli al negro. - Chi sono costoro?...

- Baschi al servizio del Governatore.

- Compatrioti militanti sotto altre bandiere. Bah! Se credono di spaventarmi colle loro navaje, s'ingannano.

Quegl'individui frattanto avevano gettate le sigarette che stavano fumando e dopo essersi bagnata la gola con alcune tazze di Malaga, si erano messi a chiacchierare con voce cosí alta da farsi udire perfettamente da Carmaux.

- Avete veduti gli appiccati?... - aveva chiesto uno.

- Sono andato a vederli anche questa sera, - aveva risposto un altro. - È sempre un bello spettacolo che offrono quelle canaglie!... Ce n'è uno che fa scoppiare dalle risa, con quella lingua che gli esce dalla bocca mezzo palmo.

- Ed il Corsaro Rosso? - chiese un terzo. - Gli hanno messo in bocca perfino una sigaretta onde renderlo piú ridicolo.

- Ed io voglio porgli in mano un ombrello onde domani si ripari dal sole. Lo vedremo...

Un pugno formidabile, picchiato sul tavolo e che fece traballare le tazze gl'interruppe la frase. Carmaux, impotente a frenarsi, prima ancora che il Corsaro Nero avesse pensato a trattenerlo, si

era alzato di balzo ed aveva lasciato andare sulla tavola vicina quel formidabile pugno.

- Rayos de dios! - tuonò. - Bella prodezza deridere i morti; il bello è deridere i vivi, miei cari

caballeros!...

I cinque bevitori, stupiti da quell'improvviso scoppio di rabbia dello sconosciuto, si erano alzati precipitosamente, tenendo la destra sulle navaje, poi uno di loro, il piú ardito senza dubbio, gli chiese con cipiglio:

- Chi siete voi, caballero?

- Un buon biscaglino che rispetta i morti, ma che sa bucare il ventre anche ai vivi.

I cinque bevitori a quella risposta, che poteva prendersi per una spacconata, si misero a ridere, facendo andare maggiormente in bestia il filibustiere.

- Ah!... È cosí? - disse questi, pallido d'ira.

Guardò il Corsaro, che non si era mosso come se quell'alterco non lo riguardasse, poi

allungando una mano verso colui che lo aveva interrogato, lo respinse furiosamente urlandogli contro:

- Il lupo di mare mangerà il lupicino di terra!...

L'uomo respinto era caduto addosso ad un tavolo, ma si era prontamente rimesso in gambe, levandosi rapidamente dalla cintura la navaja, che aprí con un colpo secco. Stava senz'altro per scagliarsi contro Carmaux e passarlo da parte a parte, quando il negro, che fino allora era rimasto semplice spettatore, ad un cenno del Corsaro balzò fra i due litiganti, brandendo minacciosamente una pesante sedia di legno e di ferro.

- Fermo o t'accoppo!... - gridò all'uomo armato.

Vedendo quel gigante dalla pelle nera come il carbone la cui potente muscolatura pareva pronta a scattare, i cinque baschi erano indietreggiati, per non farsi stritolare da quella sedia che descriveva in aria delle curve minacciose.

Quindici o venti bevitori che si trovavano in una stanza attigua, udendo quel baccano, si erano affrettati ad accorrere, preceduti da un omaccio armato di uno spadone, un vero tipo di bravaccio, coll'ampio cappello piumato inclinato su di un orecchio ed il petto racchiuso entro una vecchia corazza di pelle di Cordova.

- Che cosa succede qui? - disse ruvidamente quell'uomo, sguainando il brando, con una mossa tragica.

- Succedono, mio caro caballero, - disse Carmaux, inchinandosi in modo buffo, - certe cose che non vi riguardano affatto.

- Eh!... per tutti i Santi... - gridò il bravaccio con cipiglio. - Si vede che voi non conoscete don

Gamaraley Miranda, conte di Badajoz, nobile di Camargua, e visconte di...

- Di casa del diavolo, - disse il Corsaro Nero, alzandosi bruscamente e guardando fisso il bravaccio. - E cosí, caballero, conte, marchese, duca, eccetera?...

Il signor di Gamara e d'altri luoghi ancora arrossí come una peonia, poi impallidí, dicendo con voce rauca:

- Per tutte le streghe dell'inferno!... Non so chi mi tenga dal mandarvi all'altro mondo a tenere compagnia a quel cane di Corsaro Rosso che fa cosí bella mostra sulla Plaza de Granada ed ai suoi quattordici birbanti.

Questa volta fu il Corsaro che impallidí orribilmente. Con un gesto trattenne Carmaux che stava per scagliarsi contro l'avventuriero, si sbarazzò del mantello e del cappello e con un rapido gesto snudò la spada, dicendo con voce fremente:

- Il cane sei tu e chi andrà a tenere compagnia agli appiccati sarà la tua anima dannata.

Fece cenno agli spettatori di fare largo e si mise di fronte all'avversario, ponendosi in guardia con una eleganza e con una sicurezza da sconcertare l'avversario.

- A noi, conte di casa del diavolo - disse coi denti stretti. - Fra poco qui vi sarà un morto.
L'avventuriero si era messo in guardia, ma ad un tratto si rialzò, dicendo:

- Un momento, caballero. Quando s'incrocia il ferro si ha il diritto di conoscere il nome

dell'avversario.

- Sono piú nobile di te, ti basta?...

- No, è il nome che voglio sapere.

- Lo vuoi?... Sia, ma peggio per te, poiché non lo dirai piú a nessuno. Gli si avvicinò e gli mormorò alcune parole in un orecchio.

L'avventuriero aveva mandato un grido di stupore e fors'anche di spavento e aveva fatto due passi indietro come se avesse voluto rifugiarsi fra gli spettatori e tradire il segreto; ma il Corsaro Nero aveva cominciato ad incalzarlo vivamente, costringendolo a difendersi.

I bevitori avevano formato un ampio circolo attorno ai duellanti. Il negro e Carmaux erano in prima linea, però non sembravano affatto preoccupati dell'esito di quello scontro, specialmente l'ultimo che sapeva di quanto era capace il fiero corsaro. L'avventuriero, fino dai primi colpi, si era accorto

d'aver dinanzi un avversario formidabile, deciso ad ucciderlo al primo colpo falso, e ricorreva a tutte le risorse della scherma per parare le botte che grandinavano.

Quell'uomo non era però uno spadaccino da disprezzarsi. Alto di statura, grosso e robustissimo, dal polso fermo e dal braccio vigoroso, doveva opporre una lunga resistenza e si capiva che non era facile a stancarsi.

Il Corsaro tuttavia, snello, agile, dalla mano pronta, non gli dava un istante di tregua, come se temesse che approfittasse della minima sosta per tradirlo.

La sua spada lo minacciava sempre, costringendolo a continue parate. La punta scintillante balenava dappertutto, batteva forte il ferro dell'avventuriero, facendo sprizzare scintille, e andava a fondo con una velocità cosí fulminea da sconcertare l'avversario.

Dopo due minuti l'avventuriero, non ostante il suo vigore poco meno che erculeo, cominciava a sbuffare ed a rompere. Si sentiva imbarazzato a rispondere a tutte le botte del Corsaro e non conservava piú la calma primiera. Sentiva che la pelle correva un gran pericolo e che avrebbe finito davvero coll'andare a tenere poco allegra compagnia agli appiccati della Plaza de Granada.

Il Corsaro invece pareva che avesse appena sfoderata la spada. Balzava innanzi con un'agilità da giaguaro, incalzando sempre con crescente vigore l'avventuriero. Solamente i suoi sguardi, animati da un cupo fuoco, tradivano la collera della sua anima. Quegli occhi non si staccavano un solo istante da quelli dell'avversario, come se volessero affascinarlo e turbarlo. Il cerchio degli spettatori si era aperto per lasciare campo all'avventuriero, il quale retrocedeva sempre, avvicinandosi alla parete opposta.

Carmaux, sempre in prima fila, cominciava a ridere, prevedendo presto lo scioglimento di quel terribile scontro.

Ad un tratto l'avventuriero si trovò addosso al muro. Impallidí orribilmente e grosse gocce di

sudore freddo gli imperlarono la fronte.

- Basta... - rantolò, con voce affannosa.

- No, - gli disse il Corsaro, con accento sinistro. - Il mio segreto deve morire con te.

L'avversario tentò un colpo disperato. Si rannicchiò piú che poté, poi si scagliò innanzi, vibrando tre o quattro stoccate una dietro l'altra.

Il Corsaro, fermo come una rupe, le aveva parate con eguale rapidità.

- Ora t'inchioderò sulla parete, - gli disse.

L'avventuriero, pazzo di spavento, comprendendo ormai di essere perduto, si mise a urlare.

- Aiuto!... Egli è il Co...

Non finí. La spada del Corsaro gli era entrata nel petto, inchiodandolo nella parete e spegnendogli la frase.

Un getto di sangue gli uscí dalle labbra macchiandogli la corazza di pelle che non era stata sufficiente a ripararlo da quel tremendo colpo di spada, sbarrò spaventosamente gli occhi, guardando l'avversario con un ultimo lampo di terrore, poi stramazzò pesantemente al suolo, spezzando in due la lama che lo tratteneva al muro.

- Se n'è andato, - disse Carmaux, con un accento beffardo.

Si curvò sul cadavere, gli strappò di mano la spada e porgendola al capitano che guardava con occhio tetro l'avventuriero, gli disse:

- Giacché l'altra si è spezzata, prendete questa. Per bacco!... È una vera lama di Toledo, ve lo assicuro, signore.

Il Corsaro prese la spada del vinto senza dir verbo, andò a prendere il cappello, gettò sul tavolo un doblone d'oro e uscí dalla posada seguito da Carmaux e dal negro, senza che gli altri avessero osato trattenerlo.

CAPITOLO V L'APPICCATO.

Quando il Corsaro ed i suoi compagni giunsero sulla Plaza de Granada, l'oscurità era cosí profonda, da non potersi distinguere una persona a venti passi di distanza.

Un profondo silenzio regnava sulla piazza, rotto solamente dal lugubre gracidare di qualche

urubu, vigilante sulle quindici forche degli appiccati. Non si udivano nemmeno piú i passi della sentinella posta dinanzi al palazzo del Governatore, la cui massa gigantaggiava dinanzi alle forche.

Tenendosi presso i muri delle case o dietro ai tronchi delle palme, il Corsaro, Carmaux ed il negro s'avanzavano lentamente, cogli orecchi tesi, gli occhi bene aperti e le mani sulle armi, tentando di giungere inosservati presso i giustiziati.

Di tratto in tratto, quando qualche rumore echeggiava per la vasta piazza, s'arrestavano sotto la cupa ombra di qualche pianta o sotto l'oscura arcata di qualche porta, aspettando, con un certa ansietà, che il silenzio fosse tornato.

Erano già giunti a pochi passi dalla prima forca, dalla quale dondolava, mosso dalla brezza notturna, un povero diavolo quasi nudo, quando il Corsaro additò ai compagni una forma umana che si agitava sull'angolo del palazzo del Governatore.

- Per mille pescicani!... - borbottò Carmaux. - Ecco la sentinella!... Quell'uomo verrà a guastarci il lavoro.

- Ma Moko è forte, - disse il negro. - Io andrò a rapire quel soldato.

- E ti farai bucare il ventre, compare.

Il negro sorrise, mostrando due file di denti bianchi come l'avorio, e cosí acuti da fare invidia ad uno squalo, dicendo:

- Moko è astuto e sa strisciare come i serpenti che incanta.

- Va', - gli disse il Corsaro. - Prima di prenderti con me, voglio avere una prova della tua audacia.

- L'avrete, padrone. Io prenderò quell'uomo come un tempo prendevo gli jacaré della laguna.

Si tolse dai fianchi una corda sottile, di cuoio intrecciato e che terminava in un anello, un vero lazo, simile a quello usato dai vaqueros messicani per dare la caccia ai tori, e s'allontanò silenziosamente, senza produrre il menomo rumore.

Il Corsaro, nascosto dietro il tronco d'una palma, lo guardava attentamente, ammirando forse la risolutezza di quel negro che, quasi inerme, andava ad affrontare un uomo bene armato e certamente risoluto.

- Ha del fegato il compare, - disse Carmaux.

Il Corsaro fece un cenno affermativo col capo, ma non pronunciò una sola parola. Continuava a guardare l'africano il quale strisciava al suolo come un serpente avvicinandosi lentamente al palazzo del Governatore.

Il soldato si allontanava allora dall'angolo, dirigendosi verso il portone, era armato di un'alabarda ed al fianco portava anche una spada.

Vedendo che gli volgeva le spalle, Moko strisciava più velocemente tenendo in mano il lazo. Quando giunse a dodici passi si alzò rapidamente, fece volteggiare in aria due o tre volte la corda, poi la lanciò con mano sicura. S'udí un leggero sibilo, poi un grido soffocato ed il soldato stramazzò al suolo, lasciando cadere l'alabarda ed agitando pazzamente le gambe e le braccia.

Moko, con un balzo da leone, gli era piombato addosso. Imbavagliarlo strettamente colla fascia rossa che portava alla cintola, legarlo per bene e portarlo via come se fosse stato un fanciullo, fu l'affare di pochi istanti.

- Eccolo, - disse, gettandolo ruvidamente ai piedi del capitano.

- Sei un valente, - rispose il Corsaro. - Legalo a questo albero e seguimi.

Il negro obbedí aiutato da Carmaux, poi tutti e due raggiunsero il Corsaro, il quale esaminava gli appiccati dondolanti dalle forche.

Giunti in mezzo alla piazza, il capitano s'arrestò dinanzi ad un giustiziato che indossava un costume rosso e che, per amara derisione, teneva fra le labbra un pezzo di sigaro.

Nel vederlo, il Corsaro aveva mandato un vero grido di orrore.

- I maledetti!... - esclamò. - Mancava a loro l'ultimo disprezzo!

La sua voce, che pareva il lontano ruggito d'una fiera, terminò in uno straziante singhiozzo.

- Signore, - disse Carmaux, con voce commossa, - siate forte! Il Corsaro fece un gesto colla mano indicandogli l'appiccato.

- Subito, mio capitano, - rispose Carmaux.

Il negro si era arrampicato sulla forca, tenendo fra le labbra il coltello del filibustiere. Recise con un colpo solo la fune, poi calò giú il cadavere, adagio, adagio.

Carmaux gli si era fatto sotto. Quantunque la putrefazione avesse cominciato a decomporre le carni del Corsaro Rosso, il filibustiere lo prese delicatamente fra le braccia e l'avvolse nel mantello nero che il capitano gli porgeva.

- Andiamo - disse il Corsaro, con un sospiro. - La nostra missione è finita e l'oceano aspetta la salma del valoroso.

Il negro prese il cadavere, se lo accomodò fra le braccia, lo coprí per bene col mantello, e poi tutti e tre abbandonarono la piazza, tristi e taciturni. Quando però giunsero all'estremità, il Corsaro si volse guardando un'ultima volta i quattordici appiccati, i cui corpi spiccavano lugubremente fra le tenebre, e disse con voce mesta:

- Addio, valorosi disgraziati; addio compagni del Corsaro Rosso! La filibusteria vendicherà ben presto la vostra morte.

Poi, fissando con due occhi ardenti il palazzo del Governatore giganteggiante in fondo alla piazza, aggiunse con voce cupa:

- Tra me e te, Wan Guld, sta la morte!...

Si misero in cammino, frettolosi di uscire da Maracaybo e di giungere al mare per tornare a bordo della nave corsara. Ormai piú nulla avevano da fare in quella città, entro le cui vie non si sentivano piú sicuri, dopo l'avventura della posada.   Avevano già percorse tre o quattro viuzze deserte, quando Carmaux, che camminava dinanzi a tutti, credette di scorgere delle ombre umane, seminascoste sotto l'oscura arcata d'una porta.

- Adagio, - mormorò, volgendosi verso i compagni. - Se non sono diventato cieco, vi sono delle persone che mi pare ci attendano.

- Dove? - chiese il Corsaro.

- Là sotto.

- Forse ancora gli uomini della posada?

- Mille pesci... cani!... Che siano i cinque baschi colle loro navaje?

- Cinque non sono troppi per noi, e faremo pagare caro l'agguato, - disse il Corsaro sguainando la spada.

- La mia sciabola d'arrembaggio avrà buon gioco sulle loro navaje!... - disse Carmaux.

Tre uomini avvolti in grandi mantelli fioccati, dei serapé senza dubbio, si erano staccati dall'angolo d'un portone occupando il marciapiede di destra, mentre due altri, che fino allora si erano tenuti celati dietro un carro abbandonato, chiudevano il passo sul marciapiede di sinistra.

- Sono i cinque baschi, - disse Carmaux. - Vedo le navaje luccicare alle loro cintole.

- Tu incaricati dei due di sinistra ed io dei tre di destra, - disse il Corsaro, - e tu, Moko, non occuparti di noi e prendi il largo col cadavere. Ci aspetterai sul margine della foresta.

I cinque baschi si erano sbarazzati dei mantelli piegandoli in quattro e ponendoseli sul braccio sinistro, poi avevano aperto i loro lunghi coltellacci dalla punta acuta come le lame delle spade:

- Ah!... Ah!... - disse colui che era stato respinto da Carmaux.

- Pare che non ci siamo ingannati.

- Largo!... - gridò il Corsaro, che si era messo dinanzi ai compagni.

- Adagio, caballero, - disse il basco, facendosi innanzi.

- Che cosa vuoi tu?...

- Soddisfare una piccola curiosità che ci cruccia.

- E quale?

- Sapere chi siete voi, caballero.

- Un uomo che uccide chi gli dà impiccio, - rispose fieramente il Corsaro, avanzandosi colla spada in pugno.

- Allora vi dirò, caballero, che noi siamo uomini che non hanno paura, e che non ci faremo uccidere come quel povero diavolo che avete inchiodato al muro. Il vostro nome ed i vostri titoli o non uscirete da Maracaybo. Siamo ai servizi del signor Governatore e dobbiamo rispondere delle persone che passeggiano per le vie ad un'ora così tarda.

- Se volete saperlo, venite a chiedermi il mio nome, - disse il Corsaro mettendosi rapidamente in guardia. - A te i due di destra, Carmaux.

Il filibustiere aveva sguainata la sciabola d'arrembaggio e muoveva risolutamente contro i due avversari che impedivano il passo sul marciapiede opposto.

I cinque baschi non si erano mossi, aspettando l'assalto dei due filibustieri. Fermi sulle gambe che tenevano un po' aperte per essere più pronti a tutte le evoluzioni, colla mano sinistra stretta contro la cintura e la destra attorno al manico della navaja, ma col pollice appoggiato sulla parte più larga della lama, aspettavano il momento opportuno per scagliare i colpi mortali.

Dovevano essere cinque diestros, ossia valenti, ai quali non dovevano essere sconosciuti i colpi più famosi, né il javeque, ferita ignominiosa che sfregia il viso, né il terribile desjarretazo che si avventa per di dietro, sotto l'ultima costola e che recide la colonna vertebrale.

Vedendo che non si decidevano, il Corsaro, impaziente di aprirsi il passo, piombò sui tre avversari che gli stavano di fronte, vibrando botte a destra ed a manca con velocità fulminea, mentre Carmaux caricava gli altri due sciabolando come un pazzo.

I cinque diestros non si erano per questo sgomentati. Dotati di una agilità prodigiosa, balzavano indietro parando i colpi ora colle larghe lame dei loro coltellacci ed ora coi serapé, che tenevano avvolti intorno al braccio sinistro.

I due filibustieri erano diventati prudenti, essendosi accorti di avere da fare con degli avversari pericolosi.

Quando però videro il negro allontanarsi col cadavere e perdersi fra l'oscurità della via tornarono furiosamente alla carica, frettolosi di sbrigarsela prima che qualche guardia, attirata da quel cozzare di ferri, potesse giungere in aiuto dei baschi.

Il Corsaro, la cui spada era ben piú lunga delle navaje e la cui abilità nella scherma era straordinaria, poteva avere buon gioco, mentre Carmaux era costretto a tenersi molto in guardia essendo la sua sciabola assai corta.

I sette uomini lottavano con furore, ma in silenzio, essendo tutti assorti nel parare e vibrare colpi. S'avanzavano, indietreggiavano, balzavano ora a destra ed ora a manca, percuotendo forte i ferri.

Ad un tratto il Corsaro, vedendo uno dei tre avversari perdere l'equilibrio e fare un passo falso, scoprendo per un istante il petto, si allungò con una mossa fulminea.

La lama toccò e l'uomo cadde senza mandare un gemito.

- E uno, - disse il Corsaro, rivolgendosi agli altri. - Fra poco avrò la vostra pelle!

I due baschi, per nulla intimoriti, stettero fermi dinanzi a lui, senza fare un passo indietro;

d'improvviso però il piú agile gli si precipitò addosso curvandosi verso terra e spingendo dinanzi il

serapé che gli riparava il braccio, come se volesse portare il colpo della parte baja, che se riesce squarcia il ventre, ma poi si rialzò e scartandosi bruscamente tentò di vibrare la botta mortale, il desjarretazo.

Il Corsaro fu lesto a gettarsi da un lato e partí a fondo, però la sua lama s'imbarazzò nel serapé

del valiente.

Tentò di rimettersi in guardia per parare i colpi che gli vibrava l'altro basco e quasi subito mandò un grido di rabbia.

La lama era stata spezzata a metà dal braccio dell'uomo che stava per vibrargli il desjarretazo. Balzò indietro agitando il pezzo di spada, e urlando:

- A me, Carmaux!...

Il filibustiere che non era ancora riuscito a sbrigarsi dei suoi due avversari, quantunque li avesse costretti a indietreggiare fino all'angolo della via, in tre salti gli fu presso.

- Per mille pescicani!... - tuonò, - eccoci in un bell'impiccio!...Saremo bravi se riusciremo a levarci d'attorno questa muta di cani arrabbiati.

- Teniamo la vita di due di quei briccioni, - rispose il Corsaro, armando precipitosamente la pistola che teneva alla cintola.

Stava per far fuoco sul piú vicino, quando vide precipitarsi addosso ai quattro baschi, che si erano radunati, credendosi ormai certi della vittoria, un'ombra gigantesca. Quell'uomo, giunto in cosí buon punto, teneva in mano un grosso randello.

- Moko!... - esclamarono il Corsaro e Carmaux.

Il negro invece di rispondere alzò il bastone e si mise a tempestare gli avversari con tale furia, che quei disgraziati in un baleno furono tutti a terra, chi colla testa rotta e chi colle costole sfondate.

- Grazie compare!... - gridò Carmaux. - Mille fulmini!... che grandinata!...

- Fuggiamo, - disse il Corsaro. - Qui più nulla abbiamo da fare.

Alcuni abitanti, svegliati dalle grida dei feriti, cominciavano ad aprire le finestre per vedere di che cosa si trattava.

I due filibustieri ed il negro, sbarazzatisi dei cinque assalitori, svoltarono precipitosamente l'angolo della via.

- Dove hai lasciato il cadavere? - chiese il Corsaro all'africano.

- È già fuori della città - rispose il negro.

- Grazie del tuo soccorso.

- Avevo pensato che il mio intervento poteva esservi utile e mi sono affrettato a ritornare.

- Vi è nessuno all'estremità del borgo?

- Non ho veduto alcuno.

- Allora affrettiamoci a battere in ritirata, prima che giungano altri avversari, - disse il Corsaro. Stavano per mettersi in marcia, quando Carmaux, che s'era spinto innanzi per perlustrare una

via laterale, tornò rapidamente indietro, dicendo:

- Capitano, sta per giungere una pattuglia!...

- Da dove?

- Da quella viuzza.

- Ne prenderemo un'altra. Le armi in mano, miei prodi, e avanti!...

Va' a disarmare il biscaglino che ho ucciso; in mancanza di altro è buona anche una navaja.

- Col vostro permesso v'offro la mia sciabola, capitano; io so adoperare quei lunghi coltelli.

Il bravo marinaio porse al Corsaro la propria sciabola, poi tornò indietro e andò a raccogliere la

navaja di uno dei biscaglini, arma formidabile anche in mano sua.

Il drappello s'avvicinava a grandi passi. Forse aveva udito le grida dei combattenti ed il cozzare delle armi e s'affrettava ad accorrere.

I filibustieri, preceduti da Moko, si misero a correre tenendosi presso i muri delle case; percorsi

circa centocinquanta passi, udirono il passo cadenzato di un altra pattuglia.

- Tuoni! - esclamò Carmaux. - Stiamo per essere presi in mezzo.

Il Corsaro Nero s'era arrestato, impugnando la corta sciabola del filibustiere.

- Che siamo stati traditi?... - mormorò.

- Capitano, - disse l'africano. - Vedo otto uomini armati di alabarde e di moschettoni avanzarsi verso di noi.

- Amici, - disse il Corsaro, - qui si tratta di vendere cara la vita.

- Comandate che cosa si deve fare e noi siamo pronti - risposero il filibustiere ed il negro, con voce decisa.

- Moko!

- Padrone!

- Affido a te l'incarico di portare a bordo il cadavere di mio fratello. Sei capace di farlo? Troverai la nostra scialuppa sulla spiaggia e ti porrai in salvo con Wan Stiller.

- Sí, padrone.

- Noi faremo il possibile per sbarazzarci dei nostri avversari, ma se dovessimo venire sopraffatti, Morgan sa cosa dovrà fare. Va', porta il cadavere a bordo, poi verrai qui a vedere se siamo ancora vivi o morti.

- Non so decidermi a lasciarvi, padrone; io sono forte e posso esservi di molta utilità.

- Mi preme che mio fratello sia sepolto in mare come il Corsaro Verde e poi tu puoi renderci maggiori servigi recandoti a bordo della mia Folgore, che qui.

- Ritornerò con dei rinforzi, signore.

- Morgan verrà, sono certo di questo. Vattene: ecco la pattuglia.

Il negro non se lo fece ripetere due volte. Essendo però la via sbarrata dalle due pattuglie, si cacciò in una via laterale mettendo capo ad una muraglia che serviva di riparo ad un giardino.

Il Corsaro, vistolo scomparire, si volse verso il filibustiere, dicendo:

- Prepariamoci a piombare sulla pattuglia che ci sta dinanzi. Se riusciamo con un improvviso attacco ad aprirci il passo, forse potremo guadagnare la campagna e poi la foresta.

Si trovavano allora sull'angolo della via. La seconda pattuglia, già scorta dal negro, non era lontana piú di trenta passi, mentre la prima non si scorgeva ancora, essendosi forse arrestata.

- Teniamoci pronti, - disse il Corsaro.

- Lo sono, - disse il filibustiere, che s'era nascosto dietro l'angolo della casa.

Gli otto alabardieri avevano rallentato il passo come se temessero qualche sorpresa, anzi uno di loro, forse il comandante, aveva detto:

- Adagio, giovanotti! Quei bricconi devono trovarsi poco lontano di certo.

- Siamo in otto, signor Elvaez, - disse un soldato, - mentre il taverniere ci ha detto che i filibustieri erano solamente tre.

- Ah! Furfante d'un oste! - mormorò Carmaux. - Ci ha traditi! Se mi capita fra le mani gli farò

un occhiello nel ventre, e cosí grande da fargli uscire tutto il vino che avrà bevuto in una settimana!

Il Corsaro Nero aveva alzato la sciabola pronto a scagliarsi.

- Avanti!... - urlò.

I due filibustieri si rovesciarono con impeto irresistibile addosso alla pattuglia che stava per svoltare l'angolo della via, vibrando colpi disperati a destra ed a manca, con rapidità fulminea.

Gli alabardieri, sorpresi da quell'improvviso attacco, non poterono resistere e si gettarono chi da una parte e chi dall'altra, per sottrarsi a quella gragnuola di colpi. Quando si furono rimessi dallo stupore, il Corsaro ed il suo compagno erano già lontani. Accortisi però che avevano avuto da fare con due soli uomini, si slanciarono sulle loro tracce, urlando a squarciagola:

- Fermateli! I filibustieri! I filibustieri!...

Il Corsaro e Carmaux correvano alla disperata, senza però sapere dove andassero. Si erano

cacciati in mezzo ad un dedalo di viuzze e voltavano ad ogni istante angoli di case senza però riuscire a guadagnare la campagna.

Gli abitanti, svegliati dalle urla della pattuglia ed allarmati dalla presenza di quei formidabili scorridori del mare, cosí temuti in tutte le città spagnole dell'America, si erano alzati e si udivano porte e finestre aprirsi o chiudersi con fracasso, mentre qualche colpo di fucile rimbombava.

La situazione dei fuggiaschi stava per diventare, da un istante all'altro, disperata; quelle grida e quegli spari potevano spargere l'allarme anche nel centro della città e fare accorrere l'intera guarnigione.

- Tuoni!... - esclamava Carmaux, galoppando furiosamente. - Tutte queste grida di oche spaventate finiranno col perderci! Se non troviamo il modo di gettarci nella campagna, finiremo su una forca con una solida corda al collo.

Sempre correndo, erano allora giunti all'estremità d'una viuzza la quale pareva che non avesse nessuno sbocco.

- Capitano! - gridò Carmaux, che si trovava dinanzi. - Noi ci siamo cacciati in una trappola.

- Che cosa vuoi dire? - chiese il Corsaro.

- Che la via è chiusa.

- Non vi è alcun muro da scalare?

- Non vi sono che case alte assai.

- Torniamo, Carmaux. Gl'inseguitori sono ancora lontani e possiamo forse trovare qualche nuova via che ci conduca fuori di città.

Stava per riprendere la corsa, quando disse bruscamente:

- No, Carmaux! Mi è balenata una nuova idea nel cervello. Io credo che con un po' d'astuzia possiamo fare perdere le nostre tracce.

Egli si era rapidamente diretto verso la casa che chiudeva la estremità di quella viuzza. Era quella una modesta abitazione a due piani, costruita parte in muratura e parte in legno, con una piccola terrazza verso la cima, adorna di vasi e di fiori.

- Carmaux, - disse il Corsaro. - Aprimi questa porta.

- Ci nascondiamo in questa casa?

- Mi sembra il mezzo migliore per fare perdere le nostre tracce ai soldati.

- Benissimo, capitano. Diventeremo proprietari senza pagare un soldo di pigione.

Presa la lunga navaja, introdusse la punta nella fessura della porta e facendo forza fece saltare il chiavistello.

I due filibustieri si affrettarono ad entrare, chiudendo tosto la porta, mentre i soldati passavano all'estremità della viuzza, urlando sempre a squarciagola:

- Fermateli! fermateli!

Brancolando fra l'oscurità, i due filibustieri giunsero ben presto ad una scala che salirono senza esitare, fermandosi solo sul pianerottolo superiore.

- Bisogna vedere dove si va, - disse Carmaux, - e conoscere gli inquilini. Che brutta sorpresa per quei poveri diavoli!

Estrasse un acciarino ed un pezzo di miccia da cannone e l'accese, soffiandovi sopra per ravvivare la fiamma.

- To'!... Vi è una porta aperta, - disse.

- E qualcuno che russa, - aggiunse il Corsaro.

- Buon segno!... Colui che dorme è una persona pacifica.

Il Corsaro intanto aveva aperta la porta procurando di non fare rumore ed era entrato in una stanza ammobiliata modestamente e dove si vedeva un letto che pareva occupato da una persona.

Prese la miccia, accese una candela che aveva scorta su di una vecchia cassa che doveva servire da canterano, poi si avvicinò al letto ed alzò risolutamente la coperta. Un uomo occupava il posto. Era

un vecchietto già calvo, rugoso, dalla pelle incartapecorita e color del mattone, con una barbetta da capra e due baffi arruffati. Dormiva cosí saporitamente da non accorgersi che la stanza era stata illuminata.

- Non sarà certamente quest'uomo che ci darà dei fastidi, - disse il Corsaro.

Lo afferrò per un braccio e lo scosse ruvidamente, però dapprima senza successo.

- Bisognerà spargargli una trombonata in un orecchio - disse Carmaux.

Alla terza scossa però, piú vigorosa delle altre, il vecchio si decise ad aprire gli occhi. Scorgendo quei due uomini armati, si alzò rapidamente a sedere, sgranando due occhi spaventati ed esclamando con voce strozzata dal terrore:

- Sono morto!

- Ehi, amico! C'è del tempo a morire, - disse Carmaux. - Mi sembra anzi che ora siate piú vivo di prima.

- Chi siete? - chiese il Corsaro.

- Un povero uomo che non ha mai fatto male a nessuno - rispose il vecchio, battendo i denti.

- Noi non abbiamo intenzione di farvi del male, se risponderete a quanto vorremo sapere.

- Vostra eccellenza non è dunque un ladro?...

- Sono un filibustiere della Tortue.

- Un fili... bu... stiere!... Allora... sono... morto!...

- Vi ho detto che non vi si farà nulla di male.

- Cosa volete adunque da un povero uomo come me?

- Sapere innanzi tutto se siete solo in questa casa.

- Sono solo, signore.

- Chi abita in questi dintorni?

- Dei bravi borghesi.

- Che cosa fate voi?

- Sono un povero uomo.

- Sí, un povero uomo che possiede una casa, mentre io non ho nemmeno un letto, - disse

Carmaux. - Ah!... vecchia volpe, tu hai paura per i tuoi denari!...

- Non ho denari, eccellenza. Carmaux scoppiò in una risata.

- Un filibustiere che diventa eccellenza!... Ma quest'uomo è il piú allegro compare che io abbia mai incontrato.

Il vecchio lo sbirciò di traverso, però si guardò bene dal mostrarsi offeso.

- Alle corte, - disse il Corsaro, con un tono minaccioso. - Che cosa fate voi a Maracaybo?

- Sono un povero notaio, signore.

- Sta bene: sappi intanto che noi prendiamo alloggio nella tua casa, finché giungerà l'occasione di andarcene. Noi non ti faremo male alcuno; bada però che se ci tradisci, la tua testa lascierà il tuo collo. Mi hai compreso?

- Ma che cosa volete da me? - piagnucolò il disgraziato.

- Nulla per ora. Indossa le tue vesti e non mandare un grido o metteremo in esecuzione la minaccia.

Il notaio si affrettò ad obbedire; era però cosí spaventato e tremava tanto, che Carmaux fu costretto ad aiutarlo.

- Ora legherai quest'uomo, - disse il Corsaro. - Stà attento che non fugga.

- Rispondo di lui come di me stesso, capitano. Lo legherò cosí bene che non potrà fare il piú piccolo movimento.

Mentre il filibustiere riduceva all'impotenza il vecchio, il Corsaro aveva aperta la finestra che guardava sulla viuzza, per vedere che cosa succedeva al di fuori.

Pareva che le pattuglie si fossero ormai allontanate, non udendosi piú le loro grida; però delle persone, svegliate da quegli allarmi, si vedevano alle finestre delle case vicine e si udivano chiacchierare ad alta voce.

- Avete udito? - gridava un omaccione che mostrava un lungo archibugio. - Pare che i filibustieri abbiano tentato un colpo sulla città.

- È impossibile, - risposero alcune voci.

- Ho udito i soldati a gridare.

- Sono stati messi in fuga?

- Lo credo poiché non si ode piú nulla.

- Una bella audacia!... Entrare in città con tanti soldati che vi sono qui!...

- Volevano certamente salvare il Corsaro Rosso.

- Ed invece lo hanno trovato appiccato.

- Che brutta sorpresa per quei ladroni!...

- Speriamo che i soldati ne prendano degli altri da appiccare - disse l'uomo dell'archibugio. - Del legno ce n'è ancora per rizzare delle forche. Buona notte, amici!... A domani!...

- Sí, - mormorò il Corsaro. - Del legno ve n'è ancora, ma sulle nostre navi vi sono ancora tante palle da distruggere Maracaybo. Un giorno avrete mie nuove.

Rinchiuse prudentemente la finestra e tornò nella stanza del notaio.

Carmaux intanto aveva frugata tutta la casa ed aveva fatto man bassa sulla dispensa. Il brav'uomo si era ricordato che la sera innanzi non aveva avuto tempo di cenare, ed avendo trovato un volatile ed un bel pesce arrostito che forse il povero notaio s'era serbato per la colazione, si era affrettato a mettere l'uno e l'altro a disposizione del capitano.

Oltre a quei cibi, aveva scovato, in fondo ad un armadio, alcune bottiglie assai polverose, che portavano le marche dei migliori vini di Spagna: Xéres, Porto, Alicante e anche Madera.

- Signore, - disse Carmaux, colla sua piú bella voce, rivolgendosi verso il Corsaro, - mentre gli spagnuoli corrono dietro alle nostre ombre, date un colpo di dente a questo pesce, una tinca superba di lago, ed assaggiate questo pezzo d'anitra selvatica. Ho poi scoperto certe bottiglie che il nostro notaio teneva forse per le grandi occasioni, che vi metteranno un po' di buon umore addosso. Ah! Si vede che l'amico era amante dei liquidi d'oltre Atlantico! Sentiremo se era di buon gusto.

- Grazie, - rispose il Corsaro, il quale però era ridiventato tetro.

Si sedette, ma fece poco onore al pasto. Era ritornato silenzioso e triste come già lo avevano quasi sempre visto i filibustieri. Assaggiò il pesce, bevette alcuni bicchieri, poi si alzò bruscamente, mettendosi a passeggiare per la stanza.

Il filibustiere invece non solo divorò il resto, ma vuotò anche un paio di bottiglie con grande disperazione del povero notaio, il quale non finiva di lagnarsi, vedendo consumare cosí presto quei vini che aveva fatto venire, con grandi spese, dalla lontana patria. Il marinaio però, messo di buon umore da quella bevuta, fu tanto gentile da offrirgliene un bicchiere, per fargli passare la paura provata e la rabbia che lo rodeva.

- Tuoni! - esclamò. - Non credevo che la notte dovesse passare cosí allegramente. Trovarsi fra due fuochi e colla minaccia di terminare la vita con una solida corda al collo, e finire invece in mezzo a queste deliziose bottiglie, non era cosa da sperarsi.

- Il pericolo non è però ancora passato, mio caro, - disse il Corsaro. - Chi ci assicura che domani gli spagnuoli, non avendoci piú trovati, non vengano a scovarci? Si sta bene qui, ma amerei meglio trovarmi a bordo della mia Folgore.

- Con voi io non ho alcun timore, mio capitano; voi solo valete cento uomini.

- Tu forse hai dimenticato che il Governatore di Maracaybo è una vecchia volpe e che tutto oserebbe pure di avermi in sua mano. Sai che fra me e lui si è impegnata una guerra a morte.

- Nessuno sa che voi siete qui.

- Si potrebbe sospettarlo e poi, hai dimenticato i biscaglini? Io credo che hanno saputo che l'uccisore di quello spaccone di conte era il fratello del povero Corsaro Rosso e del Verde.

- Forse avete ragione, signore. Credete che Morgan ci manderà dei soccorsi?

- Il luogotenente non è uomo da abbandonare il suo comandante nelle mani degli spagnuoli. È un audace, un valoroso e non sarei sorpreso se tentasse di forzare il passo, per far piovere sulla città una tempesta di palle.

- Sarebbe una pazzia che potrebbe pagare cara, signore.

- Eh!.. Quante non ne abbiamo commesse noi, e sempre o quasi sempre con esito fortunato.!

- Questo è vero.

Il Corsaro si sedette sorseggiando un bicchiere, poi si alzò e si diresse verso una finestra che s'apriva sul pianerottolo e che dominava l'intera viuzza. Si era messo in osservazione da una mezz'ora, quando Carmaux lo vide entrare precipitosamente nella stanza, dicendo:

- È sicuro il negro?

- È un uomo fidato, comandante.

- Incapace di tradirci?...

- Metterei una mano sul fuoco per lui.

- Egli è qui...

- L'avete veduto?

- Ronza nella viuzza.

- Bisogna farlo salire, comandante.

- E del cadavere di mio fratello, che cosa ne avrà fatto? - chiese il Corsaro, aggrottando la

fronte.

- Quando sarà qui lo sapremo.

- Và a chiamarlo, ma sii prudente. Se ti scorgono non risponderei più della nostra vita.

- Lasciate pensare a me, signore, - disse Carmaux, con un sorriso. - Vi domando solamente dieci minuti di tempo per diventare il notaio di Maracaybo.

CAPITOLO VI

LA SITUAZIONE DEI FILIBUSTIERI SI AGGRAVA.

I dieci minuti non erano ancora trascorsi, quando Carmaux lasciava la casa del notaio per mettersi in cerca del negro che il Corsaro aveva veduto ronzare nella viuzza.

In quel brevissimo tempo, il bravo e coraggioso filibustiere si era così completamente trasformato, da diventare irriconoscibile. Con pochi colpi di forbice si era accorciata l'incolta barba ed i lunghi capelli arruffati, poi aveva indossato lestamente un costume spagnuolo che il notaio doveva aver serbato per le grandi occasioni e che gli si adattava benissimo, essendo entrambi della medesima statura.

Così vestito, il terribile scorridore del mare poteva passare per un tranquillo ed onesto borghese di Gibraltar, se non per il notaio stesso. Da uomo prudente però, nelle profonde e comodissime tasche, si era nascosto le pistole, non fidandosi nemmeno di quel costume.

Così trasformato, lasciò l'abitazione come un pacifico cittadino che va a respirare una boccata d'aria mattutina, guardando in alto per vedere se l'alba, già non lontana, si decideva a fugare le tenebre.

La viuzza era deserta, ma se il comandante aveva poco prima scorto il negro, questi non doveva essere andato molto lontano.

- In qualche luogo lo scoverò, - mormorò il filibustiere. - Se compare sacco di carbone s'è

deciso a ritornare, vuol dire che dei gravi motivi gli hanno impedito di abbandonare Maracaybo. Che quel dannato di Wan Guld abbia saputo che è stato il Corsaro Nero a fare il colpo? Che sia proprio destino che i tre valorosi fratelli debbano cadere tutti nelle mani di quel sinistro vecchio?... Ma vivaddio!... Noi usciremo di qui per rendergli un giorno dente per dente, occhio per occhio, vita per vita!...

Così monologando era uscito dalla viuzza e si preparava a voltare l'angolo d'una casa, quando un soldato armato d'un archibugio e che erasi tenuto nascosto sotto l'arcata d'un portone, gli sbarrò improvvisamente il passo, dicendogli con voce minacciosa:

- Alto là!...

- Morte e dannazione! - brontolò Carmaux, cacciando una mano in tasca ed impugnando una delle pistole. - Ci siamo già!...

Poi assumendo l'aspetto d'un buon borghese, disse:

- Che cosa desiderate, signor soldato?

- Sapere chi siete.

- Come!... Non mi conoscete?... Io sono il notaio del quartiere, signor soldato.

- Scusate, sono giunto da poco a Maracaybo, signor notaio. Dove andate, si può saperlo?

- C'è un povero diavolo che sta per morire e capirete bene che quando si prepara ad andarsene all'altro mondo, bisogna che pensi agli eredi.

- È vero, signor notaio, guardate però di non incontrare i filibustieri.

- Dio mio! - esclamò Carmaux, fingendosi spaventato. - I filibustieri qui? Come mai quelle canaglie hanno osato di sbarcare a Maracaybo città quasi impenetrabile e governata da quel valoroso soldato che si chiama Wan Guld?

- Non si sa in quale modo siano riusciti a sbarcare, non essendo stata scorta alcuna nave filibustiera né presso le isole, né al golfo di Coro; però che qui siano venuti ormai non se ne dubita più. Vi basti sapere che hanno ucciso tre o quattro uomini e che hanno avuto l'audacia di rapire il cadavere del Corsaro Rosso, il quale era stato appiccato dinanzi al palazzo del Governatore assieme al suo equipaggio.

- Che birbanti!... E dove sono?

- Si crede che siano fuggiti per la campagna. Delle truppe sono state spedite in vari luoghi e si spera di catturarli e di mandarli a tenere poco allegra compagnia agli appiccati.

- Che siano invece nascosti in città?...

- Non è possibile; sono stati visti fuggire verso la campagna.

Carmaux ne sapeva abbastanza e credette essere giunto il momento di andarsene, onde non perdere il negro.

- Mi guarderò dall'incontrarli, - disse - Buona guardia, signor soldato. Io me ne vado o giungerò troppo tardi presso il mio cliente moribondo.

- Buona fortuna, signor notaio.

Il furbo filibustiere si calò il cappello sugli occhi e si allontanò frettolosamente, fingendo di guardarsi intorno per simulare meglio le paure che non sentiva affatto.

- Ah! Ah!... - esclamò quando fu lontano. - Ci credono usciti dalla città!... Benissimo miei cari!... Ce ne staremo pacificamente nella casa di quell'ottimo notaio, finché i soldati saranno rientrati, poi prenderemo tranquillamente il largo. Che superba idea ha avuto il comandante!... L'Olonese, che si vanta il più astuto filibustiere della Tortue, non ne avrebbe avuta una migliore.

Aveva già voltato l'angolo della via per prendere un'altra più larga, fiancheggiata da belle casette circondate da eleganti verande sostenute da pali variopinti, quando scorse un'ombra nerissima e di statura gigantesca, ferma presso una palma che cresceva dinanzi ad una graziosa palazzina.

- Se non m'ingannano è il mio compare sacco di carbone, - mormorò il filibustiere. - Questa volta noi abbiamo una fortuna straordinaria, ma già si sa che il diavolo ci protegge, così almeno dicono gli

spagnuoli.

L'uomo che si teneva semi-nascosto dietro il tronco del palmizio, vedendo Carmaux avvicinarsi, cercò di appiattarsi sotto il portone della palazzina, credendo forse di avere da fare con qualche soldato, poi, non credendosi sicuro nemmeno colà, voltò rapidamente l'angolo dell'abitazione, onde raggiungere forse una delle tante viuzze della città.

Il filibustiere aveva avuto il tempo di accertarsi che si trattava veramente del negro. In pochi salti giunse presso la palazzina e svoltò l'angolo, gridando a mezza voce:

- Ehi, compare!...Compare!...

Il negro s'era subito arrestato, poi dopo qualche istante di esitazione era tornato indietro. Riconoscendo Carmaux, quantunque questi si fosse bene camuffato da borghese spagnuolo, una esclamazione di gioia e di stupore gli sfuggí.

- Tu compare bianco!...

- Hai due buoni occhi, compare sacco di carbone, - disse il filibustiere, ridendo.

- Ed il capitano?

- Non occuparti di lui, per ora è salvo e basta. Perché sei ritornato? Il comandante ti aveva ordinato di portare il cadavere a bordo della nave.

- Non l'ho potuto, compare. La foresta è stata invasa da parecchi drappelli di soldati giunti probabilmente dalla costa.

- Si erano già accorti del nostro sbarco?

- Lo temo, compare bianco.

- Ed il cadavere, dove l'hai nascosto?

- Nella mia capanna, in mezzo ad un fitto strato di fresche foglie.

- Non lo troveranno gli spagnuoli?

- Ho avuto la precauzione di mettere in libertà tutti i serpenti. Se i soldati vorranno entrare nella capanna, vedranno i rettili e fuggiranno.

- Sei furbo, compare.

- Si fa quello che si può.

- Tu dunque non credi possibile prendere il largo per ora?

- Ti ho detto che nella foresta vi sono dei soldati.

- La cosa è grave. Morgan, il comandante in seconda della Folgore, non vedendoci tornare può commettere qualche imprudenza, - mormorò il filibustiere. Vedremo come finirà questa avventura.Compare, sei conosciuto in Maracaibo?

- Tutti mi conoscono, venendo sovente a vendere delle erbe che guariscono le ferite.

- Nessuno sospetterà di te?

- No, compare.

- Allora seguimi: andiamo dal comandante.

- Un momento, compare.

- Che vuoi?

- Ho condotto anche il vostro compagno.

- Chi? Wan Stiller?...

- Correva inutilmente il pericolo di farsi prendere, ed egli ha pensato che poteva rendere maggiori servizi qui che standosene a guardia della capanna.

- Ed il prigioniero?

- Lo abbiamo legato cosí bene, che lo ritroveremo ancora se i suoi camerati non andranno a liberarlo.

- E dov'è Wan Stiller?

- Aspetta un momento, compare.

Il negro s'accostò ambo le mani alle labbra e mandò un lieve grido che si poteva confondere con

quello d'un vampiro, uno di quei grossi pipistrelli che sono cosí numerosi nell'America del Sud.

Un istante dopo un uomo superava la muraglia del giardino e balzava quasi addosso a Carmaux, dicendo:

- Ben felice di vederti ancora vivo, camerata.

- Ed io piú felice di te, amico Wan Stiller, - rispose Carmaux.

- Credi che il capitano mi rimprovererà di essere venuto qui? Sapendovi in pericolo, io non potevo starmene nascosto nel bosco a guardare gli alberi.

- Il comandante sarà contento, mio caro. Un valoroso di piú è un uomo troppo prezioso in questi momenti.

- Amici, andiamo!...

Cominciava allora ad albeggiare. Le stelle rapidamente impallidivano non essendovi veramente l'alba in quelle regioni, anzi nemmeno l'aurora; alla notte succede di colpo il giorno. Il sole spunta quasi d'improvviso e colla potenza dei suoi raggi scaccia bruscamente le tenebre, le quali in un istante si dileguano.

Gli abitanti di Maracaybo, quasi tutti mattinieri, cominciavano a svegliarsi. Le finestre si aprivano e qualche testa appariva; si udivano qua e là dei sonori starnuti e degli sbadigli ed il chiacchierio cominciava nelle case.

Certamente si commentavano gli avvenimenti della notte, che avevano sparso non poco terrore fra tutti, essendo i filibustieri assai temuti in tutte le colonie spagnole dell'immenso Golfo del Messico.

Carmaux che non voleva fare incontri, per tema di venire riconosciuto da qualcuno dei bevitori della taverna, allungava il passo seguito dal negro e dall'amburghese.

Giunto presso la viuzza, trovò ancora il soldato che passeggiava da un angolo all'altro della via,

tenendo a spalla l'alabarda.

- Già di ritorno, signor notaio? - chiese scorgendo Carmaux.

- Che cosa volete, - rispose il filibustiere, - il mio cliente aveva fretta di lasciare questa valle di lacrime e s'è sbrigato presto.

- Vi ha lasciato forse in eredità questo superbo negro? - chiese, indicando l'incantatore di serpenti. - Caramba! Un colosso che vale delle migliaia di piastre.

- Sí, me lo ha regalato. Buon giorno, signor soldato.

Voltarono frettolosamente l'angolo, si cacciarono nella viuzza, ed entrarono nell'abitazione del notaio, chiudendo poi la porta e sbarrandola.

Il Corsaro Nero li aspettava sul pianerottolo, in preda ad una viva impazienza che non sapeva nascondere.

- Dunque - chiese. - Perché il negro è tornato? Ed il cadavere di mio fratello?... Ed anche tu qui, Wan Stiller?

Carmaux in poche parole lo informò dei motivi che avevano costretto il negro a fare ritorno a Maracaybo e deciso Wan Stiller ad accorrere in loro aiuto, poi di ciò che aveva potuto sapere dal soldato che vegliava all'estremità della viuzza.

- Le notizie che tu rechi sono gravi, - disse il capitano, rivolgendosi al negro. - Se gli spagnuoli battono la campagna e la costa, non so come potremo raggiungere la mia Folgore. Non è per me che io temo, ma per la mia nave che può venire sorpresa dalla squadra dell'ammiraglio Toledo.

- Tuoni! - esclamò Carmaux. - Non mancherebbe che questo!

- Io comincio a temere che questa avventura finisca male, - mormorò Wan Stiller. - Bah!... Dovevamo già essere appiccati da due giorni, possiamo quindi accontentarci di essere vissuti altre quarantotto ore.

Il Corsaro Nero si era messo a passeggiare per la stanza, girando e rigirando attorno alla cassa che aveva servito da tavola. Pareva assai preoccupato e nervoso: di tratto in tratto interrompeva quei giri, fermandosi bruscamente dinanzi ai suoi uomini, poi riprendeva le mosse, crollando il capo.

D'improvviso s'arrestò dinanzi al notaio che giaceva sul letto strettamente legato, e piantandogli in viso uno sguardo minaccioso gli disse:

- Tu conosci i dintorni di Maracaybo?

- Sí, eccellenza, - rispose il povero uomo con voce tremante.

- Potresti farci uscire dalla città senza venire sorpresi dai tuoi compatrioti e condurci in qualche luogo sicuro?

- Come potrei farlo, signore?... Appena fuori della mia casa vi riconoscerebbero e vi

prenderebbero ed io assieme a voi; poi si incolperebbe me di avere cercato di salvarvi, ed il

Governatore, che è un uomo che non scherza, mi farebbe appiccare.

- Ah!... Si ha paura di Wan Guld, - disse il Corsaro, coi denti stretti, mentre un cupo lampo gli balenava negli occhi. - Sí, quell'uomo è energico, fiero ed anche spietato: egli sa farsi temere e fare tremare tutti. Tutti! No, non tutti! Sarà lui un giorno, che io vedrò tremare!... Quel giorno egli pagherà colla vita la morte dei miei fratelli!

- Voi volete uccidere il Governatore? - chiese il notaio, con tono incredulo.

- Silenzio, vecchio, se ti preme la pelle, - disse Carmaux.

Il Corsaro pareva che non avesse udito né l'uno né l'altro. Era uscito dalla stanza dirigendosi verso la finestra dell'attiguo corridoio e dalla quale, come fu detto, si poteva dominare l'intera viuzza.

- Eccoci in un bell'imbarazzo, - disse Wan Stiller, volgendosi verso il negro. - Nostro compare sacco di carbone non ha nel suo cranio qualche eccellente idea che ci tragga da questa situazione poco allegra?... Non mi sento troppo sicuro in questa casa.

- Forse ne ho una, - rispose il negro.

- Gettala fuori, compare, - disse Carmaux. - Se la tua idea è realizzabile, ti prometto un abbraccio, io che non ho mai abbracciato un uomo di color nero, né giallo, né rosso.

- Bisogna però attendere la sera.

- Non abbiamo fretta, per ora.

- Vestitevi da spagnuoli e uscite tranquillamente dalla città.

- Forse non ho indosso le vesti del notaio?

- Non bastano.

- Cosa vuoi che mi metta adunque?

- Un bel costume da moschettiere o da alabardiere. Se voi uscite dalla città vestiti da borghesi, le truppe che battono la campagna non tarderebbero ad arrestarvi.

- Lampi!... Che superba idea!... - esclamò Carmaux. - Tu hai ragione, compare sacco di carbone!... Vestiti da soldati, a nessuno verrebbe di certo il ticchio di fermarci per chiederci dove andiamo e chi siamo, specialmente di notte. Ci crederanno una ronda e noi potremo prendere comodamente il largo ed imbarcarci.

- E le vesti, dove trovarle? - chiese Wan Stiller.

- Dove?... Si va a sbudellare un paio di soldati e si spogliano, - disse risolutamente Carmaux. - Sai bene che noi siamo lesti di mano.

- Non è necessario esporvi a tanto pericolo, - disse il negro. - Io sono conosciuto in città, nessuno sospetta di me, dunque posso recarmi a comperare delle vesti ed anche delle armi.

- Compare sacco di carbone, tu sei un brav'uomo ed io ti darò un abbraccio da fratello.

Così dicendo il filibustiere aveva aperte le braccia per stringere il negro, ma gli mancò il tempo. Un colpo sonoro era rimbombato sulla via echeggiando sulle scale.

- Lampi!... - esclamò Carmaux. - Qualcuno picchia alla porta!... In quel momento il Corsaro Nero entrò, dicendo:

- V'è un uomo che forse chiede di voi, notaio.

- Sarà qualche mio cliente, signore, - rispose il prigioniero, con un sospiro. - Qualche cliente che forse mi avrebbe fatto guadagnare una buona giornata, mentre io invece...

- Basta, finiscila, - disse Carmaux. - Ne sappiamo abbastanza, chiacchierone.

Un secondo colpo, più violento del primo, fece tremare la porta, seguito da queste parole:

- Aprite, signor notaio! Non vi è tempo da perdere!...

- Carmaux, - disse il Corsaro, che aveva presa una rapida risoluzione. - Se noi ci ostinassimo a non aprire, quell'uomo potrebbe insospettirsi, temere che qualche accidente abbia colto il vecchio e recarsi ad avvertire l'alcalde del quartiere.

- Che cosa devo fare comandante?

- Aprire, poi legare per bene quell'importuno e mandarlo a tenere compagnia al notaio.

Non aveva ancora finito di parlare che già Carmaux era sulle scale, accompagnato dal gigantesco negro.

Udendo risuonare un terzo colpo che per poco non fece saltare le tavole della porta, si affrettò ad aprire, dicendo:

- Uh!... Che furia, signore!...

Un giovanotto di diciotto o vent'anni, vestito signorilmente ed armato d'un elegante pugnaletto che teneva appeso alla cintura, entrò frettolosamente, gridando:

- È cosí che si fanno attendere le persone che hanno fretta?... Carr...

Vedendo Carmaux ed il negro, egli s'era arrestato guardandoli con stupore ed anche con un po' d'inquietudine, poi cercò di fare un passo indietro ma la porta era stata prontamente chiusa dietro di lui.

- Chi siete voi? - chiese.

- Due servi del signor notaio - rispose Carmaux, facendo un goffo inchino.

- Ah!... Ah!... - esclamò il giovanotto. - Don Turillo è diventato tutto d'un tratto ricco, per permettersi il lusso di avere due servi?...

- Sí, ha ereditato da un suo zio morto nel Perú, - disse il filibustiere, ridendo.

- Conducetemi subito da lui. Era già avvertito che oggi doveva avere luogo il mio matrimonio colla señorita Carmen di Vasconcellos. Ha bisogno di farsi pregare quel...

La frase gli era stata bruscamente strozzata da una mano del negro piombatagli improvvisamente fra le due spalle. Il povero giovane, mezzo strangolato da una rapida stretta, cadde sulle ginocchia mentre gli occhi gli uscivano dalle orbite e la sua pelle diventava bruna.

- Eh, adagio, compare, - disse Carmaux. - Se stringi ancora un pò me lo soffochi completamente. Bisogna essere un pò gentili coi clienti del notaio!...

- Non temere, compare bianco, - rispose l'incantatore di serpenti.

Il giovanotto, il quale d'altronde era cosí spaventato da non pensare ad opporre la minima resistenza, fu portato nella stanza superiore, disarmato del pugnaletto, legato per bene e gettato a fianco del notaio.

- Ecco fatto, capitano, - disse Carmaux.

Questi approvò il colpo di mano del marinaio con un gesto del capo, poi avvicinatosi al giovanotto che lo guardava con due occhi smarriti gli chiese:

- Voi siete?

- È uno dei miei migliori clienti, signore, - disse il notaio. - Questo bravo giovane mi avrebbe fatto guadagnare quest'oggi almeno...

- Tacete voi, - disse il Corsaro con accento secco.

- Il notaio diventa un vero pappagallo! - esclamò Carmaux. - Se la continua cosí, bisognerà tagliargli un pezzo di lingua.

Il bel giovanotto si era voltato verso il Corsaro e dopo averlo guardato per alcuni istanti, con un certo stupore, rispose:

- Io sono il figlio del giudice di Maracaybo, don Alonzo de Conxevio. Spero che ora mi spiegherete il motivo di questo sequestro personale.

- È inutile che lo sappiate, però se starete tranquillo non vi sarà fatto alcun male, e domani, se

non accadranno avvenimenti imprevisti, sarete libero.

- Domani!... - esclamò il giovanotto, con doloroso stupore. - Pensate, signore, che oggi io devo impalmare la figlia del capitano Vasconcellos.

- Vi sposerete domani.

- Badate!... Mio padre è amico del Governatore e voi potreste pagare ben caro questo vostro misterioso procedere a mio riguardo. Qui a Maracaybo vi sono soldati e cannoni.

Un sorriso sdegnoso sfiorò le labbra dell'uomo di mare.

- Non li temo, - disse poi. - Anch'io ho uomini ben piú formidabili di quelli che vegliano in

Maracaybo, ed anche dei cannoni.

- Ma chi siete voi?

- È inutile che lo sappiate.

Ciò detto il Corsaro gli volse bruscamente le spalle ed uscí, mettendosi di sentinella alla finestra, mentre Carmaux ed il negro frugavano la casa dalla cantina al solaio, per vedere se era possibile preparare una colazione e Wan Stiller si accomodava presso i due prigionieri onde impedire qualsiasi tentativo di fuga.

Il compare bianco ed il compare negro, dopo avere messo sotto sopra tutta l'abitazione, riuscirono a scoprire un prosciutto affumicato ed un certo formaggio assai piccante che doveva mettere tutti di buon umore e fare meglio gustare l'eccellente vino del notaio, almeno cosí assicurava l'amabile filibustiere.

Già avevano avvertito il Corsaro che la colazione era pronta ed avevano stappate alcune bottiglie di Porto, quando udirono picchiare nuovamente alla porta.

- Chi può essere? - si chiese Carmaux. - Un altro cliente che desidera andare a tenere compagnia

al notaio?...

- Và a vedere, - disse il Corsaro, che s'era già assiso alla tavola improvvisata.

Il marinaio non si fece ripetere l'ordine due volte ed affacciatosi alla finestra, senza però alzare la persiana, vide dinanzi alla porta un uomo un po' attempato e che pareva un servo od un usciere di tribunale.

- Diavolo! - mormorò. - Verrà a cercare il giovanotto. La sparizione misteriosa del fidanzato avrà preoccupato sposa, padrini e gli invitati. Uhm!... La faccenda comincia ad imbrogliarsi!...

Il servo intanto, non ricevendo risposta, continuava a martellare con crescente lena facendo un fracasso tale, da attirare alle finestre tutti gli abitanti delle case vicine.

Bisognava assolutamente aprire ed impadronirsi anche di quell'importuno prima che i vicini, messi in sospetto, non accorressero ad abbattere porta o mandassero a chiamare i soldati.

Carmaux ed il negro si affrettarono quindi a scendere e ad aprire, non appena quel servo od usciere che fosse si trovò nel corridoio fu preso per la gola onde non potesse gridare, legato, imbavagliato, quindi portato nella camera superiore a tenere compagnia al disgraziato padroncino ed al non meno sfortunato notaio.

- Il diavolo se li porti tutti!... - esclamò Carmaux. - Noi faremo prigioniera l'intera popolazione di Maracaybo, se continua ancora per qualche tempo.

CAPITOLO VII

UN DUELLO FRA GENTILUOMINI.

La colazione, contrariamente alle previsioni di Carmaux, fu poco allegra ed il buon umore mancò, non ostante quell'eccellente prosciutto, il formaggio piccante e le bottiglie del povero notaio.

Tutti cominciavano a diventare inquieti per la brutta piega che prendevano gli avvenimenti, a causa di quel disgraziato giovanotto e del suo matrimonio. La sua sparizione misteriosa, unitamente a quella del servo, non avrebbe di certo mancato di spaventare i parenti ed erano da aspettarsi presto delle nuove visite di servi o di amici, o, peggio ancora, di soldati o di qualche giudice o di qualche alguazil.

Quello stato di cose non poteva assolutamente durare a lungo. I filibustieri avrebbero fatto ancora altri prigionieri, ma poi sarebbero certamente venuti i soldati, e non uno alla volta per farsi prendere.

Il Corsaro ed i suoi due marinai avevano ventilati parecchi progetti, ma nemmeno uno era sembrato buono. La fuga per il momento era assolutamente impossibile; sarebbero stati di certo riconosciuti, arrestati e senz'altro appiccati come il povero Corsaro Rosso ed i suoi sventurati compagni. Bisognava attendere la notte; era però poco probabile che i parenti del giovanotto dovessero lasciarli tranquilli.

I tre filibustieri, ordinariamente cosí fecondi di trovate e di astuzie al pari di tutti i loro compagni della Tortue, si trovavano in quel momento completamente imbarazzati.

Carmaux aveva suggerita l'idea di indossare le vesti dei prigionieri e di uscire audacemente, ma si era subito accorto dell'impossibilità di realizzare il suo piano, non potendosi utilizzare il costume del giovanotto, perché nessuno avrebbe potuto indossarlo, e poi la cosa era stata giudicata troppo pericolosa, coi soldati che battevano le campagne vicine. Il negro era invece tornato alla sua prima idea, cioé di recarsi ad acquistare delle divise di alabardieri o di moschettieri; anche questo per il momento era stato scartato, essendo costretti ad aspettare la notte per poterla effettuare con qualche successo.

Stavano pensando e ripensando per scovare qualche nuovo progetto, che fornisse loro il mezzo

di uscire da quella situazione, che diveniva di minuto in minuto piú imbarazzante e pericolosa, quando un terzo individuo venne a battere alla porta del notaio.

Questa volta non si trattava di un servo, bensí d'un gentiluomo castigliano, armato di spada e di pugnale, qualche parente forse del giovanotto o qualcuno dei padrini.

- Tuoni! - esclamò Carmaux. - È una processione di gente che viene a questa dannata casa!... Prima il giovanotto, poi un servo, ora un gentiluomo, piú tardi sarà il padre dello sposo, poi i padrini, gli amici eccetera. Finiremo per fare il matrimonio qui!...

Il castigliano, vedendo che nessuno si era affrettato ad aprire, aveva cominciato a raddoppiare i colpi, alzando e lasciando cadere senza posa il pesante battente di ferro. Quell'uomo doveva essere certo poco paziente e probabilmente ben piú pericoloso del giovanotto e del servo.

- Và, Carmaux, - disse il Corsaro.

- Temo però, comandante, che non sia cosa facile prenderlo e legarlo Quell'uomo è solido, ve lo assicuro, ed opporrà una resistenza disperata.

- Ci sarò anch'io e tu sai che le mie braccia sono robuste.

Il Corsaro, avendo visto in un angolo della stanza una spada, qualche vecchia arma di famiglia che il notaio aveva conservata, l'aveva presa e dopo avere provata l'elasticità della lama se l'era appesa al fianco, mormorando:

- Acciaio di Toledo: darà da fare al castigliano.

Carmaux ed il negro avevano in quel frattempo aperta la porta che minacciava di venire sfondata sotto i furiosi ed incessanti colpi del battente ed il gentiluomo era entrato collo sguardo crucciato, la fronte aggrottata e la sinistra sulla guardia della spada, dicendo con voce collerica:

- Occorre il cannone qui, per farsi aprire?...

Il nuovo venuto era un bell'uomo sulla quarantina, alto di statura, robusto, dal tipo maschio ed altero, con due occhi nerissimi ed una folta barba pure nera, che gli dava un aspetto marziale.

Indossava un elegante costume spagnuolo di seta nera e calzava alti stivali di pelle gialla, colle trombe dentellate, e speroni.

- Perdonate signore, se abbiamo tardato, - rispose Carmaux, inchinandosi grottescamente dinanzi a lui, - ma eravamo occupatissimi.

- A fare che cosa? - chiese il castigliano.

- A curare il signor notaio.

- È ammalato forse?

- È stato preso da una potentissima febbre, signore.

- Chiamatemi conte, furfante.

- Scusatemi signor conte; io non avevo l'onore di conoscervi.

- Andatevene al diavolo!... Dov'è mio nipote?... Sono due ore che è venuto qui.

- Noi non abbiamo veduto nessuno.

- Tu vuoi burlarti di me!... Dov'è il notaio?...

- È a letto, signore.

- Conducimi subito da lui.

Carmaux che voleva attirarlo in fondo al corridoio prima di fare segno al negro di porre in opera la sua prodigiosa forza muscolare, si mise innanzi al castigliano; poi, appena giunse alla base della scala, si volse bruscamente, dicendo:

- A te, compare!

Il negro si gettò rapidamente sul castigliano; questi, che si teneva probabilmente in guardia e che possedeva un'agilità da dare dei punti ad un marinaio, con un solo salto varcò i tre primi gradini, scartando Carmaux con un urto violento e snudò risolutamente la spada gridando:

- Ah!... Mariuoli!... Che cosa significa questo attacco? Ora vi taglierò gli orecchi!...

- Se volete sapere che cosa significa questo attacco, ve lo spiegherò io, signore, - disse una

voce.

Il Corsaro Nero era comparso improvvisamente sul pianerottolo, colla spada in pugno, ed aveva

cominciato a scendere i primi gradini.

Il castigliano si era voltato senza però perdere di vista Carmaux ed il negro, i quali si erano ritirati in fondo al corridoio, mettendosi di guardia dinanzi alla porta. Il primo aveva impugnata la lunga navaja ed il secondo s'era armato di una traversa di legno, arma formidabile nelle sue mani.

- Chi siete voi, signore? - chiese il castigliano senza manifestare il minimo timore. - Dalle vesti che indossate vi si potrebbe credere un gentiluomo, ma l'abito non fa sempre il monaco o potreste esser anche qualche bandito.

- Ecco una parola che potrebbe costarvi cara, mio gentiluomo, - rispose il Corsaro.

- Bah!... Lo si vedrà piú tardi.

- Siete coraggioso, signore; tanto meglio. Vi consiglierei però di deporre la spada e di arrendervi.

- A chi?...

- A me.

- Ad un bandito che tende un agguato per assassinare a tradimento le persone?...

- No, al cavaliere Emilio di Roccanera, signore di Ventimiglia.

- Ah!... Voi siete un gentiluomo!... Vorrei almeno sapere allora perché il signore di Ventimiglia cerca di farmi assassinare dai suoi servi.

- È una supposizione affatto vostra, signore; nessuno ha mai pensato ad assassinarvi. Si voleva disarmarvi e tenervi prigioniero per qualche giorno e nient'altro.

- E per quale motivo?

- Onde impedirvi di avvertire le autorità di Maracaybo che qui mi trovo io, - rispose il Corsaro.

- Forse che il signor di Ventimiglia ha dei conti da regolare colle autorità di Maracaybo?

- Non sono troppo amato da loro o meglio da Wan Guld, il quale sarebbe troppo felice di avermi in sua mano, come io sarei ben lieto di averlo in mio potere.

- Non vi comprendo signore, - disse il castigliano.

- Ciò non vi interessa. Orsú, volete arrendervi?

- Oh!... E voi lo pensate! Un uomo di spada cedere senza difendersi?

- Allora mi costringete ad uccidervi. Non posso permettervi di andarvene, o io ed i miei compagni saremmo perduti.

- Ma chi siete voi infine?

- Dovreste ormai averlo indovinato: noi siamo filibustieri della Tortue. Signore, difendetevi, perché ora vi ucciderò.

- Lo credo dovendo fare fronte a tre avversari.

- Non preoccupatevi di loro, - disse il Corsaro, indicando Carmaux ed il negro. - Quando il loro comandante si batte hanno l'abitudine di non immischiarsene.

- In tal caso spero di mettervi presto fuori di combattimento. Voi non conoscete ancora il braccio del conte di Lerma.

- Come voi non conoscete quello del signore di Ventimiglia. Conte, difendetevi!...

- Una parola se me lo permettete. Che cosa avete fatto di mio nipote e del suo domestico?

- Sono prigionieri assieme al notaio, ma non inquietatevi per loro. Domani saranno liberi e vostro nipote potrà impalmare la sua bella.

- Grazie, cavaliere.

Il Corsaro Nero s'inchinò lievemente, poi scese rapidamente i gradini ed incalzò il castigliano con tanta furia, che questi fu costretto a retrocedere di due passi.

Per alcuni istanti nell'angusto corridoio si udí solo lo stridore dei ferri. Carmaux ed il negro, appoggiati contro la porta, colle braccia incrociate assistevano al duello senza parlare, cercando di seguire cogli sguardi il fulmineo guizzare delle lame. Il castigliano si batteva splendidamente, da spadaccino valente, parando con grande sangue freddo e vibrando stoccate bene dirette; dovette ben presto convincersi però d'avere dinanzi un avversario dei piú terribili e che possedeva dei muscoli d'acciaio.

Dopo le prime botte, il Corsaro Nero aveva riacquistata la sua calma. Non attaccava che di rado, limitandosi a difendersi come se volesse prima stancare l'avversario e studiare il suo gioco. Fermo sulle sue gambe nervose, col corpo diritto, la mano sinistra avanzata orizzontalmente, gli occhi lampeggianti, pareva che giocasse.

Invano il castigliano aveva cercato di spingerlo verso la scala colla segreta speranza di farlo cadere, vibrandogli una tempesta di stoccate. Il Corsaro non aveva fatto un solo passo indietro ed era rimasto irremovibile fra quello scintillio della lama, ribattendo i colpi con una rapidità prodigiosa, senza uscire di linea.

D'improvviso però si slanciò a fondo. Battere di terza la lama dell'avversario con un colpo secco, legarla di seconda e fargliela cadere al suolo, fu un colpo solo.

Il castigliano, trovandosi inerme, era diventato pallido e si era lasciato sfuggire un grido. La

punta scintillante della lama del Corsaro rimase un istante tesa, minacciandogli il petto, poi subito si rialzò.

- Voi siete un valoroso, - disse, salutando l'avversario. - Voi non volevate cedere la vostra arma:

ora io me la prendo, ma vi lascio la vita.

Il castigliano era rimasto immobile col piú profondo stupore scolpito in viso. Gli sembrava forse impossibile di trovarsi ancora vivo. Ad un tratto fece rapidamente due passi innanzi e tese la destra al Corsaro, dicendo:

- I miei compatrioti dicono che i filibustieri sono uomini senza fede, senza legge, dediti solamente al ladronaggio di mare; io posso ora dire come fra costoro si trovano anche dei valorosi, che in fatto di cavalleria e di generosità possono dare dei punti ai piú compiti gentiluomini d'Europa. Signor cavaliere, ecco la mia mano: grazie!...

Il Corsaro gliela strinse cordialmente, poi raccogliendo la spada caduta e porgendola al conte rispose:

- Conservate la vostra arma, signore; a me basta che voi mi promettiate di non adoperarla, fino a domani, contro di noi.

- Ve lo prometto, cavaliere, sul mio onore.

- Ora lasciatevi legare senza opporre resistenza. Mi rincresce dovere ricorrere a questa necessità; ma non posso farne a meno.

- Fate quello che credete.

Ad un cenno del Corsaro, Carmaux si avvicinò al castigliano e gli legò le mani, poi lo affidò al negro, il quale s'affrettò a condurlo nella stanza superiore a tenere compagnia al nipote, al servo ed al notaio.

- Speriamo che la processione sia finita, - disse Carmaux, rivolgendosi verso il Corsaro.

- Io credo invece che fra poco altre persone verranno ad importunarci, - rispose il capitano. - Tutte queste misteriose sparizioni non tarderanno a creare dei gravi sospetti fra i familiari del conte e del giovanotto, e le autorità di Maracaybo vorranno immischiarsene. Noi faremo bene a barricare le porte e prepararci alla difesa. Hai osservato se vi sono armi da fuoco in questa casa?...

- Ho trovato nel granaio un archibugio e delle munizioni, oltre ad una vecchia alabarda arrugginita ed una corazza.

- Il fucile potrà servirci.

- E come potremo resistere, comandante, se i soldati verranno ad assalire la casa?...

- Lo si vedrà poi; ti assicuro che, vivo, Wan Guld non mi avrà mai!... Orsú, prepariamoci alla difesa. Piú tardi, se avremo tempo, penseremo alla colazione.

Il negro era tornato, lasciando Wan Stiller a guardia dei prigionieri. Messo al corrente di ciò che si doveva fare, si mise alacremente all'opera.

Aiutato da Carmaux, portò nel corridoio tutti i mobili piú pesanti e piú voluminosi della casa, non senza provocare, da parte del povero notaio, una sequela di proteste affatto inutili. Casse, armadi, tavoli massicci, canterani furono accumulati contro la porta, in modo da barricarla completamente.

Non contenti, i filibustieri rizzarono con altre casse ed altri mobili una seconda barricata alla base della scala, per potere contrastare il passo agli assalitori, nel caso che la porta non avesse potuto piú resistere.

Avevano appena terminati quei preparativi di difesa, quando videro Wan Stiller scendere la scala a precipizio.

- Comandante, - disse, - nella viuzza si sono aggruppati parecchi cittadini e tutti guardano verso questa casa. Io credo che ormai si siano accorti che qui succedono delle misteriose sparizioni d'uomini.

- Ah!... - si limitò ad esclamare il Corsaro, senza che un muscolo del suo viso si fosse alterato. Salí tranquillamente la scala e si affacciò alla finestra che dominava la viuzza tenendosi

nascosto dietro le persiane.

Wan Stiller aveva detto il vero. Una cinquantina di persone, divise in vari gruppetti, ingombravano l'opposta estremità della viuzza. Quei borghesi parlavano con animazione e s'indicavano vicendevolmente la casa del notaio, mentre alle finestre delle case vicine si vedevano apparire e scomparire gli inquilini.

- Ciò che temevo sta per succedere, - mormorò il Corsaro, aggrottando la fronte. - Orsú, se devo morire anch'io in Maracaybo, cosí doveva essere scritto sul libro del mio destino. Poveri fratelli miei, caduti forse invendicati!... Oh!... Ma la morte non è ancora giunta e la fortuna protegge i filibustieri della Tortue... Carmaux, a me!...

Il marinaio sentendosi chiamare non aveva indugiato ad accorrere, dicendo:

- Eccomi, mio comandante.

- Tu mi hai detto d'aver trovato delle munizioni.

- Un bariletto di polvere della capacità di otto o dieci libbre, signore.

- Lo collocherai nel corridoio, dietro la porta e vi metterai una miccia.

- Lampi!... Faremo saltare la casa?

- Sí, se sarà necessario.

- Ed i prigionieri?

- Peggio per loro se i soldati vorranno prenderci. Noi abbiamo il diritto di difenderci e lo faremo senza esitare.

- Ah!... Eccoli... - esclamò Carmaux che teneva gli occhi fissi sulla viuzza.

- Chi?

- I soldati, comandante.

- Va' a prendere il barile, poi verrai a raggiungermi assieme a Wan Stiller. Non dimenticare l'archibugio.

Alla estremità della viuzza era comparso un drappello di archibugieri comandati da un tenente e seguito da un codazzo di curiosi. Erano due dozzine di soldati, perfettamente equipaggiati come se si recassero alla guerra, con fucili, spade e misericordie alla cintura.

Accanto al tenente, il Corsaro scorse un vecchio signore, dalla barba bianca, armato di spada, e sospettò che fosse qualche parente del conte o del giovanotto. Il drappello si fece largo fra i borghesi che ingombravano la viuzza e fece alt a dieci passi dalla casa del notaio, disponendosi su una triplice linea e preparando i fucili come se dovessero aprire senz'altro il fuoco.

Il tenente osservò per alcuni istanti le finestre, scambiò alcune parole col vecchio che gli stava vicino, poi si avvicinò risolutamente alla porta e lasciò cadere il pesante martello, gridando:

- In nome del Governatore, aprite!...

- Siete pronti, miei prodi? - chiese il Corsaro.

- Siamo pronti, signore, - risposero Carmaux, Wan Stiller ed il negro.

- Voi rimarrete con me e tu, mio bravo africano, sali al piano superiore e guarda se puoi scoprire qualche abbaino che ci permetta di fuggire sui tetti.

Ciò detto aprí le imposte e curvandosi sul davanzale, chiese:

- Che cosa desiderate, signore?...

Il tenente vedendo comparire, in luogo del notaio, quell'uomo dai lineamenti arditi, con quell'ampio cappello nero adorno della lunga piuma nera, era rimasto immobile guardandolo con stupore.

- Chi siete voi? - gli chiese, dopo qualche istante. - Io domando del notaio.

- Per lui rispondo io, non potendo egli muoversi, per il momento.

- Allora apritemi: ordine del Governatore.

- E se io non volessi?

- In tal caso non risponderei delle conseguenze. Sono accadute delle cose assai strane in questa casa, mio gentiluomo, ed ho avuto l'ordine di sapere che cosa è avvenuto del Signor Pedro Conxevio, del suo servo, e di suo zio, il conte di Lerma.

- Se vi preme di saperlo, vi dirò che sono in questa casa vivi tutti, anzi di buon umore.

- Fateli scendere.

- È impossibile, signore, - rispose il Corsaro.

- Vi intimo di obbedire o farò sfasciare la porta.

- Fatelo, vi avverto però che dietro la porta ho fatto collocare un barilotto di polvere e che al primo vostro tentativo di forzarla, io darò fuoco alla miccia e farò saltare la casa assieme al notaio, al signor Conxevio al servo ed al conte di Lerma. Ora provatevi, se l'osate!...

Udendo quelle parole pronunciate con voce calma, fredda, recisa e con tono da non ammettere alcun dubbio sulla terribile minaccia, un fremito di terrore aveva scossi i soldati ed i curiosi che li avevano seguiti, anzi parecchi di questi si erano affrettati a prendere il largo, temendo che la casa fosse

lí lí per saltare in aria. Perfino il tenente aveva fatto involontariamente alcuni passi indietro.

Il Corsaro era rimasto tranquillamente alla finestra come se fosse un semplice spettatore, non perdendo però di vista gli archibugi dei soldati mentre Carmaux e Wan Stiller, che si trovavano dietro di lui, spiavano le mosse dei vicini, i quali erano accorsi in massa sulle terrazze e sui poggiuoli.

- Ma chi siete voi? - chiese finalmente il tenente.

- Un uomo che non vuol essere disturbato da chicchessia, nemmeno dagli ufficiali del governatore, - rispose il Corsaro.

- Vi intimo di dirmi il vostro nome.

- A me non garba affatto.

- Vi costringerò.

- Ed io farò saltare la casa.

- Ma voi siete pazzo.

- Quanto lo siete voi.

- Ah! Insultate?

- Niente affatto, signor mio, rispondo.

- Finitela!... Lo scherzo è durato troppo.

- Lo volete? Ehi, Carmaux... Và a mettere fuoco al barile di polvere!...

CAPITOLO VIII

UNA FUGA PRODIGIOSA.

Udendo quel comando un immenso urlo di terrore si era alzato non solo fra la folla dei curiosi, ma anche fra i soldati. Soprattutto i vicini e non a torto, poiché saltando la casa del notaio sarebbero di certo crollate anche quelle occupate da loro, urlavano a squarciagola, come già si sentissero mandare in aria dallo scoppio.

Borghesi e soldati si erano affrettati a sgombrare mettendosi in salvo all'estremità della viuzza, mentre i vicini si precipitavano all'impazzata giú dalle scale, cercando di portare con loro almeno gli oggetti piú preziosi. Tutti ormai erano certi che quell'uomo, qualche pazzo secondo alcuni, dovesse davvero mettere in esecuzione la terribile minaccia.

Solo il tenente era rimasto coraggiosamente al suo posto, ma dagli sguardi ansiosi che lanciava verso la casa, si poteva comprendere che se fosse stato solo, o non avesse avuti quei galloni di comandante, non si sarebbe di certo fermato colà.

- No!... Fermatevi, signore!... - aveva gridato. - Siete pazzo?

- Desiderate qualche cosa? - gli chiese il Corsaro, colla sua solita voce tranquilla.

- Vi dico di non mettere in esecuzione il vostro triste progetto.

- Volentieri, purché mi lasciate tranquillo.

- Lasciate in libertà il conte di Lerma e gli altri e vi prometto di non seccarvi.

- Lo farei volentieri se voleste accettare prima le mie condizioni.

- Quali sarebbero?

- Di fare ritirare le truppe, innanzi tutto.

- Poi?

- Procurare, a me ed ai miei compagni, un salvacondotto firmato dal Governatore, per poter lasciare la città senza venire disturbati dai soldati che battono la campagna.

- Ma chi siete voi, per avere bisogno di un salvacondotto?... - chiese il tenente, il cui stupore aumentava insieme ai sospetti.

- Un gentiluomo d'oltremare, - rispose il Corsaro, con nobile fierezza.

- Allora non vi necessita alcun salvacondotto per lasciare la città.

- Al contrario.

- Ma allora voi avete qualche delitto sulla coscienza. Ditemi il vostro nome, signore.

In quell'istante un uomo che portava attorno al capo una pezzuola macchiata in piú luoghi di sangue e che si avanzava penosamente, come se avesse una gamba storpiata, giunse presso il tenente.

Carmaux, che si teneva sempre dietro il Corsaro, spiando i soldati, lo vide ed un grido gli

sfuggí.

- Lampi!... - esclamò.

- Che cos'hai, mio bravo? - chiese il Corsaro volgendosi vivamente.

- Noi stiamo per venire traditi, comandante. Quell'uomo è uno dei biscaglini che ci hanno

assaliti colle navaje.

- Ah!... - fece il Corsaro, alzando le spalle.

Il biscaglino, poiché era proprio uno di quelli che avevano assistito al duello della taverna e che poi avevano aggredito i filibustieri coi loro smisurati coltelli, si volse verso il tenente, dicendogli:

- Voi volete sapere chi è quel gentiluomo dal feltro nero, è vero?

- Sí, - rispose il tenente. - Lo conosci tu?

- Carrai!... È stato uno dei suoi uomini che mi ha conciato in questo modo. Signor tenente, badate che non vi sfugga!... Egli è uno dei filibustieri!...

Un urlo, ma questa volta non piú di spavento, bensí di furore, scoppiò da tutte le parti, seguito da uno sparo e da un grido di dolore. Carmaux, ad un cenno del Corsaro, aveva alzato rapidamente il moschettone, e con una palla ben aggiustata aveva abbattuto il biscaglino.

Era troppo!... Venti archibugi si alzarono verso la finestra occupata dal Corsaro, mentre la folla urlava a squarciagola:

- Accoppate quelle canaglie!...

- No, prendeteli ed appiccateli sulla plaza.

- Arrostiteli vivi!...

- A morte!... A morte!...

Il tenente con un rapido gesto aveva fatto abbassare i fucili, e spintosi sotto la finestra, disse al

Corsaro, che non si era mosso dal suo posto, come se tutte quelle minacce non lo riguardassero:

- Mio gentiluomo, la commedia è finita: arrendetevi! Il Corsaro rispose con un'alzata di spalle.

- Mi avete capito? - gridò il tenente, rosso di collera.

- Perfettamente, signore.

- Arrendetevi o farò abbattere la porta.

- Fatelo, - rispose freddamente il Corsaro. - Vi avverto solo che il barile di polvere è pronto e che farò saltare la casa assieme ai prigionieri.

- Ma salterete anche voi!

- Bah!... Morire in mezzo al rimbombo delle fumanti rovine è da preferirsi alla morte ignominiosa, che voi mi fareste subire dopo la mia resa.

- Vi prometto salva la vita.

- Delle vostre promesse non so che cosa farne, poiché so che cosa valgono. Signore, sono le sei pomeridiane ed io non ho ancora fatta colazione. Mentre decidete sul da farsi, andrò a mangiare un boccone assieme al conte di Lerma ed a suo nipote e faremo il possibile per vuotare un bicchiere alla sua salute, se la casa non salterà in aria prima.

Ciò detto il Corsaro si levò il cappello, salutandolo con perfetta cortesia e rientrò lasciando il tenente, i soldati e la folla piú stupiti e piú imbarazzati che mai.

- Venite, miei bravi, - disse il Corsaro a Carmaux e a Wan Stiller. - Credo che avremo il tempo

necessario per scambiare due chiacchiere.

- E quei soldati? - chiese Carmaux, che non era meno stupito degli spagnuoli per il sangue freddo e l'audacia, assolutamente fenomenali del comandante.

- Lasciamoli gridare se lo vogliono.

- Andiamo a fare la cena della morte adunque, mio capitano.

- Bah!... L'ultima nostra ora è piú lontana di quello che tu credi, - rispose il Corsaro. - Aspetta che calino le tenebre e tu vedrai quel barilotto di polvere fare dei miracoli.

Entrò nella stanza senza spiegarsi di piú, andò a tagliare le corde che imprigionavano il conte di

Lerma ed il giovanotto e li invitò a sedersi al desco improvvisato, dicendo loro:

- Tenetemi compagnia, conte, ed anche voi, giovanotto; conto però sulla vostra parola di nulla tentare contro di noi.

- Sarebbe impossibile intraprendere qualche cosa, cavaliere, - rispose il conte sorridendo. - Mio nipote è inerme e poi so ormai quanto sia pericolosa la vostra spada. E cosí, che cosa fanno i miei compatrioti?... Ho udito un baccano assordante.

- Per ora si limitano ad assediarci.

- Mi rincresce dirvelo, ma temo, cavaliere, che finiranno coll'abbattere la porta.

- Io credo il contrario, conte.

- Allora vi assedieranno e presto o tardi vi costringeranno alla resa. Vivaddio! Vi assicuro che mi dispiacerebbe di vedere un uomo così valoroso ed amabile come siete voi, nelle mani del Governatore. Quell'uomo non perdona ai filibustieri.

- Wan Guld non mi avrà. È necessario che io viva per saldare un vecchio conto che ho da regolare con quel fiammingo.

- Lo conoscete?

- L'ho conosciuto per mia sventura, - disse il Corsaro, con un sospiro. - È stato un uomo fatale per la mia famiglia e se sono diventato filibustiere lo devo a lui. Orsù, non parliamo più di ciò; tutte le volte che penso a lui io mi sento il sangue saturarsi d'odio implacabile, e divento triste come un funerale. Bevete, conte. Carmaux, che cosa fanno gli spagnuoli?

- Stanno confabulando tra di loro, comandante, - rispose il filibustiere che tornava allora dalla finestra. - Pare che non sappiano decidersi ad assalirci.

- Lo faranno più tardi, ma forse noi allora non saremo più qui. Veglia sempre il negro?

- È sul solaio.

- Wan Stiller, porta da bere a quell'uomo.

Ciò detto il Corsaro parve s'immergesse in profondi pensieri, pur continuando a mangiare. Era diventato più triste che mai, e preoccupato, tanto da non udire nemmeno più le parole che gli rivolgeva il conte.

La cena terminò in silenzio, senza che venisse interrotta. Pareva che i soldati, malgrado la loro rabbia ed il vivissimo desiderio che avevano di appiccare e di bruciare vivi i filibustieri, non sapessero prendere alcuna decisione. Non già che difettassero di coraggio, anzi, tutt'altro, o che paventassero lo scoppio del barile, poco importava loro che la casa saltasse in aria; temevano pel conte di Lerma e per suo nipote, due persone raguardevoli della città e che volevano ad ogni costo salvare.

Le tenebre erano già calate, quando Carmaux avvertì il Corsaro che un drappello di archibugieri, rinforzato da una dozzina di alabardieri, era giunto, occupando lo sbocco della viuzza.

- Ciò significa che si preparano ad intraprendere qualche cosa, - rispose il Corsaro. - Chiama il negro.

L'africano, dopo qualche minuto, si trovò dinanzi a lui.

- Hai visitato accuratamente il solaio? - gli chiese.

- Sí, padrone.

- Vi è nessun abbaino?

- No, ma ho sfondato una parte del tetto e per di là possiamo passare.

- Non vi sono nemici?...

- Nemmeno uno, padrone.

- Sai dove possiamo discendere?...

- Sí, e dopo un breve cammino.

In quel momento una scarica formidabile rintronò nella viuzza, facendo tremare tutti i vetri. Alcune palle, attraversate le persiane delle finestre, penetrarono nella casa, foracchiando le pareti e scrostando le volte delle stanze.

Il Corsaro era balzato in piedi snudando con un rapido gesto la spada. Quell'uomo, alcuni istanti prima cosí calmo e compassato, sentendo l'odore della polvere, si era trasfigurato: i suoi occhi balenavano, sulle smorte gote era improvvisamente comparso un lieve rossore.

- Ah!... Cominciano!... - esclamò con voce beffarda. Poi, volgendosi verso il conte e suo nipote, continuò:

- Io vi ho promessa salva la vita e, qualunque cosa debba accadere, manterrò la parola data; voi dovete però obbedirmi e giurarmi che non vi ribellerete.

- Parlate, cavaliere, - disse il conte. - Mi rincresce che gli assalitori siano miei compatrioti; se non lo fossero vi assicuro che combatterei ben volentieri al vostro fianco.

- Voi dovete seguirmi, se non volete saltare in aria.

- Sta per crollare la casa?

- Fra pochi minuti non rimarrà dritta una sola muraglia.

- Volete rovinarmi? - strillò il notaio.

- State zitto, avaraccio, - gridò Carmaux che slegava il povero uomo. - Vi si salva e ancora non siete contento?

- Ma è la mia casa che non voglio perdere.

- Vi farete indennizzare dal governatore.

Una seconda scarica rimbombò nella viuzza ed alcune palle attraversarono la stanza, mandando in pezzi una lampada che vi si trovava nel mezzo.

- Avanti, uomini del mare!... - tuonò il Corsaro. - Carmaux, và a dar fuoco alla miccia...

- Sono pronto, comandante.

- Bada che il barile non scoppi prima che abbiamo abbandonato la casa.

- La miccia è lunga, signore, - rispose il filibustiere, scendendo la scala a precipizio.

Il Corsaro, seguito dai quattro prigionieri, da Wan Stiller e dall'africano, salirono sul solaio, mentre gli archibugi continuavano le loro scariche, mirando soprattutto alle finestre ed intimando, con urla acute, la resa.

Le palle penetravano dovunque, con certi miagolii da fare venire i brividi al povero notaio; scrostavano larghi tratti di parete e rimbalzavano contro i mattoni; i filibustieri però, e nemmeno il conte di Lerma, uomo di guerra anch'esso, se ne preoccupavano gran che.

Giunti sul solaio, l'africano mostrò al Corsaro una larga apertura irregolare che metteva sul tetto, e che egli aveva fatta, servendosi d'una trave strappata ad una tramezzata.

- Avanti, - disse il Corsaro.

Ringuainò per un momento la spada, s'aggrappò ai margini delle squarciature ed in un istante si issò sul tetto, girando all'intorno un rapido sguardo.

Scorse subito, tre o quattro tetti piú innanzi, delle alte piante, dei palmizi, uno dei quali cresceva addosso ad una muraglia, spingendo le sue splendide e gigantesche foglie sopra le tegole.

- È per di là che ci caleremo? - chiese al negro, che lo aveva raggiunto.

- Sí, padrone.

- Potremo uscire da quel giardino?

- Lo spero.

Il conte di Lerma, suo nipote, il servo ed anche il notaio spinto in alto dalle robuste braccia di

Wan Stiller, erano già tutti sul tetto, quando Carmaux comparve, dicendo:

- Presto, signori; fra due minuti la casa ci crollerà sotto i piedi.

- Sono rovinato! - piagnucolò il notaio. - Chi mi risarcirà poi dei... Wan Stiller gli troncò la frase spingendolo ruvidamente innanzi.

- Venite o andrete in aria anche voi, - gli disse.

Il Corsaro, assicuratosi che non vi erano nemici, era già balzato su di un altro tetto, seguito dal conte di Lerma e da suo nipote.

Le scariche allora si succedevano alle scariche e dei vortici di fumo s'alzavano verso la viuzza, disperdendosi lentamente pei tetti. Pareva che gli archibugieri fossero decisi a crivellare la casa del notaio, prima di abbattere la porta, sperando forse di costringere i filibustieri alla resa.

Forse il timore che il Corsaro si decidesse a mettere in esecuzione la terribile minaccia, facendosi seppellire fra le macerie assieme ai quattro prigionieri, li tratteneva ancora dal tentare un assalto generale della casa.

I filibustieri, trascinando con loro il notaio, che non poteva più reggersi sulle gambe, giunsero sull'orlo dell'ultima casa, presso il palmizio.

Sotto si estendeva un vasto giardino cinto da un alto muro, e che pareva si prolungasse in direzione della campagna.

- Io conosco questo giardino, - disse il conte. - Esso appartiene al mio amico Morales.

- Spero che non ci tradirete, - disse il Corsaro.

- Al contrario, cavaliere. Non ho ancora dimenticato che vi devo la vita.

- Presto, scendiamo, - disse Carmaux. - L'esplosione può lanciarci nel vuoto.

Aveva appena terminato quelle parole, quando vide un lampo gigantesco seguito subito da un orribile frastuono. I filibustieri ed i loro compagni sentirono tremare sotto i loro piedi il tetto, poi caddero l'uno sull'altro, mentre intorno piovevano pezzi di macigno, frammenti di mobilia e brandelli di stoffe fiammeggianti.

Una nube di fumo si estese sui tetti, tutto offuscando per qualche minuto, mentre verso la viuzza si udivano crollare muraglie e pavimenti fra urla di terrore e bestemmie.

- Tuoni! - esclamò Carmaux, che era stato spinto fino alla grondaia. - Un metro più innanzi e piombavo nel giardino come un sacco di stracci.

Il Corsaro Nero si era prontamente alzato, barcollando tra il fumo che lo avvolgeva.

- Siete tutti vivi? - chiese.

- Lo credo, - rispose Wan Stiller.

- Ma... qualcuno è qui, immobile, - disse il conte. - Che sia stato ucciso da qualche rottame?

- È quel poltrone di notaio, - rispose Wan Stiller. - Rassicuratevi però, non è che svenuto per lo spavento provato.

- Lasciamolo lí, - disse Carmaux. - Si trarrà d'impiccio come potrà, se il dolore d'aver perduta la

sua bicocca non lo farà morire.

- No, - rispose il Corsaro. - Vedo alzarsi delle vampe tra il fumo, e, lasciandolo qui, correrebbe il pericolo di venire arrostito. L'esplosione ha incendiate le case vicine

- È vero, - confermò il conte. - Vedo un'abitazione che brucia.

- Approfittiamo della confusione per prendere il largo, amici, - disse il Corsaro. - Tu, Moko, t'incaricherai del notaio.

Stava per cacciarsi in mezzo ad un viale che conduceva al muro di cinta, quando vide alcuni uomini, armati di archibugi, precipitarsi fuori da una macchia di cespugli, gridando:

- Fermi, o facciamo fuoco!...

Il Corsaro aveva impugnata la spada colla destra, mentre colla sinistra aveva estratta una pistola, deciso ad aprirsi il passo; il conte lo fermò con un gesto dicendo:

- Lasciate fare a me, cavaliere.

Poi, facendosi incontro a quegli uomini, aggiunse - Dunque non si conosce piú l'amico del vostro padrone?

- Il signor conte di Lerma!... - esclamarono gli uomini, attoniti.

- Abbasso le armi, o mi lagnerò col vostro padrone.

- Perdonate, signor conte, - disse uno di quei servi, - noi ignoravamo con chi avevamo da fare. Avevamo udito uno scoppio spaventoso e sapendo che, nelle vicinanze, dei soldati assediavano dei corsari, eravamo qui accorsi per impedire la fuga di quei pericolosi banditi.

- I filibustieri sono ormai fuggiti, quindi potete andarvene. Vi è qualche porta nella cinta?

- Sí, signor conte.

- Aprite a me ed ai miei amici e non occupatevi d'altro.

L'uomo che aveva parlato, con un cenno congedò gli armati, poi si diresse verso un viale laterale e giunti dinanzi ad una porticina ferrata, l'aprí.

I tre filibustieri ed il negro uscirono all'aperto preceduti dal conte e da suo nipote. Il servo, che teneva fra le braccia il notaio sempre svenuto, si era fermato assieme a quello del proprietario del giardino.

Il conte guidò i filibustieri per un duecento passi, inoltrandosi in una viuzza fiancheggiata solamente da muraglie, poi disse:

- Cavaliere, voi mi avete salvata la vita, sono lieto di avere potuto rendervi anch'io questo piccolo servigio. Uomini valorosi come voi non devono morire sulla forca, ma v'assicuro che il Governatore non vi avrebbe risparmiato, se avesse potuto avervi in mano. Seguite questa viuzza che conduce in aperta campagna e tornate a bordo della vostra nave.

- Grazie, conte, - rispose il Corsaro.

I due gentiluomini si strinsero cordialmente la mano e si lasciarono scoprendosi il capo.

- Ecco un brav'uomo, - disse Carmaux. - Se torneremo a Maracaybo non mancheremo di andarlo a trovare.

Il Corsaro si era messo rapidamente in cammino preceduto dall'africano, il quale conosceva, forse meglio degli stessi spagnuoli, tutti i dintorni di Maracaybo.

Dieci minuti dopo, senza essere stati disturbati, i tre filibustieri erano fuori della città, sul margine della foresta, in mezzo alla quale si trovava la capanna dell'incantatore di serpenti.

Guardando indietro videro alzarsi fra le ultime case una nuvola di fumo rossastro, sormontata da un pennacchio di scintille che il vento trasportava sopra il lago. Era la casa del notaio che finiva di consumarsi assieme forse a qualche altra.

- Povero diavolo, - disse Carmaux. - Morrà dal dispiacere: la casa e la sua cantina! È un colpo troppo grosso per un avaraccio come lui!

Si arrestarono alcuni minuti sotto la cupa ombra d'un gigantesco simaruba, temendo che nei dintorni si trovasse qualche banda di spagnuoli mandata ad esplorare le campagne; poi, rassicurati dal profondo silenzio che regnava nella foresta, si cacciarono sotto le piante marciando rapidamente. Venti minuti bastarono per attraversare la distanza che li separava dalla capanna. Già non distavano che pochi passi, quando ai loro orecchi giunse un gemito.

Il Corsaro si era arrestato, cercando di discernere qualche cosa fra la profonda oscurità proiettata dalle alte e fitte piante.

- Tuoni! - esclamò Carmaux. - È il nostro prigioniero che abbiamo lasciato legato al tronco dell'albero. Io mi ero dimenticato di quel soldato!

- È vero, - mormorò il Corsaro.

Si avvicinò alla capanna e scorse lo spagnuolo ancora legato.

- Volete farmi morire di fame? - chiese il poveraccio. - Allora dovevate appiccarmi subito.

- È venuto nessuno a ronzare in questi dintorni? - gli chiese il Corsaro.

- Non ho veduto che dei vampiri, signore.

- Và a prendere il cadavere di mio fratello, - disse il Corsaro, volgendosi verso l'africano.

Poi avvicinandosi al soldato che si era messo a tremare, temendo che la sua ultima ora fosse per scoccare, lo liberò dalle corde che lo imprigionavano, dicendogli con voce sorda:

- Io potrei vendicare su di te, prima di tutti, la morte di colui che andrò a seppellire in fondo all'oceano, e dei suoi disgraziati compagni che sono ancora appesi sulla piazza di quella città maledetta; ma ti ho promesso di graziarti ed il Corsaro Nero mai ha mancato alla parola data. Tu sei libero; tu mi devi però giurare che appena giunto in Maracaybo ti recherai dal Governatore a dirgli a nome mio, che io, questa notte, al cospetto dei miei uomini schierati sul ponte della mia Folgore e della salma di colui che fu il Corsaro Rosso, pronuncerò tale giuramento da farlo fremere. Egli ha ucciso i miei due fratelli e io distruggerò lui e quanti portano il nome di Wan Guld. Dirai a lui che io l'ho giurato sul mare, su Dio e sull'inferno e che presto ci rivedremo.

Poi, afferrando il prigioniero che era rimasto stupito, e spingendolo per le spalle, aggiunse.

- Và, e non volgerti indietro, perché potrei pentirmi d'averti donata la vita.

- Grazie, signore, - disse lo spagnuolo, fuggendo precipitosamente, per paura di non uscire piú vivo dalla foresta.

Il Corsaro lo guardò allontanarsi, poi quando lo vide sparire in mezzo all'oscurità si volse verso i suoi uomini, dicendo:

- Partiamo: il tempo stringe.

CAPITOLO IX

UN GIURAMENTO TERRIBILE.

Il piccolo drappello, guidato dall'africano che conosceva a menadito tutti i passaggi della foresta, camminava rapidamente per giungere presto sulla riva del golfo e prendere il largo prima che l'alba spuntasse.

Erano tutti inquieti per la nave che doveva incrociare all'entrata del lago, avendo appreso dal prigioniero che il Governatore di Maracaybo aveva mandato dei messi a Gibraltar, per chiedere aiuto all'ammiraglio Toledo.

Temeva che le navi di questi, formanti una vera squadra, formidabilmente armata e montata da parecchie centinaia di valorosi marinai, per la maggior parte biscaglini, avessero già attraversato il lago per piombare sulla Folgore e distruggerla.

Il Corsaro non parlava, ma tradiva la sua inquietudine. Di tratto in tratto faceva cenno ai compagni di arrestarsi e tendeva gli orecchi, temendo di udire qualche lontana detonazione, poi affrettava ancora piú la marcia già rapidissima, mettendosi quasi in corsa.

Qualche altra volta invece faceva come dei gesti d'impazienza, specialmente quando si trovava improvvisamente o dinanzi a qualche gigante della foresta, caduto per decrepitezza o atterrato dal fulmine, o dinanzi a qualche bacino d'acqua stagnante, ostacoli che costringevano i filibustieri a fare dei giri, perdendo del tempo che per loro era diventato troppo prezioso.

Fortunatamente l'africano conosceva la boscaglia e faceva prendere loro delle scorciatoie e dei sentieruzzi, che permettevano di procedere piú speditamente e di guadagnare via.

Alle due del mattino, Carmaux, che camminava innanzi al negro, udí un lontano fragore che indicava la vicinanza del mare. Il suo udito acuto aveva raccolto il rumore del rompersi delle onde contro i paletuvieri della spiaggia.

- Se tutto va bene, fra un'ora noi saremo a bordo della nostra nave, signore, - disse al Corsaro

Nero che lo aveva raggiunto.

Questi fece col capo un cenno affermativo, ma non rispose.

Carmaux non si era ingannato. Il rompersi delle onde diventava sempre piú distinto e si udivano anche ad intervalli le grida fragorose delle bernacle, specie di oche selvatiche, assai mattiniere, dalla schiena variegata di nero e la testa bianca, guazzanti presso la riva del golfo.

Il Corsaro fece cenno di affrettare ancora pochi minuti, e poco dopo giungevano su di una spiaggia bassa, ingombra di paletuvieri e che si prolungava a perdita d'occhio verso il nord ed il sud, formando delle curve capricciose.

Essendo il cielo coperto dalla nebbia alzatasi dalle immense paludi costeggianti il lago, l'oscurità era profonda, ma il mare era qua e là interrotto come da linee di fuoco che s'incrociavano in tutte le direzioni.

Le creste delle onde pareva che mandassero scintille e la spuma che si distendeva sulla spiaggia, in forma di frangia, era cosparsa di superbi bagliori fosforescenti. Certi momenti, degli ampi tratti di mare, poco prima neri come se fossero d'inchiostro, tutto ad un tratto s'illuminavano, come se una lampada elettrica di grande potenza fosse stata accesa in fondo al mare.

- La fosforescenza! - esclamò Wan Stiller.

- Il diavolo se la porti, - disse Carmaux. - Si direbbe che i pesci si sono alleati agli spagnuoli per impedirci di prendere il largo.

- No, - rispose Wan Stiller con voce misteriosa, additando il cadavere che il negro portava. - Le onde s'illuminano per ricevere il Corsaro Rosso.

- È vero, - mormorò Carmaux.

Il Corsaro Nero guardava intanto il mare, spingendo lontano lo sguardo. Voleva, prima d'imbarcarsi, accertarsi se la squadra dell'ammiraglio Toledo navigava sulle acque del lago.

Nulla scorgendo, guardò verso il nord, e sul mare fiammeggiante distinse una gran macchia nera, che spiccava nettamente fra la fosforescenza.

- La Folgore è là, - disse. - Cercate la scialuppa e prendiamo il largo.

Carmaux e Wan Stiller si orizzontarono alla meglio, non sapendo su quale punto della spiaggia si trovavano, poi si allontanarono frettolosamente salendo la costa verso il nord e guardando attentamente fra i paletuvieri, che bagnavano le loro radici e le loro foglie ingiallite nelle onde luminose.

Percorso un chilometro, riuscirono a scoprire il canotto, che la bassa marea aveva lasciato fra le piante. S'imbarcarono lestamente e lo spinsero verso il luogo ove li attendevano il capitano e il negro.

Collocarono il cadavere, avvolto nel mantello nero, fra le due panchine, nascondendogli il viso, poi presero il largo arrancando con vigore.

Il negro era seduto a prora, tenendo fra le ginocchia il fucile del prigioniero spagnuolo, ed il

Corsaro si era seduto a poppa, di fronte alla salma dell'appiccato.

Era ricaduto nella sua tetra melanconia. Col capo stretto fra le mani ed i gomiti appoggiati sulle ginocchia, non staccava gli occhi un solo istante dal cadavere, le cui forme si disegnavano sotto il funebre drappo.

Immerso nei suoi tristi pensieri, pareva che avesse tutto dimenticato: i suoi compagni, la sua nave che sempre più spiccava sul mare scintillante come un grande cetaceo galleggiante su di una superficie d'oro fuso, e la squadra dell'ammiraglio Toledo. Era diventato cosí immobile, da credere che nemmeno piú respirasse.

Intanto il canotto scivolava rapidamente sulle onde, allontanandosi sempre piú dalla spiaggia. L'acqua fiammeggiava attorno ad esso ed i remi levavano spruzzi di spuma iridescente, che talora parevano getti di vere scintille.

Sotto i flutti, strani molluschi ondeggiavano in gran numero, giocherellando fra quell'orgia di luce. Apparivano le grandi meduse; le palegie simili a globi luminosi danzanti ai soffi della brezza

notturna; le graziose melitee irradianti bagliori di lava ardente e colle loro strane appendici foggiate come croci di Malta; le acalefe, scintillanti come se fossero incrostate di veri diamanti; le velelle graziose, sprigionanti, da una specie di crosta, dei lampi di luce azzurra d'una infinita dolcezza, e truppe di beroe dal corpo rotondo e irto di pungiglioni irradianti riflessi verdognoli.

Pesci d'ogni specie apparivano e scomparivano, lasciandosi dietro delle scie luminose, e polipi d'ogni forma s'incrociavano in tutte le direzioni, mescendo le loro luci variopinte, mentre a fior d'acqua nuotavano dei grossi lamantini, in quei tempi ancora assai numerosi, sollevando colle loro lunghe code e colle loro pinne foggiate a braccia ondate sfolgoranti.

La scialuppa, spinta innanzi dalle vigorose braccia dei due filibustieri, filava rapida su quei flutti fiammeggianti, facendo spruzzare in alto, sotto i colpi dei remi, miriadi di punti luminosi.

La sua nera massa, al pari della nave, spiccava nettamente fra tutti quei bagliori, offrendo un ottimo bersaglio ai cannoni della squadra spagnuola, se l'ammiraglio Toledo si fosse trovato in quelle acque.

I due filibustieri, pure non cessando di arrancare con lena disperata, giravano all'intorno sguardi inquieti, temendo sempre di vedere apparire le temute navi nemiche. Si affrettavano perché si sentivano anche invadere da vaghe superstizioni. Quel mare fiammeggiante, quel morto che portavano nella scialuppa, la presenza del Corsaro Nero, di quel tetro e malinconico personaggio che avevano sempre veduto indossare quelle funebri vesti, metteva indosso a loro delle paure misteriose e non vedevano l'istante di trovarsi a bordo della Folgore, fra i loro camerati.

Già non distavano che un miglio dalla nave, la quale si avanzava incontro a loro correndo piccole bordate, quando un grido strano, che pareva un acuto gemito terminante in un lugubre singhiozzo, giunse ai loro orecchi.

Entrambi si erano subito arrestati girando intorno sguardi paurosi.

- Hai udito?... - chiese Wan Stiller che si era sentito bagnare la fronte da un sudore freddo.

- Sí, - rispose Carmaux con voce malferma.

- Che sia stato qualche pesce?

- Non ho mai udito un pesce mandare un grido simile.

- Chi vuoi che sia stato?

- Io non lo so, ma ti dico che sono impressionato.

- Che sia il fratello del morto?

- Silenzio, camerata.

Guardavano entrambi il Corsaro Nero, ma questi pareva che nulla avesse udito, perché era sempre immobile col capo stretto fra le mani e gli occhi fissi sul cadavere del fratello.

- Andiamo e che Dio ci assista, - mormorò Carmaux, facendo segno a Wan Stiller di riprendere i remi.

Poi, curvandosi presso il negro, gli chiese:

- Hai udito quel grido, compare?

- Sí, - rispose l'africano.

- Chi credi che sia stato?

- Forse un lamantino.

- Uhm!... - brontolò Carmaux. - Sarà stato un lamantino ma... S'interruppe bruscamente ed impallidí.

Proprio in quel momento dietro la poppa della scialuppa, fra un cerchio di spuma luminosa, una forma oscura, ma indecisa, era comparsa, sprofondando subito negli abissi del golfo.

- Hai visto?... - chiese a Wan Stiller, con voce strozzata.

- Sí, - rispose questi battendo i denti.

- Una testa, è vero?

- Sí, Carmaux, d'un morto.

- È il Corsaro Verde che ci segue per attendere il Corsaro Rosso.

- Mi fai paura, Carmaux.

- Ed il Corsaro Nero, nulla ha udito né visto?

- È il fratello dei due morti!

- E tu, compare, non hai visto nulla?

- Sí, una testa, - rispose l'africano.

- Di che?...

- D'un lamantino.

- Il diavolo porti via te ed i tuoi lamantini, - brontolò Carmaux. - Era una testa di morto, negro senz'occhi.

In quell'istante una voce, partita dalla nave, echeggiò sul mare.

- Ohé!... Del canotto! Chi vive?...

- Il Corsaro Nero!... - urlò Carmaux.

- Accosta!...

La Folgore s'avanzava rapida come una rondine di mare, fendendo le acque sfolgoranti col suo acuto sperone. Pareva, tutta nera come era, il leggendario vascello fantasma dell'olandese maledetto, od il vascello feretro navigante sul mare ardente. Lungo le murate si vedevano schierati, immobili come statue, i filibustieri formanti l'equipaggio, tutti armati di fucili, e sul cassero di poppa, dietro i due cannoni da caccia, si scorgevano gli artiglieri colle micce accese in mano, mentre sul picco della randa ondeggiava la grande bandiera nera del Corsaro, con due lettere d'oro bizzarramente incrociate da un fregio inesplicabile.

La scialuppa abbordò sotto l'anca di babordo, mentre il legno si metteva attraverso il vento, e si

ormeggiò con una gomena gettata dai marinai dalla coperta.

- Giú i paranchi!... - si udí gridare una voce rauca. Due boscelli muniti d'arpioni furono calati dal pennone di maestra. Carmaux e Wan Stiller li assicurarono ai banchi, e la scialuppa, ad un fischio del mastro dell'equipaggio, fu issata a bordo assieme alle persone che la montavano.

Quando il Corsaro Nero udí la chiglia urtare contro la coperta della nave, parve che si risvegliasse dai suoi tetri pensieri.

Si guardò attorno come se fosse stupito di trovarsi a bordo del suo legno, poi si curvò presso il cadavere, lo prese fra le braccia e lo depose ai piedi dell'albero maestro. Tutto l'equipaggio, schierato lungo le murate, vedendo la salma, s'era scoperto il capo.

Morgan, il comandante in seconda, era sceso dal ponte di comando ed era andato incontro al

Corsaro Nero.

- Sono ai vostri ordini, signore, - gli disse.

- Fate ciò che sapete, - gli rispose il Corsaro, scuotendo tristemente il capo.

Attraversò lentamente la tolda, salí sul ponte di comando e si arrestò lassú immobile come una statua, colle braccia incrociate sul petto.

Cominciava allora ad albeggiare verso oriente. Là dove il cielo pareva si confondesse col mare, una pallida luce saliva tingendo le acque di riflessi color dell'acciaio.

Pareva però che anche quella luce avesse qualche cosa di tetro, poiché non aveva la tinta rosea consueta; era quasi grigia, ma d'un grigio ferreo e quasi opaco.

Intanto la grande bandiera del Corsaro era stata calata a mezz'asta in segno di lutto ed i pennoni dei pappafichi e dei contropappafichi, che non portavano vele, erano stati disposti in croce.

Il numeroso equipaggio della nave corsara era salito tutto in coperta schierandosi lungo le murate. Quegli uomini dai volti abbronzati dai venti del mare e dal fumo di cento abbordaggi, erano tutti tristi e guardavano con vago terrore la salma del Corsaro Rosso che il mastro dell'equipaggio aveva rinchiusa in una grossa amaca insieme a due palle di cannone.

La luce cresceva, ma il mare sfolgoreggiava sempre intorno alla nave, rumoreggiando

sordamente contro i neri fianchi e frangendosi contro l'alta prora.

Quelle ondulazioni avevano in quel momento degli strani sussurrii. Ora parevano gemiti d'anime, ora rauchi sospiri, ora flebili lamenti.

D'un tratto il tocco d'una campana echeggiò sul quadro di poppa.

Tutto l'equipaggio si era inginocchiato, mentre il mastro, aiutato da tre marinai, aveva sollevata la salma del povero Corsaro, deponendola sulla murata di babordo.

Un funebre silenzio regnava allora sul ponte della nave che era rimasta immobile sulle acque

luminose; perfino il mare taceva e non mormorava più.

Tutti gli occhi si erano fissati sul Corsaro Nero, la cui figura spiccava stranamente sulla linea grigiastra dell'orizzonte.

Pareva che in quel momento, il formidabile scorridore del gran golfo avesse assunto forme gigantesche. Ritto sul ponte di comando, colla lunga piuma nera svolazzante alla brezza mattutina, con un braccio teso verso la salma del Corsaro Rosso, sembrava che fosse lí lí per scagliare qualche terribile minaccia.

La sua voce metallica e robusta ruppe improvvisamente il silenzio funebre che regnava a bordo della nave.

- Uomini del mare! - gridò, - uditemi!... Io giuro su Dio, su queste onde che ci sono fedeli compagne e sulla mia anima, che io non avrò bene sulla terra, finché non avrò vendicato i fratelli miei spenti da Wan Guld. Che le folgori incendino la mia nave; che le onde m'inghiottano assieme a voi; che i due Corsari che dormono sotto queste acque, negli abissi del gran golfo, mi maledicano; che la mia anima sia dannata in eterno, se io non ucciderò Wan Guld e sterminerò tutta la sua famiglia come egli ha distrutto la mia!... Uomini del mare!... Mi avete udito?...

- Sí! - risposero i filibustieri, mentre un fremito di terrore passava sui loro volti.

Il Corsaro Nero si era curvato sulla passerella e guardava fisso le onde luminose.

- In acqua la salma!... - gridò con voce cupa.

Il mastro d'equipaggio ed i tre marinai alzarono l'amaca contenente il cadavere del povero

Corsaro e la lasciarono andare.

La salma precipitò fra le onde, alzando un grande spruzzo che pareva un getto di fiamme. Tutti i filibustieri si erano curvati sulle murate.

Attraverso l'acqua fosforescente si vedeva nettamente il cadavere scendere in fondo ai misteriosi abissi del mare, con delle larghe ondulazioni, poi tutto d'un tratto scomparve.

In quell'istante, al largo, si udí echeggiare ancora il grido misterioso che aveva spaventato

Carmaux e Wan Stiller.

I due filibustieri, che stavano sotto il ponte di comando, si guardarono in viso pallidi come due cenci lavati.

- È il grido del Corsaro Verde che avverte il Corsaro Rosso, - mormorò Carmaux.

- Sí, - rispose Wan Stiller, con voce soffocata. - I due fratelli si sono incontrati in fondo al mare. Un colpo di fischietto interruppe bruscamente le loro parole.

- Bracciate a babordo! - gridò il mastro. - All'orza la barra!...

La Folgore aveva virato di bordo e volteggiava fra gl'isolotti del lago, fuggendo verso il gran golfo, le cui acque s'indoravano sotto i primi raggi del sole, mentre la fosforescenza si spegneva bruscamente.

CAPITOLO X

A BORDO DELLA FOLGORE.

La Folgore del Corsaro Nero, uscita dagli isolotti e oltrepassato il lungo promontorio formato dagli ultimi contrafforti della Sierra di S. Marta, si era lanciata sulle acque del mar Caraybo, navigando verso il nord, ossia verso le Grandi Antille.

Il mare era tranquillo, appena rotto dalla brezza mattutina che soffiava da sud-sud-est, la quale sollevava qua e là delle brevi onde che andavano a infrangersi, con sordi muggiti, contro i fianchi del rapido veliero.

Gran numero d'uccelli di mare volteggiavano al largo, accorrendo dalle coste. Bande di corvi di mare, uccellacci rapaci, grossi quanto un gallo, svolazzavano in prossimità delle spiagge, pronti a scagliarsi sulle più piccole prede ed a farle a brani ancora vive; mentre sulle onde scorrazzavano battaglioni di rincopi, dalle code forcute, le penne nere sul dorso e candide sotto il ventre e muniti di corti becchi che li condannano a soffrire dei lunghi digiuni, poiché se i pesci non si gettassero quasi spontaneamente nelle bocche di quei disgraziati volatili, questi non riuscirebbero ad afferrarli avendo la mandibola inferiore assai più lunga della superiore. Anche i fetonti, che sono così comuni nelle acque del gran golfo messicano, non mancavano. Si vedevano sfiorare le onde in lunghe file, lasciando pendere le lunghe barbe delle code ed imprimendo alle loro nere ali un tremito convulso, assai bizzarro.

Spiavano i pesci volanti che balzavano bruscamente fuori dalle acque, solcando l'aria per cinquanta o sessanta braccia, per poi ricadere e ricominciare subito il loro gioco.

Mancavano invece assolutamente le navi. Gli uomini di guardia, rimasti in coperta, avevano un bel guardare, ma nessun veliero si vedeva solcare l'orizzonte in alcuna direzione.

La paura d'incontrare i fieri corsari della Tortue tratteneva le navi spagnole entro i porti delle Carache, dello Yucatan, del Venezuela e delle grandi isole antillane, fino a quando non si trovavano in numero da formare una squadra.

Solo le navi ben armate e montate da numerosi equipaggi osavano attraversare ancora il Mar Caraybo od il Golfo del Messico; sapendo già per prova quanta fosse l'audacia di quegli intrepidi schiumatori del mare, che avevano spiegata la loro bandiera sull'isolotto della Tortue.

Durante quella prima giornata nulla era accaduto a bordo della filibustiera, dopo il seppellimento del povero Corsaro Rosso.

Il comandante non si era più fatto vedere in coperta, né sul ponte di comando lasciando la cura della direzione e delle manovre al suo secondo. S'era chiuso nella sua cabina, e più nessuno aveva avuto nuove di lui, nemmeno Carmaux e Wan Stiller.

Si era però saputo che aveva condotto con sé l'africano o lo si era sospettato, perché nemmeno il negro era stato più veduto ricomparire, né lo si era trovato in alcun angolo della nave, nemmeno nella stiva.

Che cosa facessero nella cabina, chiusi a chiave, nessuno avrebbe potuto dirlo. Forse nemmeno il secondo, perché Carmaux che aveva voluto interrogarlo, per tutta risposta aveva ricevuto una spinta, unita ad un cenno quasi minaccioso che voleva significare:

- Non occuparti di ciò che non ti riguarda, se ti è cara la vita!

Calata la sera, mentre la Folgore imbrogliava parte delle sue vele per tema dei colpi improvvisi di vento che sono cosí frequenti in quei paraggi e che quasi sempre cagionano delle disgrazie, Carmaux e Wan Stiller, che ronzavano attorno al quadro, videro finalmente sorgere dal boccaporto di poppa la testa lanuta dell'africano.

- Ecco il compare!... - esclamò Carmaux. - Speriamo di sapere se il comandante si trova ancora a bordo, o se è andato a confabulare coi suoi fratelli in fondo al mare. Quel funebre uomo sarebbe capace di questo.

- Lo credo, - disse Wan Stiller, che conosceva le sue superstizioni. - Io lo ritengo piú uno spirito del mare che un uomo di carne ed ossa come noi.

- Ehi, compare, - disse Carmaux al negro. - Era tempo che tu venissi a salutare il compare

bianco.

- È il padrone che mi ha trattenuto, - rispose l'africano.

- Grosse novità adunque? Che cosa fa il comandante?

- È piú triste che mai.

- Non l'ho mai veduto allegro, nemmeno alla Tortue, né l'ho visto mai sorridere.

- Non ha fatto che parlare dei suoi fratelli e di tremende vendette.

- Che manterrà, compare. Il Corsaro Nero è un uomo che eseguirà alla lettera il suo terribile

giuramento ed io non vorrei trovarmi nei panni del Governatore di Maracaybo e di tutti i suoi parenti.

- Wan Guld deve covare un odio implacabile contro il Corsaro Nero, ma quell'odio gli sarà

fatale.

- Ed il motivo di quell'odio lo si conosce, compare bianco?

- Si dice che sia molto vecchio e che Wan Guld avesse giurato di vendicarsi dei tre corsari prima ancora che venisse in America e che offrisse i suoi servigi alla Spagna.

- Quando si trovava in Europa?

- Sí.

- Si sarebbero conosciuti prima?

- Cosí si dice, poiché mentre Wan Guld si faceva nominare Governatore di Maracaybo, comparivano dinanzi alla Tortue tre splendide navi comandate dal Corsaro Nero, dal Rosso e dal Verde.Erano quei corsari tre begli uomini, coraggiosi come leoni, e marinai arditi ed intrepidi. Il Verde era il piú giovane ed il Nero il piú attempato; ma per il valore nessuno era inferiore all'altro e nel maneggio delle armi non avevano rivali in tutti i filibustieri della Tortue. Quei tre valenti dovevano in breve fare tremare gli spagnuoli in tutto il Golfo del Messico. Non si contavano le navi da loro predate e le città espugnate; nessuno poteva resistere alle loro tre navi, le piú belle, le piú veloci e le meglio armate di tutta la filibusteria.

- Lo credo, - rispose l'africano. - Basta guardare questo vascello.

- Vennero però anche per loro i giorni tristi, - prosegui Carmaux. - Il Corsaro Verde, salpato colla sola sua nave dalla Tortue per ignota destinazione, cadeva nel bel mezzo d'una squadra spagnuola, veniva vinto dopo una lotta titanica, preso, condotto a Maracaybo e appiccato da Wan Guld.

- Me lo ricordo, - disse il negro. - Il suo cadavere però non fu gettato a pascolo delle fiere.

- No, poiché il Corsaro Nero, accompagnato da pochi fidi, riusciva di notte a entrare in

Maracaybo ed a rapirlo per poi seppellirlo in mare.

- Sí, lo si seppe poi e si dice che Wan Guld, per la rabbia di non avere potuto prendere anche il fratello, facesse fucilare le quattro sentinelle incaricate di vegliare sugli appiccati della Plaza de Granada.

- Ora è stata la volta del Corsaro Rosso ed anche questo è stato sepolto nei baratri del mar

Caraybo, ma il terzo fratello è il piú formidabile e finirà coll'esterminare tutti i Wan Guld della terra.

- Andrà presto a Maracaybo, compare. Mi ha chiesto tutte le informazioni necessarie per condurre contro la città una flotta numerosa.

- Pietro Nau, il terribile olonese, è ancora alla Tortue ed è l'amico del Corsaro Nero. Chi potrebbe resistere a questi due uomini?... E poi...

S'interruppe e, urtando il negro e Wan Stiller che gli stava vicino, ascoltandolo in silenzio, disse

loro:

- Guardatelo!... Non fa paura quell'uomo? Sembra il dio del mare!...

Il filibustiere e l'africano avevano alzato gli occhi verso il ponte di comando.

Il Corsaro era là, tutto vestito di nero come sempre, col suo ampio cappello abbassato sulla

fronte e la grande piuma svolazzante.

Colla testa china sul petto, le braccia incrociate, passeggiava lentamente per il ponte, tutto solo e senza produrre il minimo rumore.

Morgan, il luogotenente, vegliava all'estremità del ponte, ma senza osare interrogare il suo capitano.

- Sembra uno spettro, - mormorò sotto voce Wan Stiller.

- E Morgan non sfigurerebbe come suo compagno, - disse Carmaux. - Se uno è tetro come la notte, l'altro non è piú allegro. Entrambi si sono trovati. Toh!...

Un grido era echeggiato fra le tenebre. Scendeva dall'alto della crocetta dell'albero maestro, ove si vedeva confusamente una forma umana.

Quella voce aveva gridato per due volte:

- Nave al largo, sottovento!

Il Corsaro Nero aveva interrotto bruscamente la sua passeggiata. Stette un istante immobile, guardando verso sottovento, ma trovandosi cosí basso, difficilmente poteva scorgere una nave navigante a sei o sette miglia di distanza.

Si volse verso Morgan che si era pure curvato sul bordo dicendogli:

- Fate spegnere i fuochi.

I marinai di prora, ricevuto il comando, s'affrettarono a coprire i due grandi fanali accesi, l'uno a babordo e l'altro a tribordo.

- Gabbiere, - riprese il Corsaro, quando l'oscurità fu completa a bordo della Folgore, - dove naviga quella nave?

- Verso il sud, comandante.

- Alla costa di Venezuela?

- Lo credo.

- A quale distanza?

- A cinque o sei miglia.

- Sei certo di non ingannarti?

- No: distinguo nettamente i suoi fanali.

Il Corsaro si curvò sulla passerella, quindi lanciò queste tre parole:

- Uomini in coperta!

In meno di mezzo minuto i centoventi filibustieri che formavano l'equipaggio della Folgore erano tutti al posto di combattimento. Gli uomini di manovra ai bracci delle vele, i gabbieri in alto, i migliori fucilieri sulle coffe e sul cassero, gli altri lungo le murate e gli artiglieri dietro ai loro pezzi colle micce accese in mano.

L'ordine e la disciplina che regnavano a bordo delle navi filibustiere erano tali, che a qualunque ora della notte ed in qualsiasi frangente, tutti gli uomini si trovavano al posto assegnato con una rapidità prodigiosa, sconosciuta perfino sulle navi da guerra delle nazioni più marinaresche.

Queglii scorridori del mare, piovuti nel Golfo del Messico da tutte le parti dell'Europa, ed arruolati tra le peggiori canaglie dei porti di mare di Francia, d'Italia, d'Olanda, della Germania e dell'Inghilterra, dediti a tutti i vizi, ma noncuranti della morte e capaci dei più grandi eroismi e delle più incredibili audacie, sulle navi filibustiere, diventavano più obbedienti degli agnelli, in attesa di diventare tigri nei combattimenti.

Sapevano bene che i loro capi non avrebbero lasciata impunita nessuna negligenza e che la più piccola vigliaccheria o indisciplina l'avrebbero fatta pagare con un colpo di pistola nel cranio, o per lo meno coll'abbandono su qualche isola deserta.

Quando il Corsaro Nero vide tutti i suoi uomini a posto, osservandoli quasi uno per uno, si volse verso Morgan, il quale attendeva i suoi ordini.

- Credete che quella nave sia?... - gli chiese.

- Spagnola, signore, - rispose il secondo.

- Degli spagnuoli!... - esclamò il Corsaro con voce cupa. - Sarà una notte fatale per loro e molti non rivedranno il sole domani.

- Assaliremo quella nave stanotte, signore?

- Sí, e la coleremo a fondo. Laggiú dormono i miei fratelli, ma non dormiranno soli.

- Sia, se cosí desiderate, signore.

Balzò sulla murata, tenendosi aggrappato ad un paterazzo e guardò sottovento.

Fra le tenebre che coprivano il mare rumoreggiante, due punti luminosi, che non si potevano confondere colle stelle brillanti all'orizzonte, scorrevano quasi a fior d'acqua.

- Sono a quattro miglia da noi, - disse.

- E vanno sempre al sud? - chiese il Corsaro.

- Verso Maracaybo.

- Sfortuna a loro. Date il comando di virare di bordo e di tagliare la via a quella nave.

- Farete portare in coperta cento granate da gettare a mano, e farete assicurare ogni cosa nelle corsie e nelle cabine.

- Speroneremo la spagnuola?

- Sí, se sarà possibile.

- Perderemo i prigionieri, signore.

- Che m'importa di loro?

- Ma quella nave può contenere delle ricchezze.

- Nella mia patria ho castelli ancora e vaste terre.

- Parlavo per i nostri uomini.

- Per essi ho dell'oro. Fate virare di bordo, signore.

Al primo comando, a bordo del legno si udí echeggiare il fischietto del mastro. Gli uomini della manovra, con una rapidità fulminea e con un accordo perfetto, bracciarono le vele, mentre il timoniere cacciava la ribolla all'orza.

La Folgore girò di bordo quasi sul posto e spinta da una fresca brezza che soffiava dal sud-est, si slanciò sulla rotta del veliero segnalato, lasciando a poppa una lunga scia gorgogliante.

S'avanzava fra le tenebre, leggera come un uccello, quasi senza produrre rumore, come il leggendario vascello fantasma.

Lungo le murate, i fucilieri, immobili come statue e muti, spiavano la nave nemica, stringendo i loro lunghi fucili di grosso calibro, armi formidabili nelle loro mani, perché di rado mancavano il colpo, mentre gli artiglieri, curvi sui loro pezzi, soffiavano sulle micce, pronti a scatenare uragani di mitraglia.

Il Corsaro Nero e Morgan non avevano lasciato il ponte di comando. Appoggiati sulla traversa della passerella, l'uno presso all'altro, non staccavano gli sguardi dai due punti luminosi che solcavano le tenebre a meno di tre miglia di distanza.

Carmaux, Wan Stiller ed il negro, tutti e tre a prora, sul castello, chiacchieravano a bassa voce, guardando ora la nave segnalata che continuava tranquillamente la sua rotta, ed ora il Corsaro Nero.

- Brutta notte, per quella gente, - diceva Carmaux. - Io temo che il comandante, con quella

rabbia che ha in cuore, non lascerà vivo un solo spagnuolo.

- Mi sembra però che quella nave sia ben alta di bordo, - rispose Wan Stiller che misurava l'altezza dei fanali dal pelo dell'acqua. - Non vorrei che fosse una nave di linea che va a raggiungere la squadra dell'ammiraglio Toledo.

- Peuh!... Non fa paura al Corsaro Nero. Nessuna nave ha mai potuto resistere alla Folgore e poi ho udito il comandante parlare di speronate.

- Tuoni d'Amburgo!... Se continua cosí, una volta o l'altra anche la Folgore perderà la prora.

- È a prova di scoglio, mio caro.

- Ma anche gli scogli talvolta si rompono.

- Zitto!...

La voce del Corsaro Nero aveva rotto improvvisamente il silenzio che regnava a bordo della

nave.

- Uomini di manovra!... In alto i coltellacci e fuori gli scopamari!

Le vele supplementari che vengono aggiunte alle estremità dei pennoni di maestra e di

trinchetto, dei pappafichi e contropappafichi, furono dai gabbieri subito spiegate.

- In caccia! - esclamò Carmaux. - Pare che la spagnuola fili molto bene, per costringere la

Folgore a issare i coltellacci.

- Ti dico che abbiamo da fare con una nave di linea, - ripeté Wan Stiller. - Guarda come ha l'alberatura alta.

- Tanto meglio!... Farà caldo d'ambo le parti!...

In quell'istante una voce robusta echeggiò sul mare. Veniva dalla nave nemica ed il vento l'aveva portata a bordo della filibustiera.

- Ohé!... Nave sospetta a babordo!...

Sul ponte di comando della filibustiera si vide il Corsaro Nero curvarsi verso Morgan, come gli mormorasse alcune parole, poi scese sul cassero gridando:

- A me la barra!... Uomini del mare, in caccia!...

Un solo miglio separava le due navi, ma dovevano essere entrambe dotate d'una straordinaria velocità perché la distanza non pareva scemare.

Era trascorsa una mezz'ora quando sulla nave spagnuola o creduta tale, si vide un bagliore illuminare rapidamente il ponte e parte dell'alberatura, poi una fragorosa detonazione si distese sui neri flutti, perdendosi nei lontani orizzonti, con un rimbombo cupo e prolungato.

Un istante dopo un fischio, ben noto ai filibustieri, si udí in aria, poi uno sprizzo d'acqua balzò alto piú di venti braccia dalla poppa della nave corsara.

Nessuna voce si alzò fra l'equipaggio. Solo un sorriso sdegnoso apparve sulle labbra del Corsaro

Nero, sprezzante saluto a quel primo messaggero di morte.

La nave avversaria dopo quella prima cannonata, che voleva essere un minaccioso invito di non piú seguirla, aveva virato nuovamente di bordo, mettendo la prora al sud, accennando risolutamente a cacciarsi nel Golfo di Maracaybo.

Il Corsaro Nero, accortosi di quella nuova direzione, si volse verso Morgan, che si teneva addossato alla murata, confuso tra i paterazzi di poppa e gli disse:

- A prora, signore.

- Devo cominciare il fuoco?

- Non ancora: è troppo oscuro. Andate a disporre tutto per l'abbordaggio.

- Abborderemo, signore?

- Lo si vedrà!

Morgan scese dal cassero, chiamò il mastro e si diresse a prora, dove quaranta uomini si tenevano distesi sul castello colle sciabole d'arrembaggio collocate dinanzi ed i fucili in mano.

- In piedi, - comandò. - Andate a preparare i grappini da lancio.

Poi, volgendosi verso gli uomini che stavano riparati dietro le murate, aggiunse:

- Allestite le tramezzate e ponete le brande sul capo di banda.

I quaranta uomini di prora si misero silenziosamente al lavoro, senza confusione, sotto gli sguardi vigilanti del secondo.

Quegli uomini, se temevano il Corsaro Nero, avevano non meno paura di Morgan, un uomo inflessibile, audace quanto il capo, coraggioso come un leone e deciso a tutto.

D'origine inglese, era giunto da poco in America; ma si era fatto subito notare per il suo spirito intraprendente e per la sua rara energia ed audacia. Aveva già fatte splendidamente le sue prove sotto un corsaro famoso, il Mansfield, ma doveva piú tardi superare per coraggio e per valore tutti i piú famosi filibustieri della Tortue, colla celebre spedizione di Panama e l'espugnazione, fino allora creduta impossibile, di quella città regina dell'Oceano Pacifico.

Dotato d'una robustezza eccezionale e d'una forza portentosa, bello di lineamenti e generoso d'animo, con due occhi penetranti che avevano un fascino misterioso, al pari del Corsaro Nero, sapeva imporsi a quei ruvidi uomini di mare e farsi ubbidire con un semplice cenno della mano.

Sotto la sua direzione, in meno di venti minuti, due robuste tramezzate furono innalzate da babordo a tribordo, una dinanzi all'albero di trinchetto e l'altra dinanzi a quello maestro, composte di travi e di botti ripiene di ferraccio, destinate a proteggere il cassero ed il castello, nel caso che i nemici avessero fatto irruzione sulla tolda.

Cinquanta granate da gettarsi a mano furono collocate dietro le travi, quindi i grappini d'abbordaggio furono disposti sulle murate e sulle brande arrotolate che dovevano servire da fuciliere.

Quando tutto fu pronto, Morgan fece ricoverare gli uomini sul castello, quindi si mise in osservazione accanto al bompresso, con una mano sull'impugnatura della sciabola e l'altra sul calcio d'una pistola che teneva nella fascia.

La nave avversaria non era allora che a sei o settecento metri. La Folgore, giustificando pienamente il suo nome, aveva guadagnata via e si preparava a piombarle addosso con un urto tremendo, irresistibile.

La nave spagnuola si poteva distinguere nei suoi maggiori particolari, quantunque la notte fosse oscura, non essendovi la luna.

Come Wan Stiller aveva sospettato, era una nave di linea, di aspetto imponente, coi suoi bordi altissimi, il suo cassero elevatissimo ed i suoi tre alberi coperti di vele fino ai contropappafichi.

Era un vero legno di battaglia, forse formidabilmente armato e montato da un numeroso e agguerrito equipaggio, deciso ad una strenua difesa.

Qualunque altro Corsaro della Tortue si sarebbe bene guardato di assalirlo poiché anche

vincendo, ben poco avrebbe trovato da saccheggiare, tenendoci piú quegl'intrepidi ladri di mare a dare addosso alle navi mercantili od ai galeoni carichi di tesori provenienti dalle miniere del Messico, dell'Yucatan e del Venezuela, ma cosí non la pensava il Corsaro Nero, uomo che non si curava delle ricchezze.

Forse in quella nave vedeva un potente alleato di Wan Guld, che piú tardi avrebbe potuto ostacolare i suoi disegni e si preparava ad assalirla prima che andasse a rinforzare la squadra dell'ammiraglio Toledo, od a difendere Maracaybo.

A cinquecento metri, la nave spagnuola, vedendosi ostinatamente inseguita e piú non dubitando delle sinistre intenzioni del Corsaro, sparò una seconda cannonata con uno dei suoi piú grossi pezzi da caccia.

La palla questa volta non si perdette in mare. Passò fra le vele di parrocchetto e di gabbia e andò a smozzare l'estremità del picco della randa facendo cadere la nera bandiera del filibustiere.

I due contro-mastri d'artiglieria del cassero si volsero verso il Corsaro Nero che stava sempre alla barra, tenendo in una mano il portavoce e chiesero:

- Dobbiamo cominciare, comandante?

- Non ancora - rispose il Corsaro.

Una terza cannonata rimbombò sul mare, piú forte delle altre due ed una terza palla fischiò fra gli attrezzi della nave corsara, sfondando la murata poppiera, a tre soli passi dal timone.

Un altro sorriso sardonico sfiorò le labbra dell'audace filibustiere, ma nessun comando uscí dalla sua bocca.

La Folgore precipitava la corsa, mostrando alla nave nemica il suo alto sperone, il quale fendeva il mare con un cupo gorgoglio, impaziente di penetrare, con uno squarcio immenso, nel ventre della nave spagnuola. Correva come un nero uccello, armato d'un rostro formidabile.

La vista di quel legno che pareva sorto improvvisamente dal mare e che s'avanzava tacito, senza rispondere alle provocazioni, senza nemmeno dar segno di essere montato da un equipaggio, doveva produrre un effetto sinistro sugli animi superstiziosi dei marinai spagnuoli.

Ad un tratto un clamore immenso echeggiò fra le tenebre.

Sulla nave nemica si udivano urla di terrore e comandi precipitati.

Una voce imperiosa coprí per un istante quel tumulto, forse quella del comandante.

- Bracciate a babordo!... Appoggia la barra, tutta!...

- Fuoco di bordata!

Un fracasso spaventevole scoppia a bordo del vascello di linea, mentre lampi di fuoco illuminano la notte. I sette pezzi di tribordo ed i due cannoni da caccia della coperta hanno vomitato contro la nave corsara i loro proiettili. Le palle fischiano tra i filibustieri, attraverso vele, recidono corde, si sprofondano nella carena o sfondano le murate, ma non arrestano lo slancio della Folgore.

Guidata dal robusto braccio del Corsaro Nero, piomba, con tutto impeto sul grande vascello. Fortunatamente per questo, un colpo di barra dato a tempo dal pilota, lo salva da una spaventevole catastrofe.

Spostato bruscamente dalla sua linea, obliqua a babordo, sfugge miracolosamente al colpo di sperone che doveva cacciarlo a fondo col fianco squarciato.

La Folgore passa là dove, un istante prima, si trovava la poppa della nave avversaria. La tocca col suo fianco, urtandola bruscamente con un cupo rimbombo che si ripercuote nella profondità della stiva, le spezza la boma della randa e parte del coronamento, ma è tutto.

La nave corsara, mancato il colpo, prosegue la sua corsa rapida e scompare nelle tenebre senza aver dato segno di essere montata da un numeroso equipaggio e di essere formidabilmente armata.

- Lampi d'Amburgo!... - esclamò Wan Stiller che aveva trattenuto il respiro in attesa del tremendo urto. - Ciò si chiama per gli spagnuoli aver fortuna!

- Non avrei data una pipata di tabacco per tutti gli uomini che montano il vascello, - rispose Carmaux. - Mi pareva di vederli già scendere negli abissi del gran golfo.

- Credi che il comandante ritenterà il colpo?

- Gli spagnuoli si terranno ora in guardia e ci presenteranno la prora.

- E ci bombarderanno per bene. Se fosse stato giorno, quella bordata avrebbe potuto esserci fatale.

- Mentre invece non ci ha recato che dei guasti insignificanti.

- Taci, Carmaux!...

- Che cosa succede?

Il Corsaro Nero aveva imboccato il portavoce ed aveva gridato:

- Pronti a virare di bordo!...

- Si ritorna?... - si chiese Wan Stiller.

- Per bacco!... Non lascerà andare di certo la nave spagnuola, - rispose Carmaux.

- E mi pare che nemmeno il vascello abbia intenzione d'andarsene.

Era vero. La nave spagnuola, invece di proseguire la marcia si era arresta, mettendosi attraverso al vento, come se fosse decisa ad accettare la battaglia.

Però virava lentamente di bordo, presentando lo sperone per evitare di venire investita.

Anche la Folgore aveva virato di bordo a due miglia di distanza; invece però di ritornare addosso all'avversaria stava descrivendo attorno ad essa un grande cerchio, pur tenendosi fuori portata delle artiglierie.

- Comprendo, - disse Carmaux. - Il nostro comandante vuol attendere l'alba prima d'impegnare la lotta e di spingersi all'abbordaggio.

- Ed impedire agli spagnuoli di proseguire la loro corsa verso Maracaybo, - aggiunse Wan Stiller.

- Sí, è precisamente cosí. Mio caro, prepariamoci ad una lotta disperata e, come è costume fra

noi filibustieri, se io dovessi venire tagliato in due da una palla di cannone o ucciso sul ponte del vascello nemico, nomino te erede della mia modesta fortuna.

- Che ascende? - disse Wan Stiller, ridendo.

- A due smeraldi che valgono almeno cinquecento piastre l'uno e che tengo cuciti nella fodera della mia giacca.

- Vi è tanto da divertirsi una settimana alla Tortue. Io nomino te mio erede, ma ti avverto che non ho che tre dobloni cuciti nella mia cintura.

- Basteranno per vuotare sei bottiglie di vino di Spagna alla tua memoria, amico.

- Grazie, Carmaux, ora sono tranquillo e posso attendere la morte con tutta serenità.

La Folgore intanto continuava la sua corsa attorno al vascello di linea, il quale rimaneva sempre fermo, limitandosi a presentare la prora. Volteggiava rapida, come un uccello fantastico, minacciando sempre, senza però far tuonare le sue artiglierie.

Il Corsaro Nero non aveva abbandonata la barra. I suoi occhi, che pareva divenissero luminosi come quelli delle fiere notturne, non si staccavano un solo istante dal vascello di linea, come se cercasse d'indovinare ciò che succedeva a bordo o che aspettasse qualche falsa manovra per vibrare la speronata mortale.

Il suo equipaggio lo guardava con superstizioso terrore. Quell'uomo che maneggiava la sua nave come se le avesse trasfusa la sua anima, che la faceva volteggiare attorno alla preda senza quasi cambiare velatura col suo tetro aspetto e colla sua immobilità, metteva un certo sgomento anche fra quegli arditi scorridori del mare. Tutta la notte la nave corsara continuò a girare attorno al vascello, senza rispondere ai colpi di cannone che di quando in quando le venivano sparati contro, ma con nessun successo. Quando però le stelle cominciarono ad impallidire ed i primi riflessi dell'alba tinsero le acque del golfo, la voce del Corsaro tornò a farsi udire.

- Uomini del mare!... - gridò. - Ognuno al posto di combattimento!... In alto la mia bandiera!...

La Folgore non girava piú attorno al vascello di linea; muoveva diritta contro di lui, risoluta ad abbordarlo.

La grande bandiera nera del Corsaro era stata issata sul picco della randa ed inchiodata affinché nessuno potesse ammainarla, ciò che significava vincere ad ogni costo o morire, ma senza resa.

Gli artiglieri del cassero avevano puntati i due cannoni da caccia, mentre i filibustieri dalle murate avevano passati i fucili fra gli spazi delle brande, pronti a tempestare il legno nemico.

Il Corsaro Nero si assicurò se tutti erano al posto di combattimento, poi guardò se i gabbieri avevano riprese le loro posizioni sulle coffe, sulle crocette e sui pennoni, quindi lanciò il grido:

- Uomini del mare!... Non vi trattengo piú!... Viva la filibusteria!...

Tre hurrà formidabili echeggiarono a bordo della nave corsara appoggiati dal rimbombo dei pezzi da caccia.

Il vascello di linea si era allora rimesso al vento e marciava incontro alla filibustiera. Doveva essere montato da uomini valorosi e risoluti, perché generalmente le navi spagnole cercavano di sfuggire agli attacchi dei corsari della Tortue, sapendo per prova con quali formidabili avversari avevano da fare.

A mille passi ricominciò il cannoneggiamento con gran furore. Correndo bordate, scaricava ora i suoi pezzi di tribordo, coprendosi di fumo e di fiamme.

Era un grande legno a tre ponti, coll'alberatura a nave, altissimo di bordo, e munito di quattordici bocche da fuoco, una vera nave da battaglia, forse distaccata per qualche urgente bisogno dalla squadra dell'ammiraglio Toledo.

Sul ponte di comando di poppa si vedeva il comandante in grande uniforme, colla sciabola in pugno, circondato dai suoi luogotenenti, mentre sulla tolda si scorgevano numerosi marinai.

Col grande stendardo di Spagna issato sull'alberetto di maestra, quel forte vascello muoveva intrepidamente incontro alla Folgore, tuonando terribilmente.

Il legno corsaro, quantunque assai piú piccolo, non si lasciava intimorire da quella pioggia di palle. Affrettava la marcia, rispondendo coi suoi cannoni da caccia, ed aspettando forse il momento

opportuno per scaricare i dodici pezzi dei sabordi.

Le palle cadevano fitte sul ponte, sfondando le murate, penetrando nella stiva e nelle batterie, maltrattando le manovre e facendo dei vuoti fra i filibustieri di prora, però non cedeva il passo e muoveva con pari audacia all'abbordaggio.

A quattrocento metri i suoi fucilieri vennero in aiuto dei due cannoni del cassero, tempestando la tolda della nave nemica.

Quel fuoco doveva in breve diventare disastroso per gli spagnuoli, perché, come fu detto, i

filibustieri quasi mai mancavano ai loro colpi, essendo stati prima bucanieri, ossia cacciatori di buoi selvatici.

Le palle di quei grossi archibugi facevano infatti strage ben di piú del fuoco dei cannoni. Gli uomini del vascello cadevano a dozzine lungo i bordi e cadevano gli artiglieri dei pezzi da caccia del cassero e gli ufficiali del ponte di comando.

Bastarono dieci minuti perché non ne restasse neppure uno. Anche il comandante era caduto in mezzo ai suoi luogotenenti, prima ancora che le due navi si fossero abbordate.

Rimanevano però gli uomini delle batterie, ben piú numerosi dei marinai della coperta. La vittoria era quindi ancora da disputarsi.

A venti metri l'una dall'altra, le due navi virarono bruscamente di bordo. Subito la voce del

Corsaro tuonò tra il rimbombo delle artiglierie.

- Imbroglia la maestra e la gabbia, controbraccia il trinchetto, tendi al massimo la randa!...

La Folgore si spostò bruscamente sotto un violento colpo di barra e andò ad imbrogliare il suo bompresso fra le sartie della mezzana del vascello.

Il Corsaro era balzato giú dal cassero colla spada nella destra e una pistola nella sinistra.

- Uomini del mare! - aveva gridato. - All'abbordaggio!...

CAPITOLO XI

LA DUCHESSA FIAMMINGA.

I filibustieri, vedendo il loro comandante e Morgan lanciarsi all'abbordaggio del vascello, il quale non poteva ormai piú sfuggire, si erano precipitati dietro di loro come un solo uomo.

Avevano gettati i fucili, armi pressoché inutili in un combattimento corpo a corpo, ed avevano impugnate le sciabole d'arrembaggio e le pistole, e si precipitavano innanzi come un torrente impetuoso, urlando a piena gola per spargere maggiore terrore.

I grappini d'arrembaggio erano stati prontamente gettati per meglio accostare le due navi, ma i primi filibustieri, giunti sull'albero di bompresso, impazienti si erano gettati sulle trinche e, aggrappandosi ai fianchi, o calandosi giú per la dolfiniera, si erano lasciati cadere sulla tolda del vascello.

Colà però si erano subito trovati dinanzi ad una resistenza inaspettata. Dai boccaporti salivano con furia gli spagnuoli delle batterie, colle armi in pugno.

Erano cento almeno, guidati da alcuni ufficiali e dai mastri e contromastri artiglieri.In un lampo si spargono sul ponte, salgono sul castello di prora, piombando addosso ai primi filibustieri, mentre altri si precipitano sul cassero e scaricano, a bruciapelo, i due cannoni da caccia, infilando la tolda della filibustiera con un uragano di mitraglia.

Il Corsaro Nero non esitò piú. Le due navi si trovavano allora bordo contro bordo, essendo state strette le funi dei grappini.

D'un balzo supera le murate e si getta sulla tolda del vascello urlando:

- A me filibustieri!

Morgan lo segue, poi dietro di lui si precipitano i fucilieri, mentre i gabbieri issati sulle coffe,

sulle crocette, sui pennoni e sulle griselle scagliano granate in mezzo agli spagnuoli e fanno un fuoco infernale coi fucili e colle pistole.

La lotta diventa spaventosa, terribile.

Il Corsaro Nero tre volte trascina i suoi uomini all'assalto del cassero sul quale si erano radunati sessanta o settanta spagnuoli, che spazzano la tolda coi cannoni da caccia, e tre volte viene respinto, mentre Morgan non riesce a montare sul cassero di prora.

D'ambo le parti si combatte con pari furore. Gli spagnuoli, che hanno subito perdite disastrose

per il fuoco degli archibugieri e che sono ormai inferiori di numero, resistono eroicamente decisi a farsi uccidere, piuttosto che arrendersi.

Le granate a mano, scagliate dai gabbieri della nave corsara, fanno strage fra le loro file, pure non retrocedono. I morti ed i feriti s'accumulano intorno a loro, ma il grande stendardo di Spagna sventola arditamente sulla cima dell'alberetto di maestra, colla sua croce che fiammeggia ai primi raggi del sole. Quella resistenza non doveva però durare a lungo. I filibustieri, resi feroci per l'ostinazione dei nemici, si scagliano un'ultima volta all'assalto del castello del cassero, guidati dai loro comandanti che combattono in prima fila.

S'arrampicano sulle griselle per calarsi giù dai paterazzi dell'albero di mezzana o attraverso le sartie di poppa; s'aggrappano alle bancazze, corrono sulle murate e piombano da tutte le parti addosso agli ultimi difensori del disgraziato vascello.

Il Corsaro Nero spezza quella muraglia di corpi umani e si caccia in mezzo a quell'ultimo gruppo di combattenti. Ha gettata la sciabola d'arrembaggio ed impugnata una spada.

La sua lama fischia come un serpente, batte e ribatte i ferri che tentano giungere al suo petto e colpisce a destra, a manca e dinanzi. Nessuno può resistere a quel braccio, e nessuno può parare le sue botte. Un varco gli si apre dintorno e si trova in mezzo ad un cumulo di cadaveri, coi piedi nel sangue che scorre a rivi per il piano inclinato del cassero.

Morgan in quel momento accorreva con una banda di filibustieri. Aveva espugnato il castello di prora e si preparava a trucidare i pochi superstiti, che difendevano col furore della disperazione lo stendardo del vascello, ondeggiante sul picco della randa.

- Addosso a questi ultimi! - gridò.

Il Corsaro Nero lo trattenne, gridando.

- Uomini del mare! Il Corsaro Nero vince, ma non assassina!

Lo slancio dei filibustieri si era arrestato e le armi, pronte a colpire, si erano abbassate.

- Arrendetevi, - gridò il Corsaro avanzandosi verso gli spagnuoli aggruppati intorno alla barra del timone. - Sia salva la vita ai valorosi.

Un contromastro, l'unico rimasto vivo fra tutti i graduati, si fece innanzi gettando la scure intrisa di sangue.

- Siamo vinti, - disse con voce rauca. - Fate di noi quello che volete.

- Riprendete la vostra scure, contromastro - rispose il Corsaro, con nobiltà. - Uomini cosí valorosi che difendono con tanto accanimento il vessillo della patria lontana, meritano la mia stima.

Poi guardò i superstiti, senza occuparsi dello stupore del contromastro, stupore naturale poiché, in quelle lotte, di rado i filibustieri accordavano quartiere ai vinti e quasi mai la libertà senza riscatto.

Dei difensori del vascello di linea non rimanevano che diciotto marinai e quasi tutti feriti. Avevano già gettate le armi ed aspettavano, con cupa rassegnazione, la loro sorte.

- Morgan, - disse il Corsaro, - fate calare in acqua la grande scialuppa con i viveri sufficienti per una settimana.

- Lascerete liberi tutti gli uomini? - chiese il luogotenente, con un certo rammarico.

- Sí, signore. Amo premiare il coraggio sfortunato.

Il quartier mastro, udendo quelle parole, si era fatto innanzi, dicendo:

- Grazie, comandante. Ricorderemo sempre la generosità di colui che si chiama il Corsaro Nero.

- Tacete e rispondetemi.

- Parlate, comandante.

- Da dove venivate?...

- Da Vera-Cruz.

- Dove eravate diretti?...

- A Maracaibo.

- Vi aspettava il Governatore? - chiese il Corsaro, aggrottando la fronte.

- Lo ignoro, signore. Solamente il capitano avrebbe potuto rispondere.

- Avete ragione. A quale squadra apparteneva la vostra nave?

- A quella dell'Ammiraglio Toledo.

- Avete nessun carico nella stiva?

- Palle e polvere.

- Andate: siete liberi.

Il contromastro, invece di obbedire, lo guardò con un certo imbarazzo che non sfuggí agli occhi del Corsaro.

- Volete dire? - chiese questi.

- Che vi sono altre persone a bordo, comandante.

- Dei prigionieri forse?

- No, delle donne e dei paggi.

- Dove sono?

- Nel quadro di poppa.

- Chi sono quelle donne?

- Il capitano non ce lo disse, ma pare che fra di esse vi sia una donna d'alto rango.

- E chi mai?

- Una duchessa, credo.

- Su questo vascello da guerra?... - chiese il Corsaro con stupore. - Dove l'avete imbarcata?

- A Vera-Cruz.

- Sta bene. Verrà con noi alla Tortue e se vorrà la libertà, pagherà il riscatto che fisserà il mio equipaggio. Partite, valorosi difensori del vostro patrio vessillo; v'auguro di raggiungere felicemente la costa.

- Grazie signore.

La grande scialuppa era stata calata in mare e provveduta di viveri per otto giorni, d'alcuni fucili e d'un certo numero di cariche.

Il contromastro ed i suoi diciotto marinai scesero nell'imbarcazione, mentre il grande stendardo di Spagna veniva abbassato dall'alberetto di maestra contemporaneamente alla bandiera ondeggiante sul picco della randa e venivano issate le nere bandiere del filibustiere, salutate da due colpi di cannone.

Il Corsaro Nero era salito sulla prora e guardava la grande scialuppa, la quale si allontanava rapidamente, dirigendosi verso il sud, ossia là dove s'apriva la vasta baia di Maracaibo.

Quando fu lontana, scese lentamente in coperta, mormorando:

- E costoro sono gli uomini del traditore!...

Guardò il suo equipaggio che era occupato a trasportare i feriti nell'infermeria di bordo ed a chiudere i cadaveri entro le amache per gettarli in mare e fece cenno a Morgan di avvicinarsi.

- Dite ai miei uomini, - gli disse, - che io rinuncio a loro favore alla parte spettantemi dalla vendita di questo vascello.

- Signore!... - esclamò il luogotenente, stupito. - Questa nave vale molte migliaia di piastre, voi lo sapete.

- E che importa a me il danaro? - rispose il Corsaro con disprezzo. - Io faccio la guerra per miei

motivi personali e non per avidità di ricchezze. D'altronde la mia parte l'ho avuta.

- Non è vero, signore.

- Sí, i diciannove prigionieri che, condotti alla Tortue, avrebbero dovuto pagare il loro riscatto per ottenere la libertà.

- Valevano ben poco, costoro. Forse non avrebbero pagato un migliaio di piastre tutt'insieme.

- A me basta. Direte poi ai miei uomini di fissare il riscatto per la duchessa che si trova a bordo di questo legno. Il Governatore di Vera-Cruz o quello di Maracaibo pagheranno se vorranno rivederla libera.

- I nostri uomini amano il denaro, ma amano di piú il loro comandante e cederanno a voi anche i prigionieri del quadro.

- Lo si vedrà, - rispose il Corsaro alzando le spalle.

Stava dirigendosi verso poppa, quando la porta del quadro si aprí bruscamente ed una fanciulla apparve, seguita da due donne e da due paggi sfarzosamente vestiti.

Era una bella figura di giovane, alta, slanciata, flessuosa, dalla pelle delicatissima, d'un bianco leggermente roseo, di quel roseo che solo si scorge sulle fanciulle dei paesi settentrionali, e soprattutto in quelle appartenenti alle razze anglo-sassoni ed iscoto-danesi.

Aveva lunghi capelli d'un biondo pallido, con riflessi piú d'argento che d'oro, che le scendevano sulle spalle, raccolti in una grossa treccia fermata da un grande nastro azzurro adorno di perle; occhi dal taglio perfetto, d'una tinta indefinibile che avevano dei lampi dell'acciaio brunito, sormontati da sopracciglia finissime e che, cosa davvero strana, invece di essere bionde al pari dei capelli, erano nere.

Quella fanciulla, perché tale doveva essere, non avendo ancora le forme sviluppate della donna, indossava un elegante vestito di seta azzurra, dal grande collare di pizzo, come usavasi in quel tempo, ma semplicissimo, senza ricami di oro né d'argento; però al collo aveva parecchi giri di perle grosse, che dovevano costare parecchie migliaia di piastre ed alle orecchie due superbi smeraldi, pietre molto ricercate in quell'epoca e molto apprezzate.

Le due donne che la seguivano, due cameriere senza dubbio, erano invece due mulatte, belle del pari, dalla pelle leggermente abbronzata, di riflessi ramigni ed erano pure mulatti i due paggi.

La giovanetta, vedendo il ponte del vascello ingombro di morti e di feriti, d'armi, di attrezzi spezzati e di palle di cannone, e dovunque macchiato di sangue, fece un gesto di ribrezzo ed arretrò come se volesse tornare nel quadro per sottrarsi a quella vista orribile, ma vedendo il Corsaro Nero che le si era fermato a quattro passi di distanza, gli chiese con aria corrucciata, aggrottando le sopracciglia:

- Che cosa è accaduto qui, signore?

- Potete comprenderlo, signora, - rispose il Corsaro, inchinandosi. - Una battaglia tremenda, finita male per gli spagnuoli.

- E chi siete voi?

Il Corsaro gettò via la spada insanguinata che non aveva ancora deposta e levandosi galantemente l'ampio cappello piumato, le disse con squisita cortesia:

- Io sono, signora, un gentiluomo d'oltremare.

- Ciò non mi spiega chi voi siate, - diss'ella, un po' rabbonita dalla gentilezza del Corsaro.

- Allora aggiungerò che io sono il cavaliere Emilio di Roccanera, signore di Valpenta e di Ventimiglia, ma qui porto un nome ben diverso.

- E quale, cavaliere?

- Sono il Corsaro Nero.

Udendo quel titolo, un fremito di terrore era passato sul bel viso della giovanetta e la tinta rosea della sua pelle era repentinamente scomparsa, diventando invece bianca come l'alabastro.

- Il Corsaro Nero, - mormorò guardandolo con due occhi smarriti. - Il terribile Corsaro della Tortue, il nemico formidabile degli spagnuoli.

- Forse v'ingannate, signora. Gli spagnuoli posso combatterli, ma non ho motivo per odiarli e ne diedi or ora una prova ai superstiti di questo vascello. Non vedete laggiú, dove il mare si confonde col cielo quel punto nero che sembra perduto nello spazio? È una scialuppa montata da diciannove marinai spagnuoli che io rilasciai liberi, mentre per diritto di guerra avrei potuto trucidarli o tenerli prigionieri.

- Avrebbero mentito coloro che vi dipingevano come il piú terribile Corsaro della Tortue?

- Forse, - rispose il filibustiere.

- E di me che cosa farete, cavaliere?

- Una domanda, innanzi tutto.

- Parlate, signore.

- Voi siete?

- Fiamminga.

- Una duchessa, mi hanno detto.

- È vero cavaliere, - rispose ella, lasciandosi sfuggire un gesto di malumore, come se le fosse dispiaciuto che il Corsaro avesse ormai saputo del suo alto grado sociale.

- Il vostro nome, se non vi rincresce.

- È necessario?...

- Bisogna che io sappia chi voi siete, se volete riacquistare la libertà.

- La libertà?... Ah!... Sí, è vero, dimenticavo che io sono ormai vostra prigioniera.

- Non mia, signora, ma della filibusteria. Se si trattasse di me, metterei a vostra disposizione la mia migliore scialuppa ed i miei piú fidi marinai e vi farei sbarcare nel porto piú vicino, ma io non posso sottrarmi alle leggi dei Fratelli della Costa.

- Grazie, - diss'ella, con un adorabile sorriso. - Mi sarebbe sembrato strano che un gentiluomo dei cavallereschi duchi di Savoia fosse diventato un ladro di mare.

- La parola può essere dura per i filibustieri, - diss'egli, aggrottando la fronte. - Ladri di mare!... Eh... Quanti vendicatori vi sono fra di loro!... Forse che Montbars, lo sterminatore, non faceva la guerra per vendicare i poveri indiani distrutti dall'insaziabile avidità degli avventurieri di Spagna?... Chissà che un giorno non possiate sapere anche il motivo per cui un gentiluomo dei duchi di Savoia sia qui venuto a scorrazzare per le acque del gran golfo americano... Il vostro nome, signora?

- Honorata Willerman, duchessa di Weltrendrem.

- Sta bene, signora. Ritiratevi nel quadro ora, dovendo noi procedere ad una triste funzione, al seppellimento dei nostri caduti nella lotta; ma questa sera vi attendo a pranzo a bordo della mia nave.

- Grazie, cavaliere, - diss'ella, porgendogli una candida mano, piccola come quella d'una bimba e dalle dita affusolate.

Fece un leggero inchino e si ritirò lentamente, ma prima di rientrare nel quadro si volse e vedendo che il Corsaro Nero era rimasto immobile al suo posto, col cappello ancora in mano, gli sorrise un'ultima volta.

Il filibustiere non si era mosso. I suoi occhi, che erano diventati tetri, erano sempre fissi sulla porta del quadro, mentre la sua fronte diventava piú fosca.

Stette qualche minuto colà, come se fosse assorto in qualche tormentoso pensiero e come se i suoi sguardi seguissero una fuggevole visione, poi si scosse e crollando il capo, mormorò:

- Follie!...

CAPITOLO XII

LA PRIMA FIAMMA.

Quel terribile combattimento fra la nave corsara ed il vascello di linea era stato disastroso per

entrambi gli equipaggi. Piú di duecento cadaveri ingombravano la tolda, il castello di prora ed il cassero del legno predato, alcuni caduti sotto lo scoppio micidiale delle granate scagliate dai gabbieri dall'alto delle coffe e dei pennoni, altri fulminati a bruciapelo dalle scariche di mitraglia o dai fucili e dalle pistole, e altri caduti negli ultimi assalti, all'arma bianca.

Centosessanta ne aveva perduti la nave spagnuola e quarantotto la nave corsara oltre ventisei feriti che erano stati trasportati nell'infermeria della Folgore.

Anche i due legni, durante il cannoneggiamento, avevano sofferto non poco. La Folgore, mercé

la rapidità del suo attacco e le sue pronte manovre, non aveva perduto che dei pennoni facilmente ricambiabili, essendo ben provvista di attrezzi, ed aveva avuto le murate danneggiate in piú luoghi e le manovre maltrattate; la spagnuola invece era stata ridotta a mal partito e si trovava quasi nella impossibilità di rimettersi alla vela.

Il suo timone era stato fracassato da una palla di cannone; l'albero maestro, offeso alla base dallo scoppio d'una bomba, minacciava di cadere al minimo sforzo delle vele; la mezzana aveva perduto le sue sartie e parte dei paterazzi ed anche le sue murate avevano sofferto assai.

Era però sempre una gran bella nave, che, riparata, potevasi vendere con grande profitto alla Tortue, tanto piú che aveva numerose bocche da fuoco ed abbondanti munizioni, cose molto ricercate dai filibustieri che generalmente difettavano delle une e delle altre.

Il Corsaro Nero, resosi conto delle perdite subite e dei danni toccati alle due navi, comandò di sgombrare le tolde dai cadaveri e di procedere prontamente alle riparazioni piú urgenti, premendogli di abbandonare quei paraggi per non venire assalito dalla squadra dell'ammiraglio Toledo, trovandosi ancora troppo vicino a Maracaibo.

La triste cerimonia dello sgombero dei ponti fu fatta subito. I cadaveri, uniti due a due nelle

amache, con una palla da cannone ai piedi, vennero gettati negli abissi del gran golfo, dopo essere stati privati di tutti i valori che avevano indosso, non avendone i pesci proprio bisogno, come diceva scherzando Carmaux al suo amico Wan Stiller, entrambi sfuggiti miracolosamente alla morte.

Terminato quel lugubre getto, l'equipaggio, sotto la direzione dei mastri e due contromastri, sbarazzò la tolda dai rottami, lavò il sangue con torrenti d'acqua e procedette al ricambio degli attrezzi guasti e delle manovre fisse e correnti, danneggiate dalla mitraglia.

Fu però necessario abbattere l'albero maestro del vascello di linea e rinforzare vigorosamente quello di mezzana e collocare, al posto del timone, un remo di dimensioni enormi non avendone trovato uno di ricambio nel magazzino dei carpentieri.

Con tutto ciò il vascello non era ancora in condizione di navigare e fu deciso che la Folgore l'avrebbe preso a rimorchio, anche perché il Corsaro non voleva dividere l'ormai troppo scarso suo equipaggio.

Una grossa gomena fu gettata a poppa della nave filibustiera e assicurata alla prora del vascello, e verso il tramonto i Corsari si rimettevano alla vela, navigando lentamente verso il nord, premurosi di giungere al sicuro nella loro formidabile isola.

Il Corsaro Nero, date le ultime disposizioni per la notte, raccomandò di raddoppiare gli uomini di guardia, non sentendosi completamente sicuro a cosí breve distanza dalle coste venezuelane, dopo il furioso cannoneggiamento del mattino, ed ordinò al negro ed a Carmaux di recarsi sul legno spagnuolo, a prendere la duchessa fiamminga.

Mentre i due uomini, scesi in una imbarcazione già fatta calare in acqua, si dirigevano verso la nave che la Folgore rimorchiava, il Corsaro Nero si era messo a passeggiare per la tolda, con certe mosse che indicavano come fosse in preda ad una viva agitazione e ad una profonda preoccupazione.

Contrariamente alle sue abitudini, era irrequieto, nervoso; interrompeva bruscamente la sua passeggiata per arrestarsi, come se un pensiero lo tormentasse: s'avvicinava a Morgan che vegliava sul castello di prora, come se avesse avuto intenzione di fargli qualche comunicazione, poi gli volgeva invece bruscamente le spalle e s'allontanava verso poppa.

Era però tetro come sempre, forse anzi piú cupo del solito. Tre volte fu veduto salire sul cassero di poppa e guardare il vascello di linea, facendo un gesto d'impazienza e tre volte allontanarsi quasi precipitosamente ed arrestarsi sul castello di prora, con gli occhi distrattamente fissi sulla luna che sorgeva allora all'orizzonte, cospargendo il mare di pagliuzze d'argento.

Quando però udí sul fianco della nave il cozzo sonoro della scialuppa che ritornava dal vascello spagnuolo, abbandonò con precipitazione il castello di prora e si fermò sulla cima della scala abbassata a babordo.

Honorata saliva, leggera come un uccello, senza appoggiarsi alla branca. Era vestita come al mattino, ma sul capo portava una grande sciarpa di seta variopinta, ricamata in oro e adorna di fiocchi come i serapé messicani.

Il Corsaro Nero l'attendeva col cappello in mano e la sinistra appoggiata alla guardia d'una lunga spada.

- Vi ringrazio, signora, d'essere venuta sulla mia nave, - le disse.

- È voi che devo ringraziare, cavaliere, d'avermi ricevuto sulla vostra filibustiera, - rispose ella, chinando graziosamente il capo. - Non dimenticate che io sono una prigioniera.

- La galanteria non è sconosciuta anche fra i ladri di mare, - rispose il Corsaro, con una leggera punta d'ironia.

- Mi serbate rancore della parola sfuggitami stamane?

Il Corsaro Nero non rispose e la invitò con un cenno della mano a seguirlo.

- Una domanda prima, cavaliere, - diss'ella trattenendolo.

- Parlate.

- Non vi spiacerà che io abbia condotto con me una delle mie donne?

- No, signora, credevo anzi che venissero tutte e due.

Le offrì galantemente il braccio e la condusse a poppa della nave, facendola entrare nel salotto del quadro.

Quel piccolo ambiente, situato sotto il cassero, a livello della tolda, era ammobiliato con una eleganza così civettuola, da fare stupire anche la giovane duchessa, quantunque dovesse essere stata abituata a vivere in mezzo ad un lusso sfarzoso.

Si capiva che quel Corsaro, anche scorrazzando il mare, non aveva rinunciato a tutti gli agi della vita ed alla eleganza dei suoi castelli.

Le pareti di quel salotto erano tappezzate di seta azzurra trapunta in oro e adorne di grandi specchi di Venezia; il pavimento spariva sotto un soffice tappeto d'oriente e le ampie finestre che davano sul mare, divise da eleganti colonnette scanellate, erano riparate da leggere tende di mussola.

Negli angoli vi erano quattro scaffali di argenterie; nel mezzo una tavola riccamente imbandita e coperta d'una candida tovaglia di Fiandra ed all'intorno delle comode poltroncine di velluto azzurro, con grosse borchie di metallo.

Du grandi ed aristici doppieri d'argento illuminavano il salotto, facendo scintillare gli specchi ed

un fascio d'armi intrecciate sulla porta.

Il Corsaro invitò la giovane fiamminga e la mulatta che aveva condotta seco, ad accomodarsi poi si sedette di fronte a loro, mentre Moko, l'erculeo negro, serviva la cena su piatti d'argento che portavano inciso nel mezzo uno strano stemma, forse quello del comandante, poiché raffigurava una roccia sormontata da quattro aquile e da un disegno indecifrabile.

Il pasto, composto per lo più di pesci freschi, cucinati squisitamente in varie maniere dal cuoco di bordo, di carni conservate, di dolci e di frutta dei tropici, innaffiato da scelti vini d'Italia e di Spagna, fu terminato in silenzio, poiché nessuna parola era uscita dalle labbra del Corsaro Nero, né la giovane fiamminga aveva osato trarlo dalle sue preoccupazioni.

Dopo servita la cioccolata, secondo l'usanza spagnuola, entro chicchere microscopiche di porcellana, il comandante parve decidersi a rompere il silenzio quasi cupo che regnava nel salotto.

- Perdonate, signora, - disse, guardando la giovane fiamminga; - perdonate, se io mi sono mostrato molto preoccupato durante il pasto e vi ho fatto pessima compagnia, ma quando cala la notte, una cupa tristezza piomba sovente sulla mia anima ed il mio pensiero scende nei baratri del

Gran Golfo, e vola nei nebbiosi paesi che si bagnano nel Mare del Nord. Che cosa volete? Vi sono tanti tetri ricordi che tormentano il mio cuore ed il mio cervello!

- Voi! Il piú prode dei corsari! - esclamò la giovane con stupore. - Voi che scorrazzate il mare, che avete una nave che vince i piú grandi vascelli, degli uomini audaci che ad un vostro comando si fanno uccidere, che avete prede e ricchezze e che siete uno dei piú formidabili capi della filibusteria?... Voi avete delle tristezze?

- Guardate l'abito che indosso e pensate al nome che io porto. Tutto ciò non ha qualche cosa di funebre, signora?

- È vero, - rispose la giovane duchessa, colpita da quelle parole. - Voi indossate un costume tetro come la notte ed i filibustieri vi hanno dato un nome che fa paura. A Vera-Cruz dove passai qualche tempo presso il marchese d'Heredijas, ho udito raccontare sul vostro conto tante strane istorie da fare rabbrividire.

- E quali, signora? - chiese il Corsaro con un sorriso beffardo, mentre i suoi occhi che erano animati da una cupa fiamma, si fissavano in quelli della giovane fiamminga, come se avesse voluto leggerle fino in fondo all'anima.

- Ho udito raccontare che il Corsaro Nero aveva attraversato l'Atlantico assieme a due fratelli, che indossavano l'uno un costume verde e l'altro uno rosso, per compiere una tremenda vendetta.

- Ah!... - È il Corsaro, la cui fronte si rannuvolava.

- Mi hanno detto che eravate un uomo sempre cupo e taciturno, che quando le tempeste infuriavano sulle Antille, uscivate nel mare a dispetto delle onde e dei venti e che scorrazzavate senza tema il Gran Golfo, sfidando le ire della natura, perché eravate protetto dagli spiriti infernali.

- E poi? - chiese il Corsaro con voce quasi stridula.

- E poi che i due Corsari dalle divise rossa e verde erano stati appiccati da un uomo che era vostro mortale nemico e che...

- Continuate, - disse il Corsaro con voce sempre piú cupa.

Invece di terminare la frase, la giovane duchessa si era arrestata, guardando con una certa inquietudine, non esente da un vago terrore.

- Ebbene, perché v'interrompete? - chiese egli.

- Non oso, - rispose ella, esitando.

- Forse che io vi faccio paura, signora?

- No, ma...

Poi alzandosi gli chiese bruscamente:

- È vero che voi evocate i morti?

In quell'istante, sul babordo della nave, s'udí infrangersi una grande ondata, il cui colpo si ripercosse cupamente nelle profondità della stiva, mentre alcuni spruzzi di spuma balzavano fino sulle finestre del salotto, bagnando le tende.

Il Corsaro si era alzato precipitosamente, pallido come un cadavere. Guardò la giovane con due occhi che scintillavano come due carboni, ma nei quali balenava una profonda commozione, poi s'avvicinò ad una delle finestre, l'aprí e si curvò fuori.

Il mare era tranquillo e scintillava tutto sotto i pallidi raggi dell'astro notturno. La leggiera brezza, che gonfiava le vele della Folgore, non formava su quell'immensa superficie che delle leggiere increspature.

Pure sul babordo si vedeva l'acqua spumeggiare ancora contro il fianco della nave come se una grande ondata, sollevata da una forza misteriosa o da qualche fenomeno inesplicabile, si fosse rotta.

Il Corsaro Nero, immobile innanzi alla finestra, colle braccia incrociate come era sua abitudine,

continuava a guardare il mare senza fare un moto e senza pronunciare una parola. Si sarebbe detto che con quei suoi occhi scintillanti volesse investigare nelle profondità del Mar Caraybo.

La duchessa gli si era silenziosamente avvicinata, ma era anch'essa pallida ed in preda ad un superstizioso terrore.

- Che cosa guardate, cavaliere? - gli chiese dolcemente.

Il Corsaro parve che non l'avesse udita, poiché non si mosse.

- A che cosa pensate? - tornò a chiedergli.

- Mi chiedeva, - rispose con voce lugubre, - se è possibile che i morti, sepolti in fondo al mare, possano abbandonare i profondi baratri dove riposano e salire alla superficie.

La giovane rabbrividí.

- Di quali morti volete parlare?... - gli chiese dopo alcuni istanti di silenzio.

- Di coloro che sono morti... invendicati.

- Dei vostri fratelli forse?

- Forse, - rispose il Corsaro, con un filo di voce.

Poi, tornando rapidamente verso la tavola ed empiendo due bicchieri di vino bianco, disse con un sorriso forzato che contrastava col livido aspetto del suo viso:

- Alla vostra salute, signora. La notte è scesa da qualche ora e voi dovete ritornare sul vostro vascello.

- La notte è calma, cavaliere, e nessun pericolo minaccia la scialuppa che deve ricondurmi, - rispose ella.

Lo sguardo del Corsaro, fino allora cosí tetro, parve che si rasserenasse tutto d'un colpo.

- Volete tenermi compagnia ancora, signora? - le chiese.

- Se non vi rincresce.

- Anzi, signora. La vita è dura sul mare, e simili distrazioni succedono cosí di rado. Voi però, se i miei sguardi non s'ingannano, dovete avere un motivo reconditi per arrestarvi ancora.

- Può essere vero.

- Parlate: la tristezza che poco fa m'aveva invaso, si è dileguata.

- Ditemi, cavaliere, è vero adunque che voi avete lasciato il vostro paese per venire a compiere una tremenda vendetta?...

- Sí, o signora, ed aggiungerò che io non avrò piú bene né sulla terra né sul mare, finché non l'avrò compiuta.

- Tanto adunque odiate quell'uomo?

- Tanto che per ucciderlo darei tutto il mio sangue, fino all'ultima goccia.

- Ma che cosa vi ha fatto?

- Ha distrutto la mia famiglia, signora; ma io, due notti or sono, ho pronunciato un terribile giuramento e lo manterrò, dovessi percorrere il mondo intero e frugare le viscere della terra per raggiungere il mio mortale nemico e tutti quelli che hanno la sventura di portare il suo nome.

- E quell'uomo è qui, in America?...

- In una città del grande golfo.

- Ma il suo nome?... - chiese la giovane con estrema ansietà. - Posso io forse conoscerlo? Il Corsaro invece di rispondere la guardò negli occhi.

- Vi preme saperlo?... - le chiese dopo alcuni istanti di silenzio. - Voi non appartenete alla filibusteria e sarebbe forse pericoloso il dirvelo.

- Oh!... Cavaliere!... - esclamò ella impallidendo.

Il Corsaro scosse il capo come se volesse scacciare un pensiero importuno, poi alzandosi bruscamente e mettendosi a passeggiare con agitazione, le disse:

- È tardi, signora. È necessario che voi torniate al vostro vascello.

Si volse verso il negro che stava immobile dinanzi alla porta come una statua di basalto nero e

gli chiese:

- È pronta la scialuppa?

- Sí, padrone, - rispose l'africano.

- Chi la monta?

- Il compare bianco ed il suo amico.

- Venite, signora.

La giovane fiamminga s'era gettata sul capo la grande sciarpa di seta e si era alzata.

Il Corsaro le porse il braccio senza pronunciare sillaba e la condusse in coperta. Durante quei pochi passi, si fermò però due volte a guardarla in viso e parve che soffocasse un lieve sospiro.

- Addio, signora, - le disse, quando giunsero presso la scala.

Ella gli porse la sua piccola mano e sussultò sentendola tremare.

- Grazie della vostra ospitalità, cavaliere, - mormorò la giovane.

Egli s'inchinò in silenzio e le additò Carmaux e Wan Stiller che l'attendevano ai piedi della

scala.

La giovane scese, seguita dalla mulatta, ma quando fu in fondo alzò il capo e vide sopra di sé il

Corsaro Nero curvo sulla murata che la seguiva collo sguardo.

Balzò nella scialuppa e si sedette a poppa, a fianco della mulatta, mentre Carmaux e Wan Stiller afferravano i remi mettendosi ad arrancare.

In poche battute la scialuppa giunse sotto il fianco del vascello di linea, il quale procedeva lentamente sulla scia della Folgore, tratto a rimorchio.

La giovane fiamminga giunta a bordo, invece di dirigersi verso il quadro, salí sul castello di prora e guardò attentamente verso il legno filibustiero.

A poppa, presso il timone, alla luce della luna, vide delinearsi nettamente la nera figura del

Corsaro, colla sua lunga piuma ondeggiante alla brezza notturna.

Era là, immobile, con un piede sulla murata, colla sinistra appoggiata alla guardia della sua formidabile spada e la destra sul fianco, cogli occhi fissi sulla prora della nave spagnuola.

- Guardalo! È lui! - mormorò la giovane, curvandosi verso la mulatta che l'aveva seguita. - È il funebre gentiluomo d'oltremare!... Che strano uomo!...

CAPITOLO XIII

FASCINI MISTERIOSI.

La Folgore procedeva lentamente verso settentrione, per giungere sulle coste di Santo Domingo e di là cacciarsi nell'ampio canale aperto fra quell'isola e quella di Cuba.

Ostacolata dalla grande corrente equinoziale o Gulf Stream che dopo avere attraversato l'Atlantico entra con grande impeto nel Mare delle Antille, correndo verso le spiagge dell'America centrale, per poi uscire, dopo un giro immenso, dal Golfo del Messico, presso le isole Bahama e le coste meridionali della Florida; ed anche impedita dal vascello di linea che era costretta a rimorchiare, non avanzava che con molto stento, essendo le brezze leggere.

Fortunatamente il tempo si manteneva sereno ed era questa una vera fortuna; diversamente sarebbe stata costretta ad abbandonare alla furia delle onde la grossa preda così a caro prezzo conquistata, poiché gli uragani che sconvolgono i mari delle Antille sono così tremendi, da non potersi fare un idea della loro potenza.

Quelle regioni che sembrerebbero benedette dalla natura, quelle isole opulente, d'una fertilità prodigiosa, poste sotto un clima che non ha confronti, e sotto un cielo che per purezza nulla ha da

invidiare a quello tanto decantato dell'Italia, a causa dei venti dominanti dell'est e della corrente equinoziale, vanno troppo di sovente soggette a dei cataclismi spaventosi, che in poche ore le sconvolgono.

Tempeste spaventevoli le colpiscono di quando in quando, distruggendo le ricche piantagioni, sradicando intere foreste, abbattendo città e villaggi; orribili maremoti alzano talora bruscamente il mare e lo precipitano con impeto irresistibile verso le coste, spazzando via quanto trovano e trascinando le navi ancorate nei porti per le devastate campagne; formidabili convulsioni del suolo le scuotono improvvisamente, seppellendo talvolta fra le macerie migliaia di persone.

La buona stella però sorrideva ai filibustieri del Corsaro Nero, perché come si disse, il tempo si manteneva splendido, promettendo una tranquilla navigazione fino alla Tortue.

La Folgore veleggiava placidamente su quelle acque di smeraldo, terse quasi come un cristallo e così trasparenti da permettere di discernere, alla profondità di cento braccia, il letto bianchissimo del Golfo, cosparso di coralli.

La luce, rifrangendosi su quelle sabbie bianche, rendeva le acque ancor più limpide, a segno da far venire le vertigini a chi, non abituato, avesse voluto guardare giù.

In mezzo a quella nitida trasparenza, pesci strani si vedevano guizzare in tutte le direzioni, giocherellando, inseguendosi e divorandosi, e non di rado si vedevano anche sorgere dal fondo e salire alla superficie, con un poderoso colpo di coda, quei terribili mangiatori di uomini chiamati zigaene, squali molto affini ai non meno feroci pescicani, lunghi talvolta venti piedi, colla testa raffigurante un martello, gli occhi grossi, rotondi, quasi vitrei piantati alle estremità e la bocca enorme ed armata di lunghi denti triangolari.

Due giorni dopo la presa del vascello, essendosi alzato un vento piuttosto forte e

favorevolissimo, la Folgore s'avventurava in quel tratto di mare compreso fra la Giamaica e la punta occidentale di Haiti, muovendo rapidamente verso le coste meridionali di Cuba.

Il Corsaro Nero, dopo essere stato quasi sempre rinchiuso nella sua cabina, udendo il pilota segnalare le alte montagne della Giamaica, era salito sul ponte.

Era però ancora in preda a quell'inesplicabile inquietudine, che l'aveva colto la sera stessa che aveva invitato nel quadro la giovane fiamminga.

Non stava un momento fermo. Passeggiava nervosamente per la passerella, sempre preoccupato, senza scambiare una parola con chicchessia, nemmeno col suo luogotenente Morgan.

Si trattenne mezz'ora sul ponte, guardando di tratto in tratto, ma distrattamente, le montagne della Giamaica che si disegnavano nettamente sul luminoso orizzonte, colle basi che parevano immerse nel mare; poi discese sulla tolda rimettendosi a passeggiare fra l'albero di trinchetto e quello maestro, colle ampie tese del suo feltro bene abbassate sulla fronte.

Ad un tratto, come fosse stato colto da qualche pensiero ed obbedisse ad una tentazione irresistibile, risalí sul ponte e ridiscese sul cassero, fermandosi presso la murata poppiera.

I suoi sguardi si fissarono subito sulla prora del vascello spagnuolo, lontano appena sessanta

passi, tanto quanto era lunga la gomena che lo traeva a rimorchio.

Trasalí e fece atto di ritirarsi, ma s'arrestò subito, mentre il suo volto, cosí cupo, s'illuminava, ed il suo pallore si tramutava in una tinta leggermente rosea, tinta però che durò un solo istante.

Sulla prora del vascello spagnuolo, aveva veduto una forma bianca appoggiata all'argano. Era la giovane fiamminga, rinchiusa in un lungo accappatoio bianco e coi biondi capelli sciolti sulle spalle in pittoresco disordine e che la brezza marina, volta a volta, scompigliava.

Teneva il capo volto verso la filibusteria e gli occhi fissi sulla poppa, o meglio sul Corsaro

Nero.

Conservava una immobilità assoluta, tenendo il mento appoggiato sulle mani in una posa

meditabonda.

Il Corsaro Nero non aveva fatto alcun cenno, nemmeno di salutarla. Si era aggrappato alla

murata con ambo le mani, come se avesse paura di venire strappato di là e teneva gli occhi fissi su quelli della giovane.

Pareva che fosse stato affascinato da quegli sguardi dal lampo dell'acciaio, poiché si sarebbe detto che non respirava nemmeno piú.

Un tale incanto, strano per un uomo della tempra del Corsaro, durò un minuto, poi parve che venisse bruscamente spezzato.

Il Corsaro, quasi si fosse pentito di essersi lasciato vincere dagli occhi della giovane, con un

moto improvviso aveva staccate le mani e aveva fatto un passo indietro.

Guardò il timoniere che gli stava a due passi di distanza, poi il mare, e quindi la velatura della sua nave e fece altri passi indietro come se non sapesse decidersi a perderla di vista, poi tornò a guardare la giovane fiamminga.

Questa non si era mossa. Sempre appoggiata all'argano, col mento sulla destra, il biondo capo inclinato innanzi, fissava sempre il Corsaro coi suoi grandi occhi. Un lampo vivido, irresistibile, si sprigionava sempre dalle sue pupille che parevano essere diventate d'una immobilità vitrea.

Il comandante della Folgore indietreggiava sempre, ma lentamente, come fosse impotente a sottrarsi a quel fascino. Era diventato più pallido che mai e un fremito scuoteva le sue membra.

Giunto all'estremità del cassero salí sempre indietreggiando sul ponte di comando dove si arrestò alcuni momenti, poi continuò finché andò a urtare contro Morgan, che stava terminando il suo quarto di guardia.

- Ah!... Scusate, - gli disse con fare imbarazzato, mentre un rapido rossore gli coloriva le guance.

- Guardavate anche voi la tinta del sole, signore? - gli chiese il luogotenente.

- Cos'ha il sole?...

- Guardatelo.

Il Corsaro alzò gli occhi e vide che l'astro diurno, poco prima sfolgorante, aveva assunta una tinta rossastra che lo faceva sembrare una lastra di ferro incandescente.

Si volse verso i monti della Giamaica e vide le loro cime spiccare con maggiore nitidezza sul fondo del cielo, come fossero illuminate da una luce ben più viva di prima.

Una certa inquietudine si manifestò subito sul viso del Corsaro ed i suoi sguardi si volsero verso il vascello spagnuolo, arrestandosi ancora sulla giovane fiamminga, la quale non aveva abbandonato l'argano.

- Avremo un uragano, - disse poi con voce sorda.

- Tutto lo indica, signore, - rispose Morgan. - Non sentite quest'odore nauseante alzarsi dal mare?...

- Sí, e vedo che anche l'aria comincia ad intorbidirsi. Questi sono i sintomi dei tremendi uragani che imperversano nelle Antille.

- È vero, capitano.

- Dovremo perdere la nostra preda?

- Volete un consiglio, signore?

- Parlate, Morgan.

- Fate passare mezzo del nostro equipaggio sul vascello spagnuolo.

- Credo che abbiate ragione. Mi rincrescerebbe per il mio equipaggio che quella bella nave andasse a finire in fondo al mare.

- La duchessa la lascerete là?

- La giovane fiamminga... - disse il Corsaro aggrottando la fronte.

- Starà meglio sulla nostra Folgore, che sul vascello.

- Vi spiacerebbe che andasse a picco? - chiese il capitano, voltandosi bruscamente verso

Morgan e guardandolo fisso.

- Penso che quella duchessa può valere parecchie migliaia di piastre.

- Ah!... È vero... Deve pagare il riscatto.

- Volete che la faccia trasbordare, prima che le onde ce lo impediscano?

Il Corsaro non rispose. Si era messo a passeggiare per il ponte come se fosse preoccupato da un grave pensiero.

Continuò cosí alcuni minuti, poi fermandosi improvvisamente dinanzi a Morgan, gli chiese a bruciapelo:

- Credete voi che certe donne siano fatali?...

- Che cosa volete dire?... - chiese il luogotenente con stupore.

- Sareste voi capace d'amare una donna senza paura?

- Perché no?

- Non credete che sia piú pericolosa una bella fanciulla che un sanguinoso abbordaggio?

- Talvolta sí, ma sapete, comandante, che cosa dicono i filibustieri ed i bucanieri della Tortue, prima di scegliersi una compagna tra le donne che i governi di Francia e d'Inghilterra mandano qui, per procurare loro un marito?

- Non mi sono mai occupato dei matrimoni dei nostri filibustieri, né di quelli dei bucanieri.

- Dicono loro queste precise parole: «Di ciò che hai fatto fin qui, o donna, non ti domando conto e te ne assolvo, ma dovrai rendermi ragione di quello che farai d'ora innanzi» e battono sulla canna del loro fucile, aggiungendo: «ecco chi mi vendicherà, e se fallirai tu, non potrà fallire questo».

Il Corsaro Nero alzò le spalle, dicendo:

- Eh! Io intendevo parlare di donne ben diverse da quelle che ci mandano a forza i governi d'oltremare.

Si fermò un istante, quindi indicando la giovane duchessa che era ancora allo stesso posto, continuò:

- Che cosa dite di quella fanciulla, luogotenente?

- Che è una delle più splendide creature che si siano mai vedute in questi mari delle grandi

Antille.

- Non vi farebbe paura?...

- Quella fanciulla?... No di certo.

- Ed a me sí, luogotenente.

- A voi? A colui che si chiama il Corsaro Nero? Volete scherzare, comandante?

- No, - rispose il filibustiere. - Leggo talvolta nel mio destino, e poi una zingara del mio paese mi predisse che la prima donna che io avessi amata mi sarebbe stata fatale.

- Ubbie, capitano.

- Ma che cosa direste se aggiungessi che quella zingara aveva predetto ai miei tre fratelli che uno sarebbe morto in un assalto per opera di un triste tradimento e gli altri due appiccati? Voi sapete se quella funebre predizione si è avverata.

- E poi?...

- Che sarei morto in mare, lontano dalla mia patria, per opera della donna amata.

- By Good!... - mormorò Morgan, rabbrividendo. - Ma quella zingara può ingannarsi sul quarto fratello.

- No, - rispose il Corsaro con voce tetra.

Scosse il capo, stette un istante meditabondo, quindi aggiunse:

- E sia!...

Scese dal ponte di comando, andò a prora dove aveva veduto l'africano discorrere con Carmaux e Wan Stiller e gridò loro:

- In acqua la gran scialuppa. Conducete a bordo del mio legno la duchessa di Weltendrem e il suo seguito.

Mentre i due filibustieri e l'africano s'affrettavano ad ubbidire, Morgan sceglieva trenta marinai per mandarli di rinforzo a quelli che si trovavano già sul vascello di linea, prevedendo che ben presto sarebbe stato necessario il taglio della gomena di rimorchio.

Un quarto d'ora dopo Carmaux ed i suoi compagni erano di ritorno. La duchessa fiamminga, le sue donne e i due paggi salirono a bordo della Folgore, sulla cui scala li attendeva il Corsaro.

- Avete qualche urgente comunicazione da farmi, cavaliere? - chiese la giovane, guardandolo negli occhi.

- Sí, signora, - rispose il Corsaro, inchinandosi dinanzi a lei.

- E quale se non vi rincresce?

- Che saremo costretti ad abbandonare il vascello alla sua sorte.

- Per qual motivo? Siamo forse inseguiti?...

- No, è l'uragano che ci minaccia e che mi costringe a fare tagliare la gomena di rimorchio. Voi forse non conoscete le furie tremende di questo Gran Golfo, quando il vento lo scuote.

- E vi preme non perdere la vostra prigioniera, è vero, cavaliere? - disse la fiamminga, sorridendo.

- La mia Folgore è piú sicura del vascello.

- Grazie della vostra gentilezza, cavaliere.

- Non ringraziatemi, signora, - rispose il Corsaro con aria meditabonda. - Forse quest'uragano può essere fatale a qualcuno.

- Fatale!... - esclamò la duchessa con sorpresa. - E a chi?

- Lo si vedrà!

- Ma perché?...

- Tutto è nelle mani del destino.

- Temete anche per la vostra nave?

Un sorriso apparve sulle labbra del Corsaro.

- La mia Folgore è tale legno da sfidare le folgori del cielo e le ire del mare, ed io sono tale uomo da guidarla attraverso le onde ed i venti.

- Lo so, ma...

- È inutile che insistiate per avere una maggiore spiegazione, signora. A questo penserà la sorte. Le additò il quadro di poppa e levandosi il cappello continuò:

- Accettate l'ospitalità che vi offro, signora. Io vo' a sfidare la morte ed il mio destino.

Si rimise il cappello in capo e salí sul ponte di comando, mentre la calma che fino allora regnava sul mare si rompeva bruscamente, come se dalle Piccole Antille venissero cento trombe di vento.

Le scialuppe che avevano condotti a bordo del vascello di linea i trenta marinai, erano tornate e l'equipaggio stava issandole sulle grue della Folgore.

Il Corsaro, salito sul ponte di comando, dove già lo aveva preceduto Morgan, s'era messo ad

osservare il cielo dalla parte di levante.

Una grande nuvola assai oscura, coi margini tinti d'un rosso di fuoco, saliva rapidamente sull'orizzonte, spinta senza dubbio da un vento irresistibile, mentre il sole, quasi prossimo al tramonto, diventava sempre piú oscuro, come se una nebbia si fosse frapposta fra la terra ed i suoi raggi.

- Ad Haiti l'uragano di già infuria, - disse il Corsaro a Morgan.

- E le Piccole Antille a quest'ora sono forse devastate, - aggiunse il luogotenente. - Fra un'ora anche questo mare diverrà spaventoso.

- Che cosa fareste voi nel mio caso?

- Cercherei un rifugio alla Giamaica.

- La mia Folgore fuggire dinanzi all'uragano!... - esclamò il Corsaro con fierezza. - Oh!...

Mai!...

- Ma voi sapete, signore, quanto siano formidabili gli uragani delle Antille.

- Lo so, ed io sfiderò anche questo. Sarà il vascello di linea che andrà a cercare salvezza su quelle coste, ma non la mia Folgore. Chi comanda i nostri uomini imbarcati sulla nave spagnuola?...

- Mastro Wan Horn.

- Un brav'uomo, che un giorno diverrà un filibustiere di buona fama. Saprà trarsi d'impiccio senza perdere la preda.

Scese sul cassero, tenendo in mano un portavoce e, salito sulla murata poppiera, gridò con voce

tonante.

- Tagliate la gomena di rimorchio!... Mastro Wan Horn, poggiate sulla Giamaica!... Noi vi aspetteremo alla Tortue!...

- Sta bene comandante, - rispose il mastro, che si trovava sulla prora del vascello, in attesa degli

ordini.

S'armò di una scure e con un solo colpo recise la gomena di rimorchio, poi, volgendosi verso i suoi marinai, gridò levandosi il berretto:

- Alla grazia di Dio!...

Il vascello spiegò le sue vele sul trinchetto e sulla mezzana, non potendo piú contare sul maestro e virò di bordo, allontanandosi verso la Giamaica, mentre la Folgore s'inoltrava arditamente fra le coste occidentali d'Haiti e quelle meridionali di Cuba, nel cosiddetto canale di Sopravvento.

L'uragano si avvicinava rapido. La calma era stata bruscamente spezzata da furiosi colpi di vento, che venivano dalla parte delle Piccole Antille, mentre le onde si formavano rapidamente assumendo un aspetto pauroso.

yPareva che il fondo del mare ribollisse, poiché si vedevano formarsi alla superficie come dei

gorghi spumeggianti, mentre sprazzi d'acqua s'alzavano impetuosamente in forma di colonne liquide, le quali poi ricadevano con grande fracasso.

La nuvola nera intanto saliva rapida, invadendo il cielo, intercettando completamente la luce crepuscolare, e le tenebre piombavano sul mare tempestoso, tingendo i flutti d'un colore quasi nero, come se a quelle acque si fossero mescolati torrenti di bitume.

Il Corsaro, sempre tranquillo e sereno, non sembrava che si occupasse dell'uragano. I suoi sguardi seguivano invece il vascello di linea, che si vedeva capeggiare fra le onde e che stava per sparire sul fosco orizzonte, in direzione della Giamaica.

Forse era un po' inquieto per quella nave, che sapeva trovarsi in cattive condizioni, per potere affrontare i tremendi colpi di vento dell'uragano, ma non di certo per la sua Folgore.

Quando il vascello scomparve, scese sul cassero e allontanò il pilota, dicendo:

- A me la barra!... La mia Folgore voglio guidarla io!...

CAPITOLO XIV

GLI URAGANI DELLE ANTILLE.

L'uragano, devastate le Piccole Antille, che sono le prime a ricevere quei tremendi urti, facendo argine alle onde dell'Atlantico, che i venti di levante scagliano, con foga irresistibile, contro il continente americano e quindi addosso a Portorico e ad Haiti, si rovesciava allora nel canale di Sopravvento, con quella foga ben nota ai naviganti del Golfo del Messico e del Mar Caraybo.

Alla luce chiara e brillante della zona equatoriale era successa una notte cupa, poiché nessun lampo ancora la illuminava, una di quelle notti che mettono paura ai piú audaci naviganti. Non si vedeva che la spuma dei marosi, la quale pareva fosse diventata fosforescente.

Un fulmine d'acqua e di vento spazzava il mare, con impeto irresistibile. Raffiche furiose si succedevano le une alle altre, con mille fischi e mille ruggiti paurosi, facendo crepitare le vele della nave e curvando perfino la solida alberatura.

In aria si udiva un fracasso strano che cresceva di momento in momento. Pareva che mille carri carichi di ferraglie corressero pel cielo, tirati a corsa precipitosa, o che dei pesanti convogli filassero a tutto vapore sopra dei ponti metallici.

Il mare era diventato orrendo. Le onde, alte come montagne, correvano da levante a ponente,

rovesciandosi le une addosso alle altre con cupi muggiti e con scrosci formidabili, schizzando in alto cortine di spuma fosforescente. S'alzavano tumultuosamente, come se subissero una spinta immensa dal basso in alto, poi tornavano a scendere, scavando dei baratri cosí immensi, che pareva dovessero toccare il fondo del Golfo.

La Folgore, colla velatura ridotta a minime proporzioni, non avendo conservato che i fiocchi e le due vele di trinchetto e di maestra, con tre mani di terzaruoli, aveva impegnata valorosamente la lotta.

Pareva un fantastico uccello che radesse le onde. Ora saliva intrepidamente quelle montagne mobili, scorrendo fra due fasce di spuma gorgogliante, come se volesse speronare la nera massa delle nubi, ed ora scendeva fra quelle pareti limpide, come se volesse giungere fino nel fondo del mare.

Rollava disperatamente, tuffando talora la estremità dei suoi pennoni di trinchetto e di maestra nella spuma, ma i suoi fianchi poderosi non cedevano all'urto formidabile dei cavalloni.

Attorno ad essa, perfino sulla sua tolda, cadevano, ad intervalli, rami d'alberi, frutta d'ogni specie, canne da zucchero ed ammassi di foglie che volteggiavano sulle ali del turbine, strappate dai boschi e dalle piantagioni della vicina isola di Haiti, mentre veri zampilli d'acqua precipitavano scrosciando dalle tempestose nubi, scorrendo a furia per il tavolato e sfogandosi a gran pena attraverso gli ombrinali.

Ben presto però alla notte cupa successe una notte di fuoco. Lampi abbaglianti rompevano le tenebre, illuminando il mare e la nave d'una luce livida, mentre fra le nubi scrosciavano tremendi tuoni, come se lassú si fosse impegnato un duello fra cento pezzi d'artiglieria.

L'aria era diventata cosí satura d'elettricità che centinaia di scintille sprizzavano dalle gomene della Folgore, mentre il fuoco di Sant'Elmo scintillava sulle punte degli alberi, alla estremità dei mostraventi.

L'uragano toccava allora la sua massima intensità.

Il vento aveva acquistata una velocità fulminea, forse di quaranta metri al minuto secondo e ruggiva tremendamente, sollevando vere trombe d'acqua, che poi travolgevano vertiginosamente, e vere cortine che poi polverizzava.

I fiocchi della Folgore, strappati dal vento, erano stati portati via e la vela di trinchetto, sventrata di colpo, terminava di sbrindellarsi, ma quella maestra resisteva tenacemente.

La nave, travolta dai flutti e dalle raffiche, fuggiva con una velocità spaventosa, in mezzo ai

lampi ed alle trombe d'acqua.

Pareva che ad ogni istante dovesse venire subissata e cacciata a fondo; invece si risollevava sempre, scuotendo i marosi che le urlavano d'intorno e la spuma che la copriva.

Il Corsaro Nero, ritto a poppa, alla barra, la guidava con mano sicura. Irremovibile fra le furie del vento, impassibile fra l'acqua che lo inondava, sfidava intrepidamente la collera della natura cogli occhi accesi ed il sorriso sulle labbra.

La sua nera figura spiccava fra i lampi, assumendo in certi momenti proporzioni fantastiche.

Le folgori scherzavano a lui intorno tracciando le loro linee di fuoco; il vento lo investiva, strappando pezzo a pezzo la lunga piuma del suo cappello; la spuma volta a volta lo copriva, tentando di abbatterlo; i tuoni sempre piú formidabili l'assordavano, ma egli rimaneva impavido al suo posto, guidando sempre la sua nave attraverso le onde e le raffiche.

Pareva un genio del mare, sorto dagli abissi del Gran Golfo, per misurare le proprie forze contro quelle della natura scatenata.

I suoi marinai, come la notte dell'abbordaggio, quando lanciava la Folgore addosso al vascello di linea, lo guardavano con superstizioso terrore, e si chiedevano se quell'uomo era veramente un mortale al pari di loro od un essere soprannaturale, che né le mitraglie, né le spade, né gli uragani potevano abbattere. Ad un tratto, quando i marosi irrompevano con maggior rabbia sui bordi del veliero, si vide il Corsaro scostarsi un istante dalla barra, come se avesse voluto precipitarsi verso la scaletta di babordo del cassero e fare un gesto di sorpresa e fors'anche di terrore.

Una donna era uscita allora dal quadro e saliva sul cassero, aggrappandosi alla branca della scala con suprema energia, onde non venire rovesciata dalle scosse disordinate della nave.

Era tutta avvolta in un pesante vestito di panno di Catalogna, però aveva il capo scoperto ed il vento faceva volteggiare in aria i superbi capelli biondi!

- Signora! - gridò il Corsaro, che aveva subito riconosciuta in quella donna la giovane fiamminga. - Non vedete che qui vi è la morte?

La duchessa non rispose, gli fece un cenno della mano che pareva volesse dire:

- Non mi fa paura.

- Ritiratevi, signora, - disse il Corsaro, che era diventato piú pallido del solito.

Invece di obbedire la coraggiosa fiamminga si issò sul cassero, lo attraversò tenendosi aggrappata alla barra della randa e si rincantucciò fra la murata e la poppa della grande scialuppa la quale era stata calata dalle gru per impedire alle onde di portarla via.

Il Corsaro le fece cenno di ritirarsi, ma ella fece col capo un energico gesto di diniego.

- Ma qui vi è la morte!... - le ripeté. - Tornate nel quadro, signora!

- No, - rispose la fiamminga.

- Ma che cosa venite a fare qui?

- Ad ammirare il Corsaro Nero.

- Ed a farvi portar via dalle onde.

- Che importa a voi?...

- Ma io non voglio la vostra morte, mi capite, signora! - gridò il Corsaro, con un tono di voce, nel quale si sentiva vibrare per la prima volta un impeto appassionato.

La giovane sorrise, però non si mosse. Rannicchiata in quel cantuccio, colle mani strette attorno al suo pesante vestito, coi capelli svolazzanti, si lasciava bagnare dall'acqua che irrompeva sul cassero, senza staccare gli occhi dal Corsaro.

Questi, avendo compreso che tutto sarebbe stato inutile, e forse lieto di vedersi quasi vicina quella coraggiosa giovane, che era salita lassú sfidando la morte, per ammirare la sua audacia, non le aveva piú ripetuto l'ordine di abbandonare il cassero. Quando l'uragano lasciava alla sua nave un istante di tregua, volgeva gli occhi verso la duchessa e forse involontariamente le sorrideva. Certo si ammiravamo entrambi.

Tutte le volte che la guardava, i suoi occhi s'incontravano subito in quelli di lei, che avevano acquistata una immobilità quasi vitrea, come al mattino quand'ella si trovava sulla prora del vascello di linea.

Quegli occhi però, dai quali emanava un fascino misterioso, mettevano indosso all'intrepido filibustiere un turbamento, che egli non sapeva spiegarsi. Anche quando non la guardava, sentiva che essa non lo perdeva di vista un solo istante e provava un desiderio irresistibile di volgere il capo verso quell'angolo della nave.

Vi fu anzi un momento, in cui le onde si rovesciavano con maggior impeto sulla Folgore, che ebbe paura di quello sguardo, poiché le gridò:

- Non guardatemi cosí, signora!... Giuochiamo la vita!

Quel fascino inesplicabile subito cessò. La giovane chiuse gli occhi ed abbassò il capo,

coprendosi il volto colle mani.

La Folgore si trovava allora presso le sponde di Haiti. Alla luce dei lampi eransi vedute delinearsi delle alte coste fiancheggiate da pericolose scogliere, contro le quali poteva frantumarsi la nave. La voce del Corsaro echeggiò tosto fra i muggiti delle onde e gli urli del ventaccio.

- Una vela di ricambio sul trinchetto!... Fuori i fiocchi!... Attenti a virare!...

Il mare, quantunque il vento lo spingesse verso le coste meridionali di Cuba, era spaventoso anche presso quelle di Haiti. Ondate di fondo, alte quindici o sedici metri, si formavano attorno alle scogliere, provocando delle contro-ondate terribili.

La Folgore però non cedeva. La vela di ricambio era stata spiegata sul pennone di trinchetto ed i fiocchi erano stati ricollocati sul bompresso, e filava sotto la costa come uno steamer lanciato a tutto vapore.

Di quando in quando i marosi la rovesciavano impetuosamente, ora sul babordo ed ora sul tribordo, tuttavia il Corsaro con un vigoroso colpo di barra la risollevava, rimettendola sulla buona via.

Fortunatamente l'uragano, dopo aver raggiunta la sua massima intensità, accennava a diminuire di violenza poiché ordinariamente quelle tempeste tremende non durano che poche ore.

Le nubi cominciavano qua e là a rompersi, lasciando intravvedere qualche stella ed il vento non soffiava piú colla violenza primiera. Nondimeno il mare si manteneva burrascosissimo e molte ore dovevano trascorrere prima che quelle grandi ondate, scagliate dall'Atlantico entro il Grande Golfo, si calmassero e si livellassero. Tutta la notte, la nave corsara lottò disperatamente contro i marosi, che l'assalivano da tutte le parti, riuscendo a superare vittoriosamente il canale di Sopravvento ed a sboccare in quel tratto di mare compreso fra le Grosse Antille e l'Isola di Bahama.

All'alba, quando il vento era girato da levante a settentrione, la Folgore si trovava quasi di

fronte al capo haitiano.

Il Corsaro Nero, che doveva essere affranto da quella lunga lotta, e che aveva le vesti inzuppate d'acqua, quando poté discernere il piccolo faro della cittadella del capo, rimise la ribolla del timone a Morgan, poi si diresse verso la grande scialuppa, presso la cui poppa si trovava ancora rannicchiata la giovane fiamminga e le disse:

- Venite, signora: vi ho ammirato anch'io e credo che nessuna donna avrebbe affrontata la morte come avete fatto voi per vedere la mia Folgore lottare coll'uragano.

La giovane si era alzata, scuotendosi di dosso l'acqua che le aveva inzuppate le vesti non solo, ma anche i capelli. Guardò il Corsaro negli occhi, sorridendo poi gli disse:

- Può darsi che nessuna donna avrebbe osato salire in coperta, ma posso dire che io sola ho veduto il Corsaro Nero guidare la sua nave, in mezzo ad uno dei piú tremendi uragani, ed ho ammirato la sua forza e la sua audacia.

Il filibustiere non rispose. Era rimasto dinanzi a lei guardandola con due occhi ardenti mentre la sua fronte pareva che fosse diventata cupa.

- Siete una valorosa, - mormorò poi, ma cosí sommessamente da venire udito solamente da lei.

Poi sospirando aggiunse:

- Peccato che la triste profezia della zingara faccia di voi una donna fatale.

- Di quale profezia volete parlare?... - chiese la giovane con stupore.

Il Corsaro invece di rispondere scosse tristamente il capo, mormorando:

- Sono follie!

- Sareste superstizioso, cavaliere?...

- Forse.

- Voi?

- Ehi!... Le predizioni talora s'avverano, signora.

Guardò le onde che venivano ad infrangersi contro i fianchi della nave con cupi muggiti e mostrandole alla giovane, disse con voce triste:

- Domandatelo a loro, se lo potete... entrambi erano belli, giovani, forti ed audaci e dormono sotto quelle onde, in fondo al mare. La funebre profezia si è avverata e forse si avvererà anche la mia perché sento che qui, nel cuore, una fiamma s'alza gigante, senza che io la possa ormai piú spegnere.

Sia!... Si compia il fatale destino se cosí è scritto: il mare non mi fa paura e dove dormono i fratelli miei potrò trovar posto anch'io, ma piú tardi, quando il traditore mi avrà preceduto.

Alzò le spalle, fece con ambe le mani un gesto di minaccia, poi scese dal cassero lasciando la giovane fiamminga piú stupita che mai, per quelle parole che non poteva ancora comprendere.

. . . .

Tre giorni dopo, quando il mare era ormai diventato tranquillo, la Folgore, spinta da venti favorevoli, giungeva in vista della Tortue, il formidabile nido dei filibustieri del gran golfo.

CAPITOLO XV

LA FILIBUSTERIA.

Nel 1625, mentre la Francia e l'Inghilterra tentavano, con guerre incessanti, di domare la possanza ormai formidabile della Spagna, due vascelli, francese l'uno ed inglese l'altro, montati da intrepidi corsari recatisi nel mare delle Antille per danneggiare i commerci fiorenti delle colonie spagnole, gettavano l'ancora, quasi contemporaneamente, dinanzi ad un'isoletta chiamata di San Cristoforo, abitata solamente da qualche tribú di Caribbi.

I francesi erano capitanati da un gentiluomo normanno, chiamato d'Enanbue, e gl'inglesi dal

cavaliere Tommaso Warner.

Trovata l'isola fertile e gli abitanti docili, i corsari vi si stabilivano placidamente, dividendosi fraternamente quel brano di terra e fondando due piccole colonie. Da cinque anni quei pochi uomini vivevano tranquilli coltivando il suolo, avendo ormai rinunciato a corseggiare il mare, quando un brutto giorno, comparsa improvvisamente una squadra spagnuola, distruggeva buona parte dei coloni unitamente alle abitazioni, considerando gli spagnuoli tutte le isole del Golfo del Messico come di loro assoluta proprietà.

Alcuni di quei coloni, sfuggiti alla rabbia spagnuola, riuscivano a salvarsi su di un altra isoletta chiamata la Tortue (Tartaruga) perché veduta ad una certa distanza rassomigliava un po' a quei rettili, situata a settentrione di San Domingo, quasi di fronte alla penisola di Samana, e fornita d'un comodo porto, facile a difendersi. Quei pochi corsari furono i creatori di quella razza formidabile di filibustieri che doveva, in breve, far stupire il mondo intero colle sue straordinarie, incredibili imprese.

Mentre alcuni si dedicavano alla coltivazione del tabacco, che riusciva eccellente su quel terreno vergine, altri, smaniosi di vendicarsi della distruzione delle due piccole colonie, si mettevano a corseggiare il mare a danno degli spagnuoli, montando dei semplici canotti.

La Tortue divenne presto un centro importante, essendo accorsi molti avventurieri francesi ed inglesi dalla vicina San Domingo e dall'Europa, colà mandati specialmente da armatori normanni.

Quella gente, composta specialmente di spostati, di soldati e di marinai avidi di bottino, colà attirati dalla smania di far fortuna e di mettere le mani sulle ricche miniere dalle quali la Spagna traeva fiumi d'oro, non trovando in quell'isoletta quanto avevano sperato, si mettevano a scorrazzare arditamente il mare, tanto piú che le loro nazioni erano in continua guerra col colosso iberico.

I coloni spagnuoli di San Domingo, vedendo i loro commerci danneggiati, pensarono bene di sbarazzarsi subito di quei ladroni e colto il momento in cui la Tortue era rimasta quasi senza guarnigione, mandarono grandi forze ad assalirla. La presa fu facile e quanti filibustieri caddero nelle mani degli spagnuoli, furono trucidati o impiccati.

I filibustieri che si trovavano in mare a corseggiare, appena appresa la strage fatta, giurarono di vendicarsi, e sotto il comando di WillIs, dopo una lotta disperata, riconquistarono la loro isola, uccidendo tutto il presidio, ma fra i coloni sorsero allora aspri dissidi, essendo i francesi piú numerosi degli inglesi, sicché ne approfittarono gli spagnuoli per piombare un'altra volta sulla Tortue, e cacciarne gli abitanti, che furono costretti a riparare nei boschi di San Domingo.

Come i primi coloni di San Cristoforo erano stati i creatori della filibusteria, i fuggiaschi della

Tortue furono i fondatori della bucaneria.

Seccare e affumicare le pelli degli animali uccisi, esprimevasi dai Caribbi col vocabolo di bucan

e da questo venne il titolo di bucanieri.

Quegli uomini, che dovevano diventare piú tardi i piú valorosi alleati dei filibustieri, vivevano come i selvaggi sotto misere capanne improvvisate con pochi rami.

Per vestito non avevano che una camicia di grossa tela, lorda sempre di sangue, un paio di calzoni grossolani, una larga cintura sostenente una corta sciabola e due coltellacci, scarpe di pelle di maiale ed un cappellaccio.

Non avevano che una sola ambizione: possedere un buon fucile ed una muta numerosa di grossi

cani.

Uniti due a due, per potersi scambievolmente aiutare, non avendo famiglia, all'alba partivano

per la caccia, affrontando coraggiosamente i buoi selvaggi che erano numerosissimi nelle selve di San Domingo, e non tornavano che alla sera carichi ognuno di una pelle e d'un pezzo di carne per pasto. Per colazione si accontentavano di succhiare la midolla d'uno degli ossi maggiori.

Unitisi in confederazione, cominciarono a dar noia agli spagnuoli i quali si posero a perseguitarli come bestie feroci, e non riuscendo a distruggerli, con grandi battute sterminarono tutti i buoi selvatici, riducendo quei poveri cacciatori nell'impossibilità di vivere.

Fu allora che i bucanieri ed i filibustieri si unirono col titolo di fratelli della Costa e fecero ritorno alla Tortue, ma in preda ad un desiderio insaziabile di vendicarsi degli spagnuoli.

Quei valenti cacciatori che mai mancavano ai loro colpi, tanto erano abili bersaglieri, portarono un aiuto potente alla filibusteria, la quale prese tosto uno sviluppo immenso.

La Tortue prosperò rapidamente e divenne il covo di tutti gli avventurieri di Francia, d'Olanda, dell'Inghilterra e di altre nazioni, specialmente sotto la direzione di Beltrando d'Orgeron, mandatovi dal governo francese come governatore.

Essendo ancora scoppiata la guerra colla Spagna, i filibustieri cominciarono le loro prime audaci imprese, assalendo, con coraggio disperato, tutte le navi spagnole che potevano sorprendere.

Dapprima non avevano che delle misere scialuppe, entro le quali appena potevano muoversi, ma piú tardi ebbero navi eccellenti prese ai loro eterni nemici.

Non possedendo cannoni, erano i bucanieri che si incaricavano di pareggiare le forze ed essendo, come fu detto, infallibili bersaglieri, bastavano poche scariche per distruggere gli equipaggi spagnuoli. La loro audacia era poi tale, che osavano affrontare i piú grossi vascelli, montando all'abbordaggio con vero furore. Né la mitraglia, né le palle, né le piú ostinate resistenze li trattenevano. Erano dei veri disperati, sprezzanti del pericolo, non curanti della morte; erano dei veri demoni, e come tali li credevano in buona fede gli spagnuoli, ritenendoli esseri infernali.

Di rado accordavano quartiere ai vinti, come d'altronde non lo concedevano i loro avversarii. Non serbavano che le persone di distinzione per ricavare poi dei grossi riscatti, ma gli altri li cacciavano in acqua. Erano lotte di sterminio d'ambo le parti, senza generosità.

Quei ladroni di mare però avevano leggi che rispettavano rigorosamente, forse meglio dei loro connazionali. Avevano eguali diritti e solamente nelle divisioni dei bottini i capi avevano una parte maggiore.

Appena venduto il frutto delle loro scorrerie, prelevavano prima i premi destinati ai piú valorosi ed ai feriti. Cosí concedevano una certa somma a coloro che per primi balzavano sul legno abbordato ed a chi strappava la bandiera nemica; avevano ricompense pure coloro che, in circostanze pericolose,

riuscivano a procurarsi notizie sulle mosse o sulle forze degli spagnuoli. Concedevano inoltre un regalo di seicento piastre a chi nell'assalto perdeva il braccio destro; cinquecento era valutato il braccio sinistro, quattrocento una gamba ed ai feriti assegnavano una piastra al giorno per due mesi.

A bordo delle navi corsare poi, avevano leggi severe che li tenevano in freno. Punivano colla morte coloro che abbandonavano il loro posto durante i combattimenti: era proibito bere vino o liquori dopo le otto della sera, ora fissata pel coprifuoco; erano proibiti i duelli, gli alterchi, i giuochi d'ogni specie e punivano colla morte coloro che avessero, di nascosto, condotta sulla nave una donna, fosse pure la loro moglie.

I traditori venivano abbandonati su isole deserte e del pari coloro che nelle divisioni dei bottini si fossero appropriati del piú piccolo oggetto; ma si narra che rarissimi fossero i casi, poiché quei corsari erano d'una onestà a tutta prova.

Divenuti padroni di parecchie navi, i filibustieri si fecero piú audaci e non trovando piú velieri da predare, avendo gli spagnuoli cessato ogni commercio fra le loro isole, cominciarono le grandi imprese.

Montbars fu il primo dei loro condottieri salito in gran fama. Questo gentiluomo languedochese accorse in America per vendicare i poveri indiani sterminati dai primi conquistatori spagnuoli; al pari di tanti altri accesosi d'un odio violento contro la Spagna, per le atrocità commesse dal Cortez nel Messico e dal Pizzarro ed Almagro nel Perú, divenne cosí tremendo da venire chiamato lo Sterminatore.

Ora alla testa dei filibustieri ed ora coi bucanieri, portò la strage sulle coste di San Domingo e di

Cuba, trucidando un gran numero di spagnuoli.

Dopo di lui salirono in fama Pierre-le-Grand, un francese di Dieppe. Quest'audace marinaio, incontrato un vascello di linea spagnuolo navigante presso il capo Tiburon, quantunque non avesse che ventotto uomini, lo assaltò dopo aver fatto forare il proprio legno calandolo a fondo per togliere ai suoi marinai ogni speranza di fuggire.

Fu tale la sorpresa degli spagnuoli nel vedere salire dal mare quegli uomini, che si arresero dopo una breve resistenza, credendo d'aver da fare con spiriti marini.

Lewis Scott invece, con poche squadre di filibustieri, va ad assalire San Francesco di Campeche, città ben munita e la prende e la pone a sacco; John Davis con novanta soli uomini va a prendere Nicaragua, poi Santo Agostino della Florida; Braccio di ferro, un normanno, perde la sua nave presso le bocche dell'Orinoco a causa d'un fulmine che gli incendia la Santa Barbara, resiste fieramente agli assalti dei selvaggi, poi un giorno, veduta approdare una nave spagnuola, con pochi uomini l'assalta di sorpresa. Altri però, più famosi e più audaci vennero più tardi.

Pierre Nau, detto l'Olonese, diventa il terrore degli spagnuoli, e dopo più di cento vittorie finisce miseramente la sua lunga carriera nel ventre dei selvaggi del Darien, dopo essere passato sulla graticola.

Grammont, gentiluomo francese, gli succedette nella celebrità, assaltando con poche squadre di

filibustieri e di bucanieri Maracaibo, poi Porto Cavallo, sostenendo con quaranta compagni l'assalto di trecento spagnuoli, poi Vera-Cruz, in unione di Wan Horn e di Laurent, due altri famosi corsari.

Il più famoso di tutti però doveva diventare Morgan, il luogotenente del Corsaro Nero. Messosi alla testa di una grossa partita di filibustieri inglesi, comincia la sua brillante carriera colla presa di Puerto del Prince nell'isola di Cuba; riuniti nove bastimenti va ad assalire e saccheggiare Portobello, malgrado la resistenza terribile degli spagnuoli ed il fuoco infernale dei loro cannoni, poi ancora Maracaybo, e finalmente attraversato l'istmo, dopo immense peripezie e lotte sanguinose, Panama, che incendia dopo aver fatto un bottino di 444 mila libbre d'argento massiccio.

Sharb, Harris e Sawkins, tre audaci, riuniti in società, saccheggiano Santa Maria, poi memori della celebre spedizione di Morgan, attraversano a loro volta l'istmo compiendo miracoli d'audacia, e, sgominando dovunque le forze spagnole quattro volte superiori alle loro, vanno ad annidarsi

nell'Oceano Pacifico dove, possessori di alcuni vascelli, distruggono, dopo nove ore di terribile lotta, la squadra spagnuola, che si era difesa con valore disperato, fanno tremare Panama, corseggiano le coste di Messico e del Perú prendendo d'assalto Ylo e Serena, e tornano alle Antille passando per lo stretto di Magellano.

Altri ancora ne successero, del pari audaci, ma forse meno fortunati, quali Montabon, il Basco, Jonqué, Cichel, Brouage, Grogner, Davis, Tusley Wilmet, i quali continuarono le meravigliose imprese dei primi filibustieri, corseggiando nelle Antille e nell'Oceano Pacifico, finché la Tortue, perduta la sua importanza, decadde e con essa decaddero pure i filibustieri, sciogliendosi.

Alcuni andarono a piantare una colonia nelle Bermude e per alcuni anni fecero ancora parlare di loro e tremare i coloni delle Grandi e delle Piccole Antille, ma ben presto si sciolsero anche quelle ultime bande e quella razza d'uomini formidabili finí collo scomparire completamente.

CAPITOLO XVI

ALLA TORTUE

Quando la Folgore gettò l'ancora nel sicuro porto, al di là dello stretto canale che lo metteva al coperto da qualsiasi improvvisa sorpresa da parte delle squadre spagnole, i filibustieri della Tortue erano in piena baldoria, essendo gran parte di essi reduci dalle scorrerie fatte sulle coste di San Domingo e di Cuba, dove avevano fatte ricche prede sotto la condotta dell'Olonese e di Michele il Basco.

Dinanzi alla gettata e sulla spiaggia, sotto vaste tende all'ombra fresca delle palme, quei terribili predatori banchettavano allegramente, consumando, con una prodigalità da nababbi, la loro parte di bottino.

Tigri sul mare, quegli uomini diventavano a terra i piú allegri di tutti gli abitanti delle Antille, e, cosa davvero strana, fors'anco i piú cortesi poiché alle loro feste non mancavano di invitare i disgraziati spagnuoli, che avevano tratti prigionieri colla speranza di lauti riscatti ed anche le prigioniere, verso le quali si comportavano da veri gentiluomini, ingegnandosi, con ogni specie di cortesie, di far loro dimenticare la loro triste condizione. Diciamo triste, poiché i filibustieri, se i riscatti chiesti non giungevano, ricorrevano di frequente a mezzi crudeli per ottenerli, mandando ai governatori spagnuoli qualche testa di prigioniero per costringerli ad affrettarsi.

Ancoratasi la nave, tutti quei corsari interruppero i loro banchetti, le danze ed i giuochi, per salutare con fragorosi evviva il ritorno del Corsaro Nero, che godeva fra di loro una popolarità pari forse a quella del famoso Olonese.

Nessuno ignorava l'ardita sua impresa, per strappare al governatore di Maracaybo, vivo o morto,

il povero Corsaro Rosso, e conoscendo per prova la sua audacia, forse si erano illusi di vederli ritornare entrambi.

Vedendo però scendere a mezz'asta la bandiera nera, segno di lutto, tutte quelle rumorose manifestazioni cessarono come per incanto; poi quegli uomini si radunarono silenziosamente sulla gettata, ansiosi di avere notizie dei due Corsari e della spedizione.

Il cavaliere di Roccanera, dall'alto del ponte di comando, aveva veduto tutto. Chiamò Morgan che stava facendo calare in acqua alcune scialuppe e gli disse, indicando i filibustieri ammassati sulla sponda.

- Andate a dire a costoro che il Corsaro Rosso ha avuto onorata sepoltura fra le acque del Gran

Golfo, ma che suo fratello è ritornato vivo per preparare la vendetta che...

S'interruppe per alcuni istanti; poi, cambiando tono, aggiunse:

- Farete avvertire l'Olonese che questa sera andrò a trovarlo, poi andrete a recare i miei saluti al governatore. Piú tardi rivedrò anche lui.

Ciò detto attese che fossero ammainate le vele e portate a terra le gomene d'ormeggio, poi, dopo una mezz'ora, scese nel quadro dove si trovava la giovane fiamminga, già pronta per sbarcare.

- Signora, - le disse, - una scialuppa vi attende per condurvi a terra.

- Sono pronta ad ubbidire, cavaliere, - rispose ella, - sono vostra prigioniera e non mi opporrò ai vostri ordini.

- No, signora, voi non siete piú prigioniera.

- E perché, signore?... Io non ho ancora pagato il mio riscatto.

- È stato già versato nella cassa dell'equipaggio.

- Da chi? - chiese la duchessa con stupore. - Io non ho ancora avvertito il marchese di Heredias, né il governatore di Maracaybo della mia prigionia.

- È vero, ma qualcuno si è incaricato di pagare il vostro riscatto, - rispose il Corsaro, sorridendo.

- Voi forse?

- Ebbene, e se fossi stato io?... - chiese il Corsaro, guardandola negli occhi.

La giovane fiamminga rimase un istante silenziosa, poi disse con voce commossa:

- Ecco una generosità che non credevo di trovare presso i filibustieri della Tortue, ma che non mi sorprende se colui che l'ha commessa si chiama il Corsaro Nero.

- E perché, signora?

- Perché voi siete ben diverso dagli altri. Ho avuto il tempo, in questi pochi giorni che son rimasta a bordo della vostra nave, di poter apprezzare la gentilezza, la generosità e l'audacia del cavaliere di Roccanera, signore di Ventimiglia e di Valpenta. Vi prego di dirmi a quanto fu fissato il mio riscatto.

- Vi preme pagare il vostro debito? Forse che siete ansiosa di lasciare la Tortue?...

- No. V'ingannate e quando sarà giunto il momento di abbandonare quest'isola forse mi rincrescerà piú di quanto possiate immaginare, cavaliere, e credetelo, serberò viva riconoscenza al Corsaro Nero e forse mai lo dimenticherò.

- Signora! - esclamò il Corsaro, mentre un vivo lampo illuminava i suoi occhi.

Aveva fatto un passo rapido presso la giovinetta, ma subito si era arrestato, dicendo con voce

triste:

- Forse allora io sarò diventato il piú spietato nemico dei vostri amici e avrò fatto nascere nel vostro cuore chissà quale avversione profonda per me.

Fece il giro del salotto a passi concitati, quindi fermandosi bruscamente dinanzi alla giovinetta, le chiese a bruciapelo:

- Conoscete il governatore di Maracaybo?...

La duchessa, udendo quelle parole, trasalí, mentre i suoi sguardi tradivano un'estrema ansietà.

- Sí, - rispose con un tremito nella voce. - Perché mi fate questa domanda?

- Supponete che ve l'abbia fatta per pura curiosità.

- Oh Dio!...

- Che cosa avete, signora? - chiese il Corsaro, con stupore. - Voi siete pallida ed agitata. Invece di rispondere, la giovane fiamminga tornò a chiedergli con maggior forza:

- Ma perché questa domanda?

Il Corsaro stava per rispondere, quando si udirono dei passi sulla scaletta. Era Morgan che scendeva nel quadro, già di ritorno dalla sua missione.

- Comandante, - diss'egli entrando. - Pietro Nau vi aspetta nella sua abitazione, per farvi delle comunicazioni urgenti. Credo che, durante la vostra assenza, abbia maturati i vostri progetti e che tutto sia pronto per la spedizione.

- Ah! - esclamò il Corsaro, mentre un cupo lampo gli balenava negli sguardi. - Di già?... Non

credevo che la vendetta dovesse essere cosí pronta.

Si volse verso la giovane fiamminga, che pareva fosse ancora in preda a quella strana agitazione, dicendole:

- Signora, permettete che vi offra ospitalità nella mia casa, che metto tutta a vostra disposizione. Moko, Carmaux e Wan Stiller vi condurranno colà e rimarranno ai vostri ordini.

- Ma cavaliere... una parola ancora... - balbettò la duchessa.

- Sí, vi comprendo, ma del riscatto ne parleremo piú tardi.

Poi, senza ascoltare altro, uscí frettolosamente, seguito da Morgan, attraversò la coperta e scese in una scialuppa montata da sei marinai, che lo attendeva a babordo della nave.

Si sedette a poppa, prendendo la barra del timone, però invece di dirigere l'imbarcazione verso la gettata, sulla quale i filibustieri avevano ripreso le loro orgie, mise la prora verso un piccolo seno che s'allargava ad est del porto, inoltrandosi in un bosco di palme dalle foglie gigantesche e dall'alto ed elegante fusto.

Sceso sulla spiaggia, fece cenno ai suoi uomini di tornare a bordo e s'inoltrò solo sotto le piante, prendendo un sentieruzzo appena visibile.

Era ridiventato pensieroso, come era sua abitudine quando si trovava solo, ma pareva che i suoi pensieri fossero tormentosi, perché di tratto in tratto s'arrestava, o faceva colla destra un gesto ora d'impazienza ed ora di minaccia, e le sue labbra si agitavano come se parlasse fra sé. Si era internato assai nel bosco, quando una voce allegra, che aveva un accento leggermente beffardo, lo strappò dalle sue meditazioni.

- Vorrei essere mangiato dai Caraibi se io non ero certo di trovarti, cavaliere. L'allegria che regna alla Tortue ti fa adunque paura, perché tu venga a casa mia prendendo la via dei boschi? Che tetro filibustiere!... Sembri un funerale!...

Il Corsaro aveva alzato vivamente il capo, mentre per abitudine aveva portata la destra sulla guardia della spada.

Un uomo di statura piuttosto bassa, vigoroso, dai lineamenti ruvidi, dagli sguardi penetranti, vestito come un semplice marinaio, e armato d'un paio di pistole e di una sciabola d'arrembaggio, era uscito da un gruppo di bananeire chiudendogli il passo.

- Ah! Sei tu, Pietro? - chiese il Corsaro

- Sono l'Olonese in carne ed ossa.

Quell'uomo era infatti il famoso filibustiere, il piú formidabile scorridore del mare ed il piú spietato nemico degli spagnuoli.

Questo Corsaro, che, come fu detto, doveva terminare la sua splendida carriera sotto i denti degli antropofaghi del Darien, e che doveva far spargere tanto sangue agli spagnuoli, non aveva in quell'epoca che trentacinque anni, ma era diventato già celebre.

Nativo dell'Olonne, nel Poitou, era prima stato marinaio contrabbandiere sulle coste della Spagna. Sorpreso una notte dai doganieri, aveva perduta la barca; suo fratello era rimasto ucciso a colpi di fucile ed era stato lui stesso cosí gravemente ferito da rimanere lungo tempo fra la vita e la morte.

Guarito, ma in preda alla piú spaventevole miseria, si era venduto come schiavo a Montbars, lo Sterminatore, per quaranta scudi, onde aiutare la sua vecchia madre. Dapprima aveva fatto il bucaniere in qualità d'arruolato, ossia di servo, poi era passato filibustiere, ed avendo mostrato di possedere un coraggio eccezionale ed una forza d'animo straordinaria, aveva finalmente potuto ottenere un piccolo vascello dal governatore della Tortue.

Con quel legno, quell'uomo audace aveva operato prodigi, causando danni enormi alle colonie spagnole, vigorosamente spalleggiato dai tre Corsari, il Nero, il Rosso ed il Verde.

Un brutto giorno però, spinto da una tempesta sulle coste del Campeche, aveva fatto naufragio, quasi sotto gli occhi degli spagnuoli. Tutti i suoi compagni gli erano stati trucidati, ma egli era riuscito a salvarsi immergendosi fino al collo nel fango d'una savana ed imbrattandosi perfino il volto per non

farsi scoprire.

Uscito ancora vivo da quella palude, invece di fuggire, aveva avuta ancora l'audacia di avvicinarsi a Campeche, travestito da soldato spagnuolo, di entrarvi per studiarla meglio e, guadagnati alcuni schiavi, con una barca rubata, aveva poscia fatto ritorno alla Tortue, quando da tutti lo si era creduto già morto.

Un altro si sarebbe ben guardato dal ritentare la fortuna, ma l'Olonese invece si era affrettato a riprendere il mare con soli due piccoli legni, e con ventotto uomini si era tosto diretto su Los Cayos di Cuba, piazza allora assai commerciale. Alcuni pescatori spagnuoli, accortisi della sua presenza, avvertono il governatore della piazza, il quale manda contro i due legni corsari una fregata montata da novanta uomini e quattro velieri minori con equipaggi valorosi, ed un negro che doveva incaricarsi dell'impiccagione dei filibustieri.

Dinanzi a tante forze l'Olonese non si spaventa. Attende l'alba, abborda ai due lati la fregata ed i suoi ventotto uomini, nonostante il valore disperato degli spagnuoli, montano all'abbordaggio e trucidano tutti, il negro compreso.

Ciò fatto s'avanza contro gli altri quattro legni e li espugna, gettando in acqua gli uomini che li montavano.

Tale era l'uomo, che più tardi doveva compiere ben altre e più meravigliose imprese, col quale stava per abboccarsi il Corsaro Nero.

- Vieni nella mia casa, - disse l'Olonese, dopo d'aver stretta la mano al capitano della Folgore. - Attendevo con impazienza il tuo ritorno.

- E io ero impaziente di vederti, - disse il Corsaro. - Sai che sono entrato in Maracaybo?

- Tu!... - esclamò l'Olonese, stupito.

- E come vuoi che facessi per rapire il cadavere di mio fratello?

- Credevo che tu ti fossi servito d'intermediari.

- No, tu sai che preferisco far le cose da me.

- Bada che la tua audacia non ti costi un dí o l'altro la vita. Hai veduto come sono finiti i tuoi

fratelli.

- Taci, Pietro.

- Oh!... Ma li vendicheremo, cavaliere, e presto.

- Ti sei finalmente deciso?... - chiese il Corsaro, con animazione.

- Ho fatto di piú! Ho preparata la spedizione.

- Ah! È vero quanto mi dici?...

- Sulla mia fede di ladrone, come mi chiamano gli spagnuoli, - disse l'Olonese, ridendo.

- Di quante navi disponi?...

- Di otto navi, compresa la tua Folgore e di seicento uomini fra filibustieri e bucanieri. Noi comanderemo i primi e Michele il Basco i secondi.

- Viene anche il Basco?...

- Mi ha chiesto di far parte della spedizione ed io mi sono affrettato ad accettarlo. Egli è un soldato, tu lo sai, avendo guerreggiato negli eserciti europei e può renderci grandi servigi, e poi è ricco.

- Ti necessita denaro?

- Ho consumato tutto quello che ho ricavato dall'ultimo vascello predato presso Maracaybo, di ritorno dalla spedizione di Los Cayos.

- Conta, per parte mia, su diecimila piastre.

- Per le sabbie d'Olonne!... Hai una miniera inesauribile nelle tue terre d'oltremare?...

- Te ne avrei date di piú, se non avessi dovuto pagare stamane un grosso riscatto.

- Un riscatto!... Tu!... E per chi?...

- Per una gran dama caduta in mia mano. Il riscatto spettava al mio equipaggio e l'ho versato.

- Chi può essere costei?... Qualche spagnuola?...

- No, una duchessa fiamminga, che però è imparentata di certo col Governatore di Vera-Cruz.

- Fiamminga!... - esclamò l'Olonese, che era diventato pensieroso. - Anche il tuo mortale nemico è fiammingo.

- E che cosa vorresti concludere? - chiese il Corsaro, che era diventato pallido.

- Pensavo che potrebbe essere imparentata anche con Wan Guld.

- Dio non lo voglia! - esclamò il Corsaro, con voce quasi inintelligibile. - No, non è possibile. L'Olonese si era fermato sotto un macchione di maot, alberi somiglianti a quelli del cotone e che hanno delle foglie mostruose, e si era messo a guardare attentamente il compagno.

- Perché mi guardi? - chiese questi.

- Pensavo alla tua duchessa fiamminga e mi chiedevo il motivo della tua improvvisa agitazione. Sai che tu sei livido?...

- Quel sospetto m'aveva fatto affluire tutto il sangue al cuore.

- Quale?

- Quello che essa potesse essere imparentata con Wan Guld.

- E che cosa importerebbe a te, se lo fosse?

- Ho giurato di sterminare tutti i Wan Guld della terra e tutti i loro parenti.

- Ebbene, la si ucciderebbe e tutto sarebbe finito.

- Lei!... Oh no!... - esclamò il Corsaro, con terrore.

- Allora vuol dire... - disse l'Olonese, esitando.

- Che cosa?...

- Per le sabbie d'Olonne!... Vuol dire che tu ami la tua prigioniera.

- Taci, Pietro.

- Perché devo tacere? Forse che per i filibustieri è vergogna l'amare una donna?

- No, ma sento per istinto che questa fanciulla mi sarà fatale, Pietro.

- È troppo tardi.

- Allora la si abbandona al suo destino.

- Tu l'ami assai?

- Alla follia.

- Ed essa ti ama?

- Lo credo.

- Una bella coppia in fede mia!... Il Signor di Roccanera non poteva imparentarsi che con una bella donna di alto bordo!... Ecco una fortuna rara in America, e ben più rara per un filibustiere. Orsú, andiamo a vuotare un bicchiere alla salute della tua duchessa, amico.

CAPITOLO XVII

LA VILLA DEL CORSARO NERO.

L'abitazione del celebre filibustiere era una modesta casetta di legno, costruita alla buona, col tetto coperto di foglie secche, come usavano gl'indiani delle Grandi Antille, ma abbastanza comoda e ammobiliata con un certo lusso, amando quei fieri e ruvidi uomini l'eleganza e lo sfarzo.

Si trovava a mezzo miglio dalla cittadella, sul margine della boscaglia in un luogo ameno e tranquillo, fra l'ombra delle grandi palme, le quali conservavano una frescura deliziosa.

L'Olonese introdusse il Corsaro Nero in una stanza a pianterreno, le cui finestre erano riparate da stuoie di nipa, lo fece accomodare su di un seggiolone di bambú, poi fece portare da uno dei suoi arruolati parecchie bottiglie di vino di Spagna, provenienti probabilmente dal saccheggio di qualche nave nemica e ne sturò una, riempiendo due grandi bicchieri.

- Alla tua salute, cavaliere, e agli occhi della tua dama, - disse, toccando.

- Preferisco che tu beva al felice esito della nostra spedizione, - rispose il Corsaro.

- Riuscirà pienamente, amico, e ti prometto di darti nelle mani l'uccisore dei tuoi due fratelli.

- Dei tre, Pietro.

- Oh! Oh! - esclamò l'Olonese. - Io so, ed al pari di me lo sanno tutti i filibustieri, che Wan Guld ti ha ucciso il Corsaro Verde ed il Rosso, ma che ve ne fosse un altro lo ignoravo.

- Sí, tre, - ripeté il Corsaro, con voce cupa.

- Per le sabbie d'Olonne!... E quell'uomo vive ancora?...

- Ma morrà presto, Pietro.

- Lo spero, ed io sarò pronto ad aiutarvi con tutte le mie forze: Udiamo innanzi a tutto: lo conosci bene quel Wan Guld?...

- Lo conosco meglio degli spagnuoli che ora serve.

- Che uomo è?

- Un vecchio soldato che ha guerreggiato a lungo nelle Fiandre e che porta uno dei piú grandi nomi della nobiltà fiamminga. Un tempo era un valoroso condottiero di bande e forse, a quest'ora, avrebbe potuto aggiungere altri titoli a quello che porta, se l'oro spagnuolo non lo avesse fatto diventare un traditore.

- È vecchio?

- Deve avere ora cinquant'anni.

- Ma pare che abbia ancora una fibra dura. Si dice che sia il piú valoroso governatore che abbia la Spagna in queste colonie.

- È astuto come una volpe, energico come Montbars, e valoroso.

- Allora in Maracaybo dobbiamo aspettarci una resistenza disperata.

- Certo, Pietro, ma chi potrà resistere all'assalto di seicento filibustieri? Tu sai quanto valgono i nostri uomini.

- Per le sabbie dell'Olonne! - esclamò il filibustiere. - L'ho veduto io come si sono battuti i ventotto uomini che affrontarono con me la squadra di Los Cayos. E poi tu conosci ormai Maracaybo e saprai già quale sarà il lato debole della piazza.

- Ti guiderò io, Pietro.

- Ti trattiene nessun impegno qui?

- Nessuno.

- Nemmeno la tua fiamminga?

- Mi aspetterà, ne sono certo, - disse il Corsaro con un sorriso.

- Dove l'hai ospitata?

- Nella mia villa.

- E tu dove andrai se la tua casa è occupata?...

- Rimarrò con te.

- Ecco una fortuna che non m'aspettavo. Cosí concerteremo meglio la spedizione, assieme al

Basco che verrà a pranzare con me.

- Grazie, Pietro. Partiremo adunque?

- Domani all'alba. È completo il tuo equipaggio?

- Mi mancano sessanta uomini, essendo stato costretto a mandarne una trentina sul vascello di linea catturato a Maracaybo ed avendone perduti altrettanti nella lotta.

- Bah!... Sarà facile trovarne altrettanti. Tutti ambiscono di navigare con te e di montare la tua

Folgore.

- Sí, quantunque io goda fama di essere uno spirito del mare.

- Per le sabbie dell'Olonne!... Sei sempre funebre come un fantasma!... Però non lo sarai di certo

con la tua duchessa.

- Forse, - rispose il Corsaro.

Si era alzato, dirigendosi verso la porta.

- Te ne vai di già?... - chiese l'Olonese.

- Sí, ho qualche affare da sbrigare, ma questa sera, un po' tardi forse, mi troverò qui. Addio,

Pietro.

- Addio, e bada che gli occhi della fiamminga non ti streghino.

Il Corsaro era già lontano. Aveva preso un altro sentiero, inoltrandosi nel bosco che si estendeva

dietro la cittadella, occupando buona parte dell'isola. Superbe palme dette massimiliane, gigantesche mauritie dalle grandi foglie frastagliate e disposte a ventaglio, intrecciavano le loro fronde con quelle degli jupati e delle bossú dalle foglie rigide come se fossero di zinco, mentre sotto quei colossi della specie delle palme crescevano a profusione, senza coltura, le agave preziose che danno quel liquido, piccante e dolciastro, conosciuto sulle rive del golfo messicano col nome di aguamiele e di mezcal se fermentato, cespi di vaniglia selvatica, di pepe lungo e di pimento.

Il Corsaro Nero, però, sempre assorto nei suoi pensieri, non si arrestava a guardare quella splendida vegetazione. Affrettava sempre il passo, come se fosse impaziente di giungere in qualche luogo.

Mezz'ora dopo egli si arrestava bruscamente sul margine d'una piantagione di canne alte, dalla tinta giallo-rossiccia, che avevano, sotto i raggi del sole prossimo al tramonto, dei riflessi di porpora, dalle foglie lunghe e cadenti verso il suolo, strette attorno ad un fusto sottile che terminava in un bellissimo pennacchio bianco adorno d'una frangia delicata e che aveva delle tinte varianti fra il ceruleo ed il biondo. Era una piantagione di canne da zucchero, già giunte a completa maturazione.

Il Corsaro sostò un istante, poi si cacciò fra quei fusti, attraversando quel tratto di terreno coltivato e tornò a fermarsi dall'altra parte dinanzi ad una graziosa abitazione che si ergeva fra alcuni gruppi di palmizi, i quali la ombreggiavano interamente.

Era una casettina a due piani, somigliante a quelle che si costruiscono anche oggidí nel Messico, colle pareti dipinte in rosso, adorne di quadretti di porcellana, disposti a disegni ed il tetto coperto da una grande terrazza piena di vasi di fiori.

Una smisurata cujera, gigantesca pianta da zucche che ha foglie larghissime e numerosissime e che produce delle grosse frutta lucenti, d'un verde pallido, di forma sferica, grosse come poponi e che vuotate servono da vasi ai poveri indiani, l'avvolgeva interamente, coprendo persino le finestre e la terrazza.

Dinanzi alla porta di quella abitazione, Moko, il colosso africano, stava seduto, fumando una vecchia pipa, regalo forse del suo amico il compare bianco.

Il Corsaro stette un istante immobile, guardando prima le finestre, poi la terrazza, fece col capo un gesto d'impazienza, poi si diresse verso l'africano che si era prontamente alzato.

- Dove sono Carmaux e Wan Stiller? - gli chiese.

- Sono andati al porto, per vedere se c'erano degli ordini da parte vostra, - rispose il negro.

- Che cosa fa la duchessa?

- È nel giardino.

- Sola?...

- Colle sue donne e coi paggi.

- Che cosa sta facendo?...

- Sta preparando la tavola per voi.

- Per me?... - chiese il Corsaro, mentre la fronte gli si rischiarava rapidamente, come se un vigoroso colpo di vento avesse disperse le nubi che la offuscavano.

- Era certa che sareste venuto a cenare con lei.

- Veramente m'aspettano altrove, però preferisco la mia casa e la compagnia sua a quella dei

filibustieri, - mormorò.

S'inoltrò sotto la porta, infilando una specie di corridoio, adorno di vasi di fiori esalanti delicati profumi e uscí dall'altra parte della casa, entrando in un giardino spazioso e cintato di mura cosí alte e solide, da metterlo al sicuro contro qualsiasi scalata.

Se la casa era graziosa, il giardino era pittoresco. Bellissimi viali formati da doppie file di banani, i quali colle loro grandi foglie dalla tinta verde cupo mantenevano là sotto una deliziosa frescura e già carichi di frutta lucenti e in forma di grappoli enormi, si estendevano in tutte le parti, dividendo il terreno in tante aiuole, dove crescevano i piú splendidi fiori dei tropici.

Qua e là, negli angoli, torreggiavano delle splendide persea che producono delle frutta verdi, grosse come un limone e la cui polpa condita con Xeres e zucchero è buonissima; delle passiflore che danno delle frutta squisite, grosse come uova di anitre e che contengono una sostanza gelatinosa di sapore gratissimo; delle graziose cumarú dai fiori porporini esalanti un profumo delicatissimo, e dei cavoli palmisti già irti delle loro mandorle colossali, poiché raggiungono la lunghezza di sessanta e perfino ottanta centimetri.

Il Corsaro infilò un viale e s'appressò, senza far rumore, ad una specie di capannuccia, formata da una cujera grande quanto quella che avvolgeva la casa e situata sotto la fitta ombra d'una jupati dell'Orenoco, meravigliosa palma le cui foglie raggiungono la incredibile lunghezza di cinquanta piedi, ossia di undici metri e piú.

Degli sprazzi di luce brillavano attraverso le foglie della cujera e si udivano echeggiare delle risa argentine.

Il Corsaro si era arrestato a breve distanza, guardando fra il folto fogliame.

Una tavola, coperta d'una candida tovaglia di Fiandra, era stata preparata sotto quel pittoresco ricovero.

Grandi mazzi di fiori, dai profumi deliziosi, erano stati disposti attorno a due doppieri, con gusto artistico, ed attorno a delle piramidi di frutta squisite, di ananassi, di banani, di noci di cocco verdi e di pupunha, specie di grosse pesche che si mangiano cucinate in acqua collo zucchero.

La giovane duchessa stava accomodando i fiori e le frutta, aiutata dalle due meticce.

Aveva indossata una toeletta azzurra come il cielo, con pizzi di Bruxelles, che faceva spiccare doppiamente la bianchezza della pelle, e maggiormente risaltare i biondi capelli che teneva raccolti in una grossa treccia, pendente sulle spalle. Non portava indosso nessun gioiello, contrariamente all'abitudine delle ispano-americane, tra le quali era forse lungamente vissuta, ma aveva il niveo collo cinto da una doppia fila di grosse perle fermate con uno smeraldo.

Il Corsaro Nero si era fermato a guardarla. I suoi occhi, animati da una viva fiamma, la osservavano attentamente, seguendo le piú piccole mosse di lei. Pareva che fosse stato abbagliato da quella nordica bellezza, poiché non osava quasi piú respirare, per tema di rompere quell'incanto.

Ad un tratto fece un gesto, urtando le foglie d'un piccolo palmizio che cresceva accanto alla capannuccia.

La giovane fiamminga, udendo stormire le foglie, si volse e vide il Corsaro. Un leggero rossore tinse tosto le sue gote, mentre le sue labbra si schiudevano ad un sorriso, mostrando i suoi piccoli denti, scintillanti come le perle che portava al collo.

- Ah!... Voi, cavaliere!... - esclamò allegramente.

Poi, mentre il Corsaro si levava galantemente il cappello, facendo un grazioso inchino, aggiunse:

- V'aspettavo... guardate: la tavola è pronta per la cena.

- M'aspettavate, Honorata? - chiese il Corsaro, deponendo un bacio sulla mano che ella le porgeva.

- La vedete, cavaliere. Ecco qui un pezzo di lamantino, una schidionata d'uccelli e dei pesci di mare che altro non attendono che di venir mangiati. Ho sorvegliato io stessa la cottura, sapete?

- Voi duchessa?

- E perché vi stupisce?... Le donne fiamminghe usano preparare colle loro mani i cibi agli ospiti ed ai mariti.

- E m'aspettavate?

- Sí, cavaliere.

- Pure, non vi avevo detto che avrei avuto l'invidiabile fortuna di cenare con voi.

- È vero, ma il cuore delle donne talvolta indovina l'intenzione degli uomini, ed il mio diceva che voi sareste venuto questa sera, - diss'ella, tornando ad arrossire.

- Signora - disse il Corsaro, - avevo promesso ad uno dei miei amici di attendermi a cena, ma vivaddio può aspettarmi finché vorrà, perché non rinuncerò al piacere di passare la serata con voi. Chissà! Forse sarà l'ultima volta che noi ci vedremo.

- Che cosa dite, cavaliere? - chiese la giovane, trasalendo. - Forse che il Corsaro Nero ha fretta di riprendere il mare?... Ritorna appena ora da un'ardita spedizione e vuol già correre in cerca di nuove avventure?... Non sa dunque che sul mare può attenderlo la morte?...

- Lo so, signora, ma il destino mi spinge ancora lontano e vi andrò.

- E nulla potrà trattenervi?... - chiese ella con voce tremula.

- Nulla, - rispose egli con un sospiro.

- Nessuna affezione?

- No.

- Nessuna amicizia? - domandò la giovane, con crescente ansietà.

Il Corsaro, che era ridiventato cupo, stava per pronunciare qualche altra risposta negativa, ma si trattenne, ed offrendo alla giovane una sedia, disse:

- Accomodatevi, signora, la cena si raffredderà e mi rincrescerebbe non far onore a questi cibi, preparati dalle vostre belle mani.

Si sedettero l'una di fronte all'altro, mentre le due meticce cominciavano a servire. Il Corsaro era diventato amabilissimo, e, pur mangiando, parlava volentieri, sfoggiando molto spirito e molta cortesia. Usava alla giovane duchessa delle gentilezze di perfetto gentiluomo, la informava sugli usi e sui costumi dei filibustieri e dei bucanieri, delle loro prodigiose gesta, delle loro straordinarie avventure; le narrava storie di battaglie, d'abbordaggi, di naufragi, d'antropofaghi ma senza mai fare la minima allusione alla nuova spedizione che stava per intraprendere in compagnia dell'Olonese e del Basco.

La giovane fiamminga lo ascoltava sorridendogli ed ammirando il suo spirito, la sua insolita loquacità e la sua amabilità, senza mai staccargli gli occhi dal viso. Pareva però preoccupata da un costante pensiero e da una curiosità invincibile, perché rispondendogli tornava sempre sull'argomento della spedizione.

Le tenebre erano calate da due ore e la luna era sorta dietro le boscaglie quando il Corsaro si alzò. Solamente in quel momento si era ricordato che l'Olonese ed il Basco lo aspettavano e che prima dell'alba doveva completare l'equipaggio della Folgore.

- Come il tempo vola presso di voi, signora! - disse. - Quale misterioso fascino possedete, per farmi dimenticare che avevo ancora dei gravi affari da terminare?... Credevo che fossero appena otto ore e sono invece le dieci.

- Credo che sia stato il piacere di riposarvi un po' nella vostra casa, dopo tante scorrerie sul mare, cavaliere, - disse la duchessa.

- O i vostri begli occhi e la vostra piacevole compagnia, invece?

- In tal caso, cavaliere, sarà stata la vostra compagnia che mi avrà fatto passare alcune ore deliziose... e chissà se ne godremo ancora assieme, in questo poetico giardino, lontani dal mare e dagli uomini, - aggiunse ella, con una profonda amarezza.

- Talora la guerra uccide, ma talvolta la fortuna risparmia.

- La guerra!... ed il mare, non lo contate voi? La vostra Folgore non vincerà sempre le onde del

Gran Golfo.

- La mia nave non teme la tempesta, quando sono io che la guido.

- E cosí, tornate presto sul mare?

- Domani all'alba, signora.

- Appena sbarcato pensate a fuggire; si direbbe che la terra vi faccia paura.

- Io amo il mare, duchessa, e poi non sarà rimanendo qui che potrò incontrare il mio mortale nemico.

- Avete sempre lui fisso nel pensiero!...

- Sempre, e quel pensiero non si spegnerà che colla mia vita.

- È per andarlo a combattere che partite?...

- Forse.

- E andrete?... - chiese la giovane, con un'ansietà che non sfuggì al Corsaro.

- Non ve lo posso dire, signora. Io non posso tradire i segreti della filibusteria. Non devo dimenticare che voi, fino a pochi giorni or sono, eravate ospite degli spagnuoli di Vera-Cruz e che avete conoscenze anche a Maracaybo.

La giovane fiamminga aggrottò la fronte, guardando il Corsaro cogli occhi oscuri.

- Diffidate di me? - chiese, con tono di dolce rimprovero.

- No, signora. Dio mi guardi dal sospettare di voi, ma io debbo obbedire alle leggi della filibusteria.

- Mi sarebbe assai rincresciuto che il Corsaro Nero avesse potuto dubitare di me. L'ho conosciuto troppo leale e troppo gentiluomo.

- Grazie della vostra buona opinione, signora.

Si era messo il cappello in capo e s'era gettato il ferraiuolo sul braccio, ma pareva che non trovasse il momento per decidersi ad andarsene. Era rimasto in piedi dinanzi alla giovane cogli occhi fissi su di lei ed il volto melanconico.

- Voi avete qualche cosa da dirmi, è vero, cavaliere? - chiese la duchessa.

- Sí, signora.

- È una cosa cosí grave da imbarazzarvi?

- Forse.

- Parlate, cavaliere.

- Vorrei chiedervi se durante la mia assenza voi lascerete l'isola.

- E se cosí facessi?... - chiese la giovane.

- Mi rincrescerebbe, signora, se al mio ritorno non vi trovassi piú.

- Ah!... E perché, cavaliere? - chiese ella, sorridendo ed arrossendo ad un tempo.

- Io non lo so il perché, ma sento che sarei cosí felice se potessi passare un'altra sera come questa, assieme a voi. Mi compenserebbe di tante sofferenze che dai lontani paesi d'oltremare trascino con me sulle acque americane.

- Ebbene, cavaliere, se a voi rincrescerebbe di non trovarmi, vi confesso che anch'io non sarei lieta se non dovessi mai piú rivedere il Corsaro Nero, - disse la giovane duchessa abbassando il capo sul seno e chiudendo gli occhi.

- Allora voi mi attenderete?... - chiese il Corsaro con impeto.

- Farei di piú, se me lo permetteste.

- Parlate, signora.

- Vi chiederei ancora una volta ospitalità, a bordo della vostra Folgore.

Il Corsaro si era lasciato sfuggire un moto di gioia, ma di improvviso divenne tetro.

- No... è impossibile, - disse poi con fermezza.

- Vi sarei forse d'impaccio?

- No, ma non è permesso ai filibustieri, allorché intraprendono una spedizione, di condurre con

loro alcuna donna. È bensí vero che la Folgore è mia, che io sono padrone assoluto a bordo del mio legno ed a nessuno soggetto, pure...

- Continuate, - disse la duchessa, che era diventata triste.

- Io non lo so il perché, signora, ma io avrei paura di vedervi ancora a bordo della mia nave. È il presentimento d'una disgrazia che io non posso prevedere o qualche cosa di peggio?... Vedete: voi mi avete fatta quella domanda ed il mio cuore, invece di sussultare, ha provato una fitta crudele e poi, guardatemi: non sono pallido piú del solito io?...

- È vero! - esclamò la duchessa con ispavento. - Dio mio!... Che questa spedizione vi possa essere fatale?...

- Chi può leggere nell'avvenire?... Signora, lasciatemi partire. In questo momento io soffro, senza poterne indovinare il motivo. Addio, signora, e se dovessi inabissarmi colla mia nave nei baratri del Gran Golfo o morire sulla breccia con una palla od un ferro nel petto, non dimenticate troppo presto il Corsaro Nero!

Ciò detto uscí a rapidi passi, senza volgersi indietro, come se avesse avuto timore a trattenersi ancora colà, e, attraversato il giardino ed il corridoio, si cacciò nel bosco dirigendosi verso l'abitazione dell'Olonese.

CAPITOLO XVIII

L'ODIO DEL CORSARO NERO.

All'indomani, appena sorto il sole, coll'alta marea, fra il rullare dei tamburi, il suono dei pifferi, i colpi di fucile dei bucanieri della Tortue e gli urrah strepitosi dei filibustieri delle navi ancorate, la spedizione usciva dal porto, sotto il comando dell'Olonese, del Corsaro Nero e di Michele il Basco.

Si componeva di otto navi fra grandi e piccole, armate di ottantasei cannoni, dei quali sedici imbarcati sul vascello dell'Olonese e dodici sulla Folgore, e di seicentocinquanta uomini fra filibustieri e bucanieri.

La Folgore, essendo il veliero piú veloce, navigava in testa alla squadra, dovendo servire da esploratore.

Sul corno della maestra ondeggiava la bandiera nera a fregi d'oro del suo comandante e sulla cima dell'alberetto il gran nastro rosso delle navi da combattimento; dietro venivano gli altri legni su una doppia linea, ma distanziati tanto da poter manovrare liberamente senza pericolo di urtarsi o di tagliarsi reciprocamente la via.

La squadra, uscita al largo, si diresse verso occidente, per raggiungere il canale di Sopravvento, per poi sboccare nel Mare Caraybo.

Il tempo era splendido, il mare tranquillo ed il vento favorevole, soffiando dal nord-est, sicché tutto faceva sperare una tranquilla e rapida navigazione fino a Maracaybo, tanto piú che i filibustieri erano stati avvertiti che la flotta dell'ammiraglio Toledo si trovava in quell'epoca sulle coste dell'Yucatan, in rotta pei porti del Messico.

Dopo due giorni, la squadra, senza aver fatto alcun incontro, stava per doppiare il Capo dell'Engaño, quando dalla Folgore, che veleggiava sempre in testa, fu dato il segnale della presenza d'una nave nemica, veleggiante verso le coste di San Domingo.

L'Olonese, che era stato nominato comandante supremo, ordinò tosto a tutte le navi di mettersi in panna e di raggiungere colla sua la Folgore, la quale già si preparava a mettersi in caccia.

Al di là del capo, un vascello che portava sul picco della randa il grande stendardo di Spagna e sull'alberetto di maestra il lungo nastro delle navi da guerra, veleggiava lungo la costa, come se

cercasse qualche rifugio, avendo forse già scorta la poderosa squadra dei filibustieri.

L'Olonese avrebbe potuto farlo circondare dalle sue otto navi e costringerlo alla resa, o farlo affondare con una sola bordata, ma quei fieri corsari avevano delle magnanimità incomprensibili, per essere ladri di mare, e davvero ammirabili.

Assalire un nemico con forze superiori lo reputavano una vigliaccheria, indegna d'uomini forti come si credevano, e con ragione, e sdegnavano di abusare della loro possanza.

L'Olonese fece segnalare al Corsaro Nero di mettersi in panna al pari delle altre navi e mosse arditamente incontro al vascello spagnuolo, intimandogli la resa incondizionata o la lotta, e facendo gridare dai suoi uomini di prora che qualunque fosse stato l'esito della pugna, la sua squadra non si sarebbe mossa.

Il vascello, che si reputava già perduto, non potendo avere la menoma speranza di uscire vittorioso contro le forze cosí schiaccianti, non si fece ripetere due volte l'intimazione, pure, invece di ammainare lo stendardo, il suo comandante lo fece inchiodare sul corno e come risposta scaricò contro la nave nemica i suoi otto cannoni di tribordo, facendo cosí comprendere che non si sarebbe arreso se non dopo un'ostinata resistenza.

La battaglia si era impegnata d'ambe le parti con grande vigore. La nave spagnuola aveva sedici cannoni, ma soli sessanta uomini d'equipaggio; l'Olonese aveva altrettante bocche da fuoco e un numero doppio di uomini fra i quali molti bucanieri, formidabili bersaglieri, che decidevano presto le sorti della pugna coll'infallibilità dei loro grossi fucili.

La squadra, dal canto suo, si era messa in panna, obbediente agli ordini del fiero filibustiere di non intervenire. I soli equipaggi, schierati sulle tolde, assistevano, come tranquilli spettatori, alla lotta, ben prevedendo però che il vascello spagnuolo avrebbe finito per soccombere in quella pugna impari per la sproporzione di forze.

Gli spagnuoli, quantunque cosí poco numerosi, si difendevano con vigore supremo. Le loro artiglierie tuonavano furiosamente, tentando di disalberare e di rasare come un pontone la nave corsara, che cercava di abbordarli. Alternavano scariche di mitraglia e palle e sviavano di bordo per presentare la prora, onde non farsi speronare e ritardare piú che era possibile il contatto, essendosi di già accorti della preponderanza numerica degli avversari.

L'Olonese, reso furioso da quella resistenza ed impaziente di finirla tentava tutti i mezzi per abbordarli, ma non ne veniva a capo ed era costretto a riprendere il largo per non farsi sterminare gli uomini da quella grandine di mitraglia.

Quel duello formidabile fra le artiglierie delle due navi durò, con grave danno delle alberature e delle vele, tre lunghe ore, senza che il grande stendardo di Spagna venisse ammainato. Sei volte i filibustieri erano montati all'abbordaggio ed altrettante volte erano stati respinti da quei sessanta valorosi, ma alla settima riuscirono a porre i piedi sulla tolda della nave nemica ed a calare la bandiera.

Quella vittoria, di lieto augurio per la grande impresa, fu salutata dai filibustieri della squadra con fragorosi urrah, tanto piú che, durante quel combattimento, la Folgore, spintasi entro una insenatura, era riuscita a scovare un altro legno spagnuolo armato di otto cannoni ed a catturarlo dopo breve resistenza.

Visitate le due navi predate, si constatò che la maggiore aveva un carico prezioso, parte in merci di grande valore e parte in verghe d'argento; e la seconda, di polvere e di fucili destinati alla guarnigione spagnuola di San Domingo.

Sbarcati i due equipaggi sulla costa, non volendo tenere a bordo prigionieri, ed accomodati i guasti subiti dalle alberature, la squadra, sul cadere del giorno, si rimetteva alla vela dirigendosi verso la Giamaica.

La Folgore aveva ripreso il suo posto all'avanguardia essendo, come fu detto, la miglior veliera, mantenendosi ad una distanza di quattro o cinque miglia.

Al Corsaro Nero premeva di esplorare il mare a grande distanza, per tema che qualche nave

spagnuola potesse accorgersi della direzione di quella poderosa squadra, e corresse a darne l'annuncio al governatore di Maracaybo o all'ammiraglio Toledo.

Per essere certo del fatto suo, non abbandonava quasi mai il ponte di comando, accontentandosi di dormire in coperta, avvolto nel suo ferraiuolo e coricato su un seggiolone di bambú.

Tre giorni dopo la presa dei due vascelli, la Folgore, avvistate le coste della Giamaica, faceva l'incontro del vascello di linea che aveva abbordato presso Maracaybo e che durante la tempesta aveva cercato un rifugio alla base di quella isola.

Era ancora privo dell'albero maestro, però il suo equipaggio aveva rinforzati gli alberi di mezzana e di trinchetto, spiegate tutte le vele di ricambio trovate a bordo e s'affrettava a guadagnare la Tortue, per tema di venire sorpreso da qualche nave spagnuola.

Il Corsaro Nero, informatosi della salute dei feriti, che aveva fatti ricoverare nelle corsie del vascello, proseguí la sua rotta verso il sud, ansioso di giungere all'entrata del Golfo di Maracaybo.

Quella traversata del Mar Caraybo si compí senza incidenti, essendosi il mare mantenuto costantemente tranquillo, e la notte del quattordicesimo giorno da che la squadra aveva lasciata la Tortue, il Corsaro avvistava la punta di Paraguana, indicata da un piccolo faro destinato ad avvertire i naviganti della bocca del piccolo Golfo.

- Finalmente!... - esclamò il filibustiere, mentre una cupa fiamma gli animava lo sguardo. - Domani forse l'assassino dei miei fratelli non sarà piú fra il numero dei viventi.

Chiamò Morgan, che era allora salito in coperta pel suo quarto di guardia, dicendogli:

- Che nessun lume venga acceso a bordo questa notte, tale essendo l'ordine dato dall'Olonese. Gli spagnuoli non devono accorgersi della presenza della squadra o domani non troveremo nella città una sola piastra.

- Dovremo fermarci qui all'entrata del Golfo?...

- No, tutta la squadra si avanzerà verso la bocca del lago e domani, all'alba, piomberemo improvvisamente su Maracaybo.

- Prenderanno terra i nostri uomini?

- Sí, assieme ai bucanieri dell'Olonese. Mentre la flotta bombarderà i forti dal lato del mare, noi li assaliremo dalla parte di terra, onde impedire al governatore di fuggire a Gibraltar. Che all'alba tutte le scialuppe da sbarco siano pronte e armate di spingarde.

- Va bene, signore.

- D'altronde, - aggiunse il Corsaro, - sarò sul ponte anch'io; scendo nel quadro a indossare la corazza di combattimento.

Lasciò il ponte e scese nel salotto per passare nella sua cabina. Stava per aprire la porta della sua stanzetta, quando un profumo delicatissimo, a lui ben noto, giunse improvvisamente fino a lui.

- È strano!... - esclamò, arrestandosi stupito. - Se non fossi certo di avere lasciata la fiamminga alla Tortue, giurerei che è venuta qui.

Si guardò intorno, ma l'oscurità era completa, essendo stati spenti tutti i lumi; pure gli parve di

vedere, in un angolo del salotto, appoggiata ad una delle ampie finestre che guardavano sul mare, una forma biancastra.

Il Corsaro era coraggioso; però al pari di tutti gli uomini di quei tempi era pure un po' superstizioso e nello scorgere quell'ombra, immobile in quell'angolo, si sentí bagnare la fronte da alcune stille di sudore freddo.

- Che sia l'ombra del Corsaro Rosso?... - mormorò, retrocedendo verso la parte opposta. - Che venga a ricordarmi il giuramento pronunziato quella notte, su queste acque?... Forse che la sua anima ha abbandonati gli abissi del Golfo, dove riposava?...

Subito però ebbe quasi vergogna di aver avuto, lui cosí fiero e coraggioso, un istante di superstiziosa paura e, snudata la misericordia che portava alla cintola, si fece innanzi, dicendo:

- Chi siete voi?... Parlate o vi uccido.

- Io, cavaliere, - rispose una voce dolce che fece trasalire il cuore del Corsaro.

- Voi!... - esclamò egli fra lo stupore e la gioia. - Voi, signora?...

Voi qui, sulla mia Folgore, mentre vi credevo alla Tortue? Sono io forse?...

- No, cavaliere, - rispose la giovane fiamminga.

Il Corsaro si era precipitato innanzi, lasciando cadere la misericordia ed aveva tese le braccia verso la duchessa, mentre le sue labbra le sfioravano rapidamente i pizzi dell'alto collare.

- Voi qui!... - ripeté con una voce che aveva un tremito. - Ma da dove siete uscita voi?... Come

vi trovate sul mio vascello?

- Non lo so... - rispose la duchessa, con accento imbarazzato.

- Via, parlate, signora.

- Ebbene... ho voluto seguirvi.

- Allora voi mi amate?... Ditemelo; è vero, signora?...

- Sí, - mormorò ella con un filo di voce.

- Grazie... ora posso sfidare la morte senza paura.

Aveva estratto l'acciarino e l'esca ed aveva acceso un doppiere collocandolo però in un angolo del salotto, in modo che la luce non si proiettasse sulle acque del mare.

La giovane fiamminga non aveva abbandonata la finestra. Tutta rinchiusa in un ampio accappatoio bianco adorno di pizzi, colle braccia strette al seno, come se volesse comprimere i palpiti precipitati del cuore ed il vezzoso capo inclinato su di una spalla, guardava, con quei grandi occhi scintillanti, il Corsaro che gli stava ritto dinanzi, non piú pallido né piú tetro e meditabondo, poiché un sorriso di felicità infinita si delineava sulle labbra del fiero uomo di mare.

Si guardarono in silenzio per alcuni istanti, come se fossero ancora stupiti di quella confessione

di reciproca affezione, lungamente sospirata da entrambi forse, ma non cosí presto attesa: poi il Corsaro, prendendo la giovanetta per una mano e facendola sedere su d'una sedia, presso il doppiere, le disse:

- Ora mi direte, signora, per opera di quale miracolo voi vi trovate qui, mentre io vi ho lasciata alla Tortue, nella mia casa. Io stento ancora a credere a tanta felicità.

- Ve lo dirò, cavaliere, quando voi mi avrete data la vostra parola di perdonare ai miei complici.

- Ai vostri complici?

- Comprenderete che da sola non avrei potuto imbarcarmi di nascosto sulla vostra nave e starmene rinchiusa quattordici giorni in una cabina.

- Nulla potrei rifiutare a voi, signora; e coloro che hanno disobbedito ai miei ordini, ma che nello stesso tempo mi hanno preparata una cosí deliziosa sorpresa, sono già perdonati. I loro nomi, signora.

- Wan Stiller, Carmaux ed il negro.

- Ah!... Essi!... - esclamò il Corsaro. - Avrei dovuto sospettarlo!... Ma come avete potuto ottenere la loro cooperazione?... I filibustieri che disobbediscono ai comandi dei loro capi, si fucilano, signora.

- Erano convinti di non fare un dispiacere al loro comandante, perché si erano accorti che voi, cavaliere, segretamente mi amavate.

- E come hanno fatto ad imbarcarvi?...

- Vestita da marinaio, di notte, assieme ad essi, affinché nessuno potesse accorgersi della mia presenza.

- E vi hanno nascosta in una di queste cabine? - chiese il Corsaro, sorridendo.

- In quella attigua alla vostra.

- E quei bricconi, dove si sono cacciati?...

- Sono sempre rimasti nascosti nella stiva, però venivano a trovarmi di frequente per portarmi dei viveri che sottraevano alla dispensa del cuciniere.

- I volponi!... Quanta affezione in questi ruvidi uomini!... Sfidano la morte per veder felici i loro capi, eppure... chissà quanto potrà durare questa felicità! - aggiunse poi, con accento quasi triste.

- E perché, cavaliere?... - chiese la giovane con inquietudine.

- Perché fra due ore l'alba sorgerà ed io dovrò lasciarvi.

- Cosí presto?... Ci siamo appena veduti che già pensate di allontanarvi!... - esclamò la fiamminga, con doloroso stupore.

- Appena il sole spunterà sull'orizzonte, in questo golfo si combatterà una delle piú tremende

lotte che abbiano impegnati i corsari della Tortue. Ottanta bocche da fuoco tuoneranno senza tregua contro i forti che difendono il mio mortale nemico e seicento uomini si slanceranno all'assalto, decisi a vincere od a morire; ed io, lo potete immaginare, sarò alla loro testa per guidarli alla vittoria.

- Ed a sfidare la morte!... - esclamò la duchessa con terrore. - Se una palla vi colpisse?...

- La vita degli uomini è nelle mani di Dio, signora.

- Ma voi mi giurerete di essere prudente.

- Sarà impossibile. Pensate che sono due anni che io attendo l'istante per punire quell'infame.

- Che cosa può aver fatto quell'uomo, perché voi nutriate verso di lui odio cosí implacabile?...

- Mi ha ucciso tre fratelli, ve lo dissi, e commise un infame tradimento.

- Quale?...

Il Corsaro non rispose. Si era messo a passeggiare pel salotto, colla fronte aggrottata, lo sguardo torvo e le labbra contratte. Ad un tratto s'arrestò, retrocesse lentamente verso la giovane, che lo osservava con una viva angoscia dipinta sul viso e sedendosi accanto a lei disse:

- Ascoltatemi e giudicherete se il mio odio sia giustificato.

Sono trascorsi dieci anni da quell'epoca, ma ricordo tutto come fosse ieri.

Era scoppiata la guerra del 1686 fra la Francia e la Spagna, pel possesso delle Fiandre. Luigi XIV, assetato di gloria, nel fiore della sua potenza, volendo schiacciare il suo formidabile avversario, che tante vittorie aveva già riportate sulle truppe francesi, aveva invase arditamente le provincie che il terribile duca d'Alba aveva conquistate e domate col ferro e col fuoco. In quell'epoca, esercitando Luigi XIV una grande influenza sul Piemonte, aveva chiesto soccorso al duca Vittorio Amedeo II, il quale non aveva potuto rifiutarsi dal mandargli tre dei suoi piú aguerriti reggimenti: quelli d'Aosta, di Nizza e della Marina. In quest'ultimo, in qualità d'ufficiali, servivamo io ed i miei tre fratelli, il maggiore dei quali non contava che trentadue anni ed il minore che doveva piú tardi diventare il Corsaro Verde, solamente venti. Recatisi nelle Fiandre, i nostri reggimenti si erano già valorosamente battuti piú volte al passaggio della Schelda, a Gand, a Tournay, coprendosi ovunque di gloria. Le armi alleate dovunque avevano trionfato, respingendo gli spagnuoli verso Anversa, quando un bel giorno, o meglio un brutto giorno, una parte del nostro reggimento Marina, essendosi spinto verso le bocche della Schelda per occupare una rocca abbandonata dal nemico, si trovò improvvisamente assalito da tale numero di spagnuoli, da essere costretto ad asserragliarsi piú che in fretta entro le mura, salvando a grande stento le artiglierie. Fra i difensori c'eravamo noi quattro. Tagliati fuori dall'esercito francese, accerchiati da tutte le parti da un nemico dieci volte piú numeroso e risoluto a riconquistare la rocca, che per lui era di grande importanza, essendo la chiave d'uno dei principali bracci della Schelda, non avevamo altra alternativa che di arrenderci o morire. Di resa nessuno ne parlava, anzi avevamo giurato di farci seppellire sotto le rovine, piuttosto di abbassare la gloriosa bandiera dei prodi duchi di Savoia. Al comando del reggimento, Luigi XIV aveva, non saprei per quale motivo, destinato un vecchio duca fiammingo, che si diceva godesse fama di valoroso ed esperimentato guerriero. Essendosi trovato colle nostre compagnie, il giorno in cui eravamo stati sorpresi, aveva assunta la direzione della difesa. La lotta era cominciata con pari furore d'ambo le parti. Ogni giorno le artiglierie nemiche ci rovinavano i bastioni, e tutte le mattine eravamo in grado di resistere, poiché alla notte riparavamo frettolosamente i guasti. Per quindici giorni e quindici notti gli assalti si succedettero con gravi perdite d'ambo le parti. Ad ogni intimazione di resa rispondevamo a colpi di cannone. Mio fratello maggiore era diventato

l'anima della difesa. Prode, gagliardo, destro nel maneggio di tutte le armi, dirigeva le artiglierie e le fanterie, sempre primo negli attacchi, ultimo nelle ritirate. Il valore di quel bel guerriero aveva fatto nascere nel cuore del comandante fiammingo una sorda gelosia, che doveva piú tardi avere per noi tutti fatali conseguenze. Quel miserabile, dimenticando che aveva giurato fedeltà alla bandiera del duca e che macchiava uno dei piú bei nomi dell'aristocrazia fiamminga segretamente, s'accordava cogli spagnuoli per farli entrare nella rocca a tradimento. Una carica di governatore nelle colonie d'America ed una grossa somma di denaro dovevano essere il prezzo dell'ignominioso patto. Una notte, seguito da alcuni fiamminghi suoi parenti, apriva una delle pusterle, lasciando il passo ai nemici che si erano furtivamente avvicinati alla rocca. Mio fratello maggiore, che vegliava poco lontano con alcuni soldati, accortosi dell'entrata degli spagnuoli, si precipita incontro a loro dando l'allarme, ma il traditore lo aspettava dietro l'angolo di un bastione con due pistole in mano. Mio fratello cadde ferito a morte ed i nemici entrarono furiosamente in città. Combattemmo per le vie, nelle case, ma invano. La rocca cadde e noi potemmo appena salvarci con pochi fidi e con una precipitosa ritirata a Coutray. Ditemi signora, avreste voi perdonato a quell'uomo?

- No, - rispose la duchessa.

- E non perdonammo noi infatti. Avevamo giurato di uccidere il traditore e di vendicare nostro fratello, e cessata la guerra lo cercammo a lungo, nelle Fiandre prima ed in Spagna poi. Saputo che era stato nominato governatore di una delle più forti città delle colonie d'America, io ed i miei fratelli minori, armati di tre legni, salpammo pel Gran Golfo, divorati da un desiderio insaziabile di punire, presto o tardi, il traditore. Diventammo corsari. Il Corsaro Verde, più impetuoso e meno esperto, volle tentare la sorte, cadde invece nelle mani del nostro mortale nemico e fu ignominiosamente appiccato come un volgare ladrone; poi tentò la sorte il Corsaro Rosso e non ebbe miglior fortuna. I miei due fratelli, da me sottratti alla forca, riposano in mare ove attendono la mia vendetta, e se Dio m'aiuta, fra due ore, il traditore sarà nelle mie mani.

- E che cosa farete di lui?

- Lo appiccherò, signora, - rispose freddamente il Corsaro. - Poi sterminerò quanti hanno la sventura di portare il suo nome. Egli ha distrutta la mia famiglia; io distruggerò la sua. L'ho giurato la notte che il Corsaro Rosso scendeva negli abissi del mare e manterrò la parola.

- Ma dove ci troviamo noi? Qual è la città che governa quell'uomo.

- Lo saprete presto.

- Ma il suo nome? - chiese la duchessa, con angoscia.

- Vi preme saperlo?...

La giovane fiamminga aveva portato alla fronte un fazzoletto di seta. Forse quella bella fronte, in quel momento, era coperta di stille di freddo sudore.

- Non so, - disse, con voce rotta. - In mia gioventù, mi parve aver udito raccontare, da alcuni uomini d'armi che servivano mio padre una storia che somiglia a quella che voi mi avete or ora narrata.

- È impossibile, - disse il Corsaro. - Voi non siete mai stata in Piemonte.

- No, mai; ma vi prego, ditemi il nome di quell'uomo.

- Ebbene, ve lo dirò: egli è il duca Wan Guld...

Nel medesimo istante un colpo di cannone si udì rombare fragorosamente sul mare. Il Corsaro Nero si era slanciato fuori del salotto, gridando:

- L'alba!...

La giovane fiamminga non aveva fatto alcun moto per trattenerlo. Aveva portato ambe le mani al capo, con un gesto di disperazione, poi era piombata sul tappeto, senza mandare un solo grido, come se fosse stata improvvisamente fulminata.

CAPITOLO XIX

L'ASSALTO DI MARACAIBO.

Quel colpo di cannone era stato sparato dalla nave dell'Olonese, la quale era passata all'avanguardia, mettendosi in panna a due miglia da Maracaibo, dinanzi al forte situato su di un'altura e che assieme a due isole difendeva la città.

Alcuni filibustieri, che erano già stati nel Golfo di Maracaybo col Corsaro Verde e col Rosso, avevano consigliato l'Olonese di sbarcare colà i bucanieri, per prendere fra due fuochi il forte che dominava l'entrata del lago, ed il filibustiere si era affrettato a dare il segnale delle operazioni guerresche.

Con rapidità prodigiosa, tutte le scialuppe delle dieci navi erano state calate in mare e i bucanieri e i filibustieri destinati a sbarcare vi si erano affollati, portando con loro i fucili e le sciabole d'abbordaggio.

Quando il Corsaro Nero giunse sul ponte, Morgan aveva già fatto scendere nelle scialuppe sessanta uomini, scelti tra i piú intraprendenti ed i piú robusti.

- Comandante, - disse rivolgendosi al Corsaro Nero, - non vi è un istante da perdere. Fra pochi minuti gli uomini da sbarco cominceranno l'attacco del forte ed i nostri filibustieri devono essere i primi a montare all'assalto.

- Ha mandato qualche ordine l'Olonese?...

- Sí, signore. Ha comandato alla flotta di non esporsi al fuoco del forte.

- Sta bene, affido a voi il comando della mia Folgore.

Indossò rapidamente la corazza di combattimento, che un mastro gli aveva recata, e scese nella grande scialuppa che lo aspettava sotto la scala di babordo, montata da trenta uomini e armata d'un petriere.

Cominciava ad albeggiare, bisognava quindi affrettarsi a sbarcare, prima che gli spagnuoli del forte potessero radunare ingenti forze.

Tutte le scialuppe, cariche d'uomini, solcavano rapidamente le acque, puntando verso una spiaggia boscosa che si alzava ripida, tramutandosi in una collinetta, e sulla cui cima si vedeva giganteggiare il forte, una solida rocca armata di sedici cannoni di grosso calibro e, probabilmente, ben munita di difensori.

Gli spagnuoli, messi sull'allarme dal primo colpo di cannone fatto sparare dall'Olonese, si erano affrettati a lanciare alcune bande di soldati giú pei declivi del colle, onde contrastare il passo ai filibustieri, e ad aprire un fuoco violentissimo colle loro grosse artiglierie.

Le bombe grandinavano, battendo lo specchio d'acqua occupato dalle scialuppe e facendo balzare alti spruzzi di acqua; i filibustieri erano però cosí valenti che di rado si lasciavano colpire.

Con manovre fulminee, con virate di bordo vertiginose, non lasciavano tempo ai nemici di

prenderli di mira.

Le tre scialuppe, montate dall'Olonese, dal Corsaro Nero e da Michele il Basco, erano passate in prima linea ed essendo montate dai piú robusti rematori, procedevano rapide, per giungere a terra prima che i drappelli spagnuoli, che già scendevano attraverso i boschi, potessero prendere posizione sulle sponde.

Le navi corsare erano rimaste indietro, per non esporsi al fuoco dei sedici grossi pezzi del forte, ma la Folgore, comandata da Morgan, si era avanzata fino a mille passi dalla spiaggia e proteggeva lo sbarco, tirando coi suoi due cannoni da caccia.

In quindici minuti, non ostante quel furioso cannoneggiamento, le prime scialuppe approdano. I filibustieri ed i bucanieri che le montano, senza attendere i compagni, sbarcano precipitosamente e si scagliano attraverso la boscaglia coi loro capi, per respingere i drappelli spagnuoli che si erano

imboscati sul pendio della collina.

- All'assalto, miei prodi!... - urla l'Olonese.

- Su, uomini del mare!... - tuona il Corsaro Nero, che si avanza colla spada nella destra ed una pistola nella sinistra.

Gli spagnuoli, messi in imboscata, cominciarono a far piovere sugli assalitori una grandine di palle, però con poco profitto a causa degli alberi e dei fitti cespugli che coprono i pendii del colle.

Anche i cannoni del forte tuonano con fragore assordante, scagliando in tutte le direzioni i loro

grossi proiettili. Gli alberi si schiantano e rovinano al suolo con fracasso; i rami piombano a destra ed a sinistra e la mitraglia fa piovere addosso agli assalitori nembi di foglie e di frutta; nulla però può arrestare lo slancio dei formidabili filibustieri e dei bucanieri della Tortue.

Si scagliano innanzi come una tromba devastatrice, piombano addosso ai drappelli spagnuoli, assalendoli con le sciabole d'abbordaggio, e li fanno a pezzi, malgrado l'ostinata resistenza.

Pochi nemici scampano all'eccidio, poiché quasi tutti avevano preferito cadere con le armi in pugno, piuttosto di cedere il campo ed arrendersi.

- Assaliamo il forte!... - urla l'Olonese.

Incoraggiati da quel primo successo, i corsari si slanciano su pel colle, procurando di tenersi nascosti in mezzo alla fitta vegetazione.

Erano piú di cinquecento, essendo stati raggiunti dai compagni, pure l'impresa non era facile, essendo sprovvisti di scale. Per di piú la guarnigione spagnuola, composta di duecentocinquanta valorosi soldati, si difendeva con grande vigore, non accennando a cedere.

Essendo il forte situato in una posizione assai elevata, i cannoni avevano ancora buon gioco e fulminavano i boschi con uragani di mitraglia, minacciando di sterminare gli assalitori.

L'Olonese e il Corsaro Nero, prevedendo una resistenza disperata, si erano arrestati per consigliarsi.

- Perderemo troppa gente, - disse l'Olonese. - Bisogna trovare un mezzo per aprire una buona breccia o ci faremo schiacciare.

- Non ve n'è che uno, - rispose il Corsaro.

- Parla, spicciati.

- Tentare di far scoppiare una mina alla base dei bastioni.

- Credo che sia il modo migliore, ma chi oserà affrontare un simile pericolo!

- Io, - disse una voce dietro di loro.

Si volsero e videro Carmaux seguito dall'inseparabile Wan Stiller e dal compare negro.

- Ah!... Sei tu, briccone?... - chiese il Corsaro. - Che cosa fai qui?

- Vi seguivo, comandante. Mi avete perdonato, quindi non avevo piú timore di farmi fucilare.

- No, non ti si fucilerà, però andrai a far scoppiare la mina.

- Ai vostri ordini, comandante. Tra un quarto d'ora apriremo una breccia. Poi rivolgendosi verso i suoi due amici:

- Ehi, Wan Stiller, vieni, - gli disse, - e tu Moko va' a prendere trenta libbre di polvere ed una buona miccia.

- Spero di rivederti ancora vivo, - disse il Corsaro con voce commossa.

- Grazie dell'augurio, comandante, - rispose Carmaux, allontanandosi precipitosamente.

Intanto i filibustieri ed i bucanieri continuavano ad inoltrarsi attraverso gli alberi, tentando, con dei colpi ben aggiustati, di allontanare gli spagnuoli dai merli e di abbattere gli artiglieri.

Il presidio, nondimeno, resisteva con ostinazione ammirabile, facendo un fuoco infernale. Il forte sembrava un cratere in piena eruzione. Gigantesche nuvole di fumo s'alzavano su tutti i bastioni, traforate dai getti di fuoco dei sedici grossi cannoni. Palle e nembi di mitraglia scendevano rasente al suolo, massacrando le piante e lacerando i cespugli in mezzo ai quali si tenevano nascosti i filibustieri, in attesa del momento opportuno per slanciarsi all'assalto.

D'improvviso sulla cima del colle si udí un formidabile scoppio, che si ripercosse lungamente sotto i boschi e sul mare. Una fiamma gigantesca fu veduta alzarsi su un fianco del forte, poi una pioggia di rottami cadde impetuosamente sugli alberi, schiantando centinaia di rami e storpiando ed uccidendo non pochi assalitori.

In mezzo alle grida degli spagnuoli, al rimbombo delle artiglierie ed al tuonare dei fucili, si udí echeggiare la voce metallica del Corsaro Nero.

- Su, all'attacco, uomini del mare!...

I filibustieri ed i bucanieri, vedendolo slanciarli sul terreno scoperto, si precipitano dietro di lui assieme all'Olonese. Superano le ultime alture senza arrestarsi, attraversano correndo la spianata ed irrompono contro il forte.

La mina fatta scoppiare da Carmaux e dai suoi amici aveva aperta una breccia in uno dei bastioni principali.

Il Corsaro Nero vi si era già slanciato dentro, superando i rottami ed i cannoni travolti dallo scoppio e la sua formidabile spada s'affannava a respingere i primi avversari, colà accorsi a difendere il passo.

I corsari si gettano dietro di lui colle sciabole d'arrembaggio in pugno, urlano a piena gola per spargere maggior terrore, rovesciano col loro impeto irresistibile i primi spagnuoli ed irrompono, come un torrente che straripa, entro il forte.

I duecentocinquanta uomini che lo difendono non possono resistere a tanta furia. Cercano di trincerarsi dietro gli spalti, ma vengono ricacciati; tentano di raggrupparsi nel piazzale per impedire che il grande stendardo di Spagna venga ammainato e colà pure vengono sgominati, inseguiti lungo i bastioni interni e cadono tutti piuttosto che arrendersi.

Il Corsaro Nero, vista calare la bandiera, s'affrettò a rivolgersi contro la città ormai indifesa. Radunati cento uomini, scese di corsa il colle ed irruppe nelle vie già deserte di Maracaybo.

Tutti erano fuggiti, uomini, donne e fanciulli, riparando nei boschi per salvare gli oggetti piú preziosi; ma che importa al Corsaro Nero?

Non era per saccheggiare la città che aveva organizzata la spedizione, bensí per avere nelle mani il traditore.

Egli trascinava i suoi uomini in una corsa vertiginosa, ansioso di giungere al palazzo di Wan

Guld.

Anche la Plaza de Granada era deserta, ed il portone del palazzo del Governatore aperto e

senza guardie.

- Mi sarebbe sfuggito? - si chiese il Corsaro, coi denti stretti. - Dovessi però inseguirlo fin entro il continente, non lo abbandonerò.

Vedendo il portone aperto, i filibustieri che lo avevano seguito si erano arrestati temendo qualche tradimento. Il Corsaro però aveva continuato ad avanzare con prudenza, sospettando anche lui qualche sorpresa.

Stava per varcare la soglia ed entrare nel cortile, quando si sentí fermare da una robusta mano, che gli si era posata su di una spalla e da una voce che diceva:

- Non voi, mio comandante. Se permettete, entrerò prima io.

Il Corsaro si era fermato colla fronte aggrottata e si vide dinanzi Carmaux, nero per la polvere, colle vesti stracciate, il viso insanguinato, ma piú vivo che mai.

- Ancora tu!... - esclamò. - Credevo che la mina non ti avesse risparmiato.

- Ho la pelle dura, mio capitano, ed al pari di me devono averla l'amburghese e l'africano poiché mi seguono.

- Avanti dunque!

Carmaux ed i suoi compagni, che lo avevano già raggiunto, neri di polvere come lui e non meno stracciati, si precipitarono entro il cortile colle sciabole d'arrembaggio e le pistole in pugno, seguiti dal

Corsaro e da tutti gli altri filibustieri. Non vi era nessuno.

Soldati, staffieri, scudieri, servi, schiavi, tutti erano fuggiti dietro gli abitanti cercando anche essi un rifugio nei fitti boschi della costa. Fu trovato solamente un cavallo, sdraiato al suolo con una gamba rotta.

- Hanno sloggiato, - disse Carmaux. - Bisogna collocare sul portone un cartello con sopra scritto: palazzo da affittare.

- Saliamo, - disse il Corsaro, con voce sibilante.

I filibustieri si rovesciarono sugli scaloni e salirono ai piani superiori; ma anche là tutte le porte erano aperte, le stanze e le sale deserte, i mobili tutti sottosopra, i forzieri spalancati e vuoti. Tutto annunziava una precipitosa ritirata. Ad un tratto si udirono echeggiare, in una stanza, delle grida. Il Corsaro, che aveva percorse tutte le sale di corsa, si diresse da quella parte e vide Carmaux e Wan Stiller che stavano trascinando a forza un soldato spagnuolo, alto, allampanato, secco come un chiodo.

- Lo riconoscete, comandante? - gridò Carmaux, spingendo violentemente il disgraziato prigioniero.

Il soldato spagnuolo, vedendosi dinanzi il Corsaro, si levò il casco d'acciaio adorno d'una piuma spennacchiata e molto frusta, e, curvando la sua lunga e magra schiena, disse, con voce tranquilla:

- Vi aspettavo, signore, e son ben lieto di rivedervi.

- Come! - esclamò il Corsaro. - Ancora voi?...

- Sí, lo spagnuolo della foresta, - rispose l'uomo allampanato, sorridendo. - Non avete voluto appiccarmi e perciò sono ancora vivo.

- Tu la pagherai per tutti, furfante! - gridò il Corsaro.

- Avrei forse avuto torto ad aspettarvi? Sarebbe stato meglio, in tal caso, che avessi preso il largo dietro agli altri.

- Tu mi aspettavi?

- Chi mi avrebbe impedito di fuggire?

- È vero, e perché sei rimasto?

- Perché volevo vedere ancora colui che mi ha generosamente salvata la vita, la notte che ero caduto nelle sue mani.

- Tira innanzi.

- Poi, perché volevo rendere un piccolo servizio al Corsaro Nero.

- Tu!

- Eh! eh! - fe' lo spagnuolo, sorridendo. - Vi stupisce?

- Sí... lo confesso.

- Sappiate allora che il governatore, quando seppe che io ero caduto nelle vostre mani e che voi non mi avevate appeso ad un ramo con una corda al collo, per ricompensa mi fece dare venticinque legnate. Capite!... Bastonare me, don Bartolomeo dei Barboza e dei Camargua, discendente da una delle piú vecchie nobiltà della Catalogna!... Carramba!!

- Finiscila.

- Ho giurato di vendicarmi di quel fiammingo, che tratta i soldati spagnuoli come se fossero cani ed i nobili come fossero schiavi indiani, e vi ho aspettato. Voi siete venuto qui per ucciderlo, ma egli, quando ha veduto cadere il forte in vostra mano, è fuggito.

- Ah!... È fuggito?

- Sí, però io so dove, e vi condurrò sulle sue tracce.

- Non m'inganni tu? Bada che se tu menti, farò scorticare il tuo magro corpo.

- Non sono nelle vostre mani? - disse il soldato.

- È vero.

- Potete quindi farmi scorticare con vostro comodo.

- Allora parla. Dov'è fuggito Wan Guld?

- Nella foresta.

- Dove vuole andare?

- A Gibraltar.

- Seguendo la costa?

- Sí, comandante.

- Conosci la via tu?

- Meglio degli uomini che l'accompagnano.

- Quanti ne ha con sé?

- Un capitano e sette soldati fidatissimi. Per marciare attraverso ai fitti boschi della costa bisogna essere in pochi.

- E gli altri soldati, dove sono?

- Si sono dispersi.

- Sta bene, - disse il Corsaro. - Noi inseguiremo quell'infame Wan Guld, e non gli daremo tregua né giorno né notte. Ha dei cavalli con sé?

- Sí, ma dovrà lasciarli poiché a nulla gli servirebbero.

- Aspettami qui.

Il Corsaro Nero si appressò ad una scrivania, sulla quale vi era della carta, alcune penne ed un ricco calamaio di bronzo.

Prese un foglietto e scrisse rapidamente queste poche righe

«Mio caro Pietro,

«Inseguo Wan Guld attraverso le foreste con Carmaux, Wan Stiller ed il mio africano. Disponi della mia nave e dei miei uomini; quando il saccheggio sarà finito, vieni a raggiungermi a Gibraltar. Colà vi sono dei tesori da raccogliere, maggiori di quelli che troverai in Maracaybo.

«IL CORSARO NERO».

Chiuse la lettera, la consegnò ad un mastro d'equipaggio, poi congedò i filibustieri che lo avevano seguito, dicendo:

- Ci rivedremo a Gibraltar, miei valorosi. - Quindi volgendosi verso Carmaux, Wan Stiller, l'africano ed il prigioniero, disse:

- Andiamo ora a dare la caccia al mortal nemico.

- Ho portato con me una corda nuova per appiccarlo, comandante, - rispose Carmaux. - L'ho provata ieri sera e vi assicuro che funzionerà a meraviglia, senza tema che si rompa.

CAPITOLO XX

LA CACCIA AL GOVERNATORE DI MARACAYBO.

Mentre i filibustieri ed i bucanieri del Basco e dell'Olonese, entrati in Maracaybo senza incontrare la minima resistenza, s'abbandonavano al saccheggio piú sfrenato, riservandosi piú tardi di andar a scovare nei boschi gli abitanti, per privarli anche di quello che avevano cercato di salvare, il Corsaro Nero ed i suoi quattro compagni, dopo essersi armati di fucili e provvisti di viveri, si erano messi animosamente in caccia, dietro le tracce del governatore.

Appena usciti dalla città, si erano gettati in mezzo alle grandi boscaglie fiancheggianti il vastissimo lago di Maracaybo, prendendo un sentieruzzo appena praticabile, che non doveva andare molto lontano, cosí almeno aveva detto il vendicativo catalano.

Le prime tracce erano state subito scoperte. Erano le impronte lasciate da otto cavalli sul suolo umido della foresta e da due piedi umani, ossia di otto cavalieri e di un pedone, numero corrispondente esattamente a quello detto dal prigioniero spagnuolo.

- Lo vedete!... - aveva esclamato il catalano, con aria trionfante. -

Per di qui è passato il governatore col suo capitano ed i sette soldati, uno dei quali era partito senza cavallo, essendo caduto il suo nel momento della fuga, rompendosi le gambe.

- Lo abbiamo veduto - rispose il Corsaro. - Credi che abbiano molto vantaggio su di noi?

- Forse cinque ore.

- È già molto, ma siamo tutti buoni camminatori.

- Lo credo, non sperate però di raggiungerli né oggi, né domani. Forse voi non conoscete ancora le foreste del Venezuela e vedrete quante inaspettate sorprese ci preparano.

- E chi ce le preparerà queste sorprese?

- Gli animali feroci ed i selvaggi.

- Non ci fanno paura né gli uni né gli altri.

- I Caraibi sono fieri.

- Non lo saranno meno col Governatore.

- Sono suoi alleati e non vostri.

- Che si faccia guardare le spalle da quei selvaggi?

- È probabile, capitano.

- Non m'inquieto. I selvaggi non mi hanno mai fatto paura.

- Meglio per voi. Andiamo, caballeros: ecco la grande foresta.

Il sentiero era bruscamente cessato dinanzi ad una macchia enorme, ad una vera muraglia di verzura e di tronchi colossali, la quale pareva che non presentasse alcun passaggio per degli uomini a cavallo.

Nessuno può formarsi un'idea della lussureggiante vegetazione del suolo umido e caldo delle regioni sud-americane e specialmente dei bacini dei fiumi giganti.

Quel terreno vergine, continuamente fertilizzato dalle foglie e dalle frutta, che da secoli e secoli si ammonticchiano, è coperto costantemente da tali ammassi di vegetali, che forse in nessun'altra regione del mondo se ne vedono di eguali, poiché colà le più umili piante assumono proporzioni gigantesche.

Il Corsaro Nero e lo spagnuolo si erano arrestati dinanzi alla macchia enorme, ascoltando con profonda attenzione, mentre i due filibustieri ed il negro scrutavano il folto fogliame degli alberi vicini ed i cespugli, temendo qualche sorpresa.

- Dove saranno passati? - chiese il Corsaro allo spagnuolo. - Non vedo alcuna apertura dinanzi a questo ammasso di alberi e di liane.

- Uhm!... - mormorò il catalano. - Il diavolo non se li sarà portati via, almeno cosí spero. Mi rincrescerebbe per le venticinque bastonate che mi bruciano ancora il dorso.

- Ed i loro cavalli non avranno avute le ali, suppongo, - disse il Corsaro.

- Il governatore è astuto ed avrà cercato di far perdere le sue tracce. Si ode alcun rumore dalla macchia?...

- Sí, - disse Carmaux. - Laggiú mi pare d'udire dell'acqua a scorrere.

- Allora ho trovato, - disse il catalano.

- Che cosa? - chiese il Corsaro.

- Seguitemi, caballeros.

Il soldato tornò indietro, guardando il suolo e ritrovate le orme dei cavalli, le seguí inoltrandosi fra gruppi di cari, sorta di palme dal fusto spinoso che danno certe frutta somiglianti alle nostre castagne, raccolte in grandi grappoli.

Procedendo con precauzione per non lasciare le sue vesti su quelle lunghe ed acute spine,

giunse ben presto dove Carmaux aveva udito il mormorio d'un corso d'acqua.

Guardò ancora a terra, cercando di discernere fra le foglie e le erbe le orme dei quadrupedi, poi allungò il passo e non si arrestò che sulla riva d'un fiumiciattolo largo due o tre metri, e dalle acque nerastre.

- Ah!... ah!... - esclamò allegramente. - Lo avevo detto che il vecchio è furbo.

- E che cosa vuoi concludere? - chiese il Corsaro, che cominciava ad impazientirsi.

- Che per cacciarsi nella grande foresta e far perdere le sue tracce è sceso in questo fiumicello.

- È profonda l'acqua?

Il catalano immerse la sua spada e cercò il fondo.

- Non vi sono che trentacinque o quaranta centimetri di acqua.

- Vi saranno dei serpenti?...

- No, sono certo di questo.

- Allora entriamo anche noi in acqua ed affrettiamo il passo. Vedremo fin dove si saranno serviti dei cavalli.

Entrarono tutti e cinque nel fiumicello, lo spagnuolo prima e il negro ultimo, essendo incaricato di vegliare alle spalle; si misero in marcia rimescolando quelle acque oscure, fangose, ripiene di foglie secche e che esalavano dei miasmi pericolosi, prodotti dai vegetali in decomposizione.

Quel piccolo corso d'acqua era ingombro d'ogni specie di piante acquatiche, e che erano state in più luoghi calpestate e lacerate. Vi erano cespugli di mucumucú, specie di aroidi leggere, che si tagliano facilmente, essendo i loro fusti composti quasi interamente d'una midolla spugnosa; gruppi di legno cannone, dai fusti lisci, a riflessi argentei e che servono a formare delle zattere leggerissime; gambi sarmentosi di robinie, specie di liane che contengono un succo lattiginoso, che ha la proprietà sorprendente di ubriacare i pesci, se viene mescolato alle acque dei fiumi o dei laghetti, e parecchie altre che rendevano faticoso il cammino.

Un silenzio quasi perfetto regnava sotto le cupe volte dei grandi vegetali, curvanti i loro rami sul piccolo corso d'acqua. Solamente di tratto in tratto, ad intervalli regolari, si udiva echeggiare bruscamente come uno squillo di campana, il quale faceva alzare vivamente il capo a Carmaux ed a Wan Stiller, tanto era naturale.

Quello squillo che aveva una vibrazione argentina, e che si propagava nitido, destando tutti gli echi della grande foresta vergine, non proveniva da una campana; lo mandava un uccello che si teneva nascosto fra le fitte fronde di qualche albero, dal campanaro, cosí chiamato dagli spagnuoli, un volatile grosso come un piccolo colombo, tutto bianco ed il cui grido si ode ad una distanza di ben tre miglia.

La piccola carovana, sempre in silenzio, continuava a procedere rapida, curiosa di sapere fin dove il Governatore e la sua scorta avevano potuto utilizzare i cavalli, passando sotto ammassi di verzura che s'intrecciano cosí strettamente, da intercettare quasi completamente la luce del sole, quando verso la riva sinistra si udí improvvisamente echeggiare una detonazione abbastanza violenta, seguita da una pioggia di piccoli proiettili, i quali caddero nel fiumiciattolo, producendo un rumore analogo al cadere della gragnuola.

- Tuoni d'Amburgo!... - esclamò Wan Stiller, che si era istintivamente curvato. - Chi ci mitraglia?

Anche il Corsaro si era abbassato, armando precipitosamente il fucile, mentre i suoi filibustieri erano vivamente retrocessi. Solamente il catalano non si era mosso, e guardava tranquillamente le piante che ingombravano le due rive.

- Ci assalgono?... - chiese il Corsaro.

- Non vedo nessuno, - rispose il catalano, ridendo.

- E quella detonazione?... Non l'hai udita tu?...

- Sí, capitano.

- E non t'inquieti?...

- Vedete bene che io rido invece.

Un secondo scoppio, piú forte del primo, si udí questa volta in alto e un altra pioggia di proiettili cadde in acqua.

- È una bomba!... - esclamò Carmaux retrocedendo.

- Sí, ma vegetale, - rispose il catalano. - So di che cosa si tratta.

Piegò verso la riva destra e mostrò ai compagni una pianta, che pareva appartenesse alla specie delle euforbiacee, alta venticinque o trenta metri coi rami coperti di spine e le foglie larghe venti o trenta centimetri. Alle sue estremità pendevano certe frutta un po' rotonde, avvolte in una corteccia che sembrava legnosa.

- State attenti, - diss'egli. - Le frutta sono appassite.

Non aveva ancora finito di parlare che uno di quei globi scoppiò con grande fracasso, lanciando a destra e a sinistra una pioggia di granelli.

- Non fanno male, - disse il catalano, vedendo Carmaux e Wan Stiller balzare indietro. - Sono semplicemente semi. Quando il frutto si lascia appassire, la corteccia legnosa acquista una forte resistenza e fermentando, dopo un certo tempo, scoppia, lanciando a notevole distanza i semi contenuti nei sedici scompartimenti interni.

- Sono almeno buone da mangiarsi quelle frutta?

- Contengono una sostanza lattiginosa, mangiata solamente dalle scimmie, - rispose il catalano.

- Al diavolo anche gli alberi bombe!... - esclamò Carmaux. - Credevo che fossero spagnuoli del governatore che ci mitragliassero.

- Avanti, - disse il Corsaro. - Non dimenticate che siamo in caccia.

Ripresero la marcia nelle acque del fiumicello, e, percorsi due o trecento passi, scorsero dinanzi a sé delle masse nerastre semisommerse che ostacolavano la corrente.

- Hai veduto qualche albero granata, questa volta? - chiese Carmaux.

- Qualche cosa di meglio. O m'inganno assai o quelle masse sono i cavalli del governatore e della sua scorta.

- Adagio, - disse il Corsaro. - I cavalieri possono essere accampati nei dintorni.

- Lo dubito, - rispose il catalano. - Il governatore sa di aver da far con voi e avrà sospettato un accanito inseguimento.

- Sia pure, ma siamo prudenti.

Armarono i fucili, si misero l'uno dietro l'altro in fila indiana per non farsi sterminare tutti da una scarica improvvisa, e s'avanzarono silenziosamente, tenendosi curvi e cercando di celarsi sotto i rami degli alberi, incrociantisi sopra il fiumicello. Ogni dieci o dodici passi, però, il catalano si arrestava per ascoltare con grande attenzione e per scrutare le fronde e le liane che ingombravano le due rive, temendo sempre qualche sorpresa.

Procedendo cosí, con mille precauzioni, giunsero là dove giacevano quelle masse oscure. Non si erano ingannati: erano i cadaveri di otto cavalli, caduti l'uno accanto all'altro e semi immersi nelle acque nere del fiumicello.

Il catalano ne rimosse uno, aiutato dall'africano, e vide che era stato scannato con un colpo di navaia.

- Li conosco, - diss'egli. - Sono i cavalli del governatore.

- Dove saranno fuggiti i cavalieri?... - chiese il Corsaro.

- Si saranno cacciati nella foresta.

- Vedi nessuna apertura?...

- No, ma... ah!... i furbi!...

- Cos'hai?...

Vedete questo ramo spezzato, da cui cola ancora qualche goccia di linfa?

- Ebbene?...

- Guardate lassú, due altri ve ne sono pure stati rotti.

- Vedo.

- Ecco, i furbi si sono issati su questi rami e si sono calati al di là della macchia. Non ci resta che imitare la manovra.

- Cosa facile per noi marinai, - disse Carmaux. - Ohé!... Issatevi!...

Il catalano allungò le sue braccia smisurate e magre come zampe di ragno e si issò su di un grosso ramo, seguito da tutti gli altri, con un accordo ammirabile. Da quel primo ramo passò su di un secondo che si allungava orizzontalmente, poi su di un terzo, che apparteneva ad un altro albero, e continuò cosí quella marcia aerea per trenta o quaranta metri osservando sempre attentamente i ramicelli e le foglie vicine. Giunto in mezzo ad una rete di liane, si lasciò cadere bruscamente al suolo, mandando un grido di trionfo.

- Ehi, catalano!... - esclamò Carmaux. - Hai trovato qualche ciottolo d'oro? Si dice che abbondano in questo paese.

- È una misericordia, invece; per noi può avere l'egual valore se non di piú. Buona, nel cuore del

Governatore.

Il Corsaro Nero si era pure lasciato cadere al suolo ed aveva raccolto un pugnale dalla lama corta, rabescata e dalla punta sottile come un ago.

- Deve averlo perduto il capitano che accompagnava il governatore, - disse il catalano. - Gliel'ho veduto nella cintola.

- Allora hanno preso terra qui, - disse il Corsaro

- Ecco là il sentiero aperto nella boscaglia dalle loro scuri. So che tutti ne avevano una, appesa all'arcione dei loro cavalli.

- Benissimo, - disse Carmaux. - Ci faranno risparmiare della fatica e procedere piú speditamente.

- Silenzio, - esclamò il Corsaro. - Si ode nulla?...

- Assolutamente nulla, - rispose il catalano, dopo d'aver ascoltato alcuni istanti.

- Ciò vuol dire che sono lontani. Se ci fossero vicini si udrebbero distintamente i colpi delle loro

scuri.

- Devono avere un vantaggio di quattro o cinque ore.

- È molto; speriamo nondimeno di poterle guadagnare.

Si erano cacciati entro quella specie di sentiero, aperto dai fuggiaschi nel mezzo della foresta vergine. Non era possibile ingannarsi, perché i rami recisi non si erano ancora appassiti e si trovavano in grande numero sparsi al suolo.

Il catalano ed i filibustieri si erano messi a correre per avvantaggiarsi: ad un tratto la loro rapida marcia fu arrestata da un ostacolo imprevisto, e che il negro, il quale era a piedi nudi, e Carmaux e Wan Stiller che non portavano stivali lunghi, non potevano affrontare se non con grandi precauzioni.

Quell'ostacolo era costituito da una vasta zona di spine ansara, la quale si estendeva fitta fitta

fra i tronchi colossali della foresta. Quelle piante spinose crescono in gran numero in mezzo alle selve vergini del Venezuela e delle Guiane, e rendono le marce quasi impossibili per gli uomini che non hanno le gambe riparate da uose di grosso cuoio e da solidi stivali, essendo le loro punte cosí acute da trapassare qualsiasi panno non solo, ma talvolta perfino le suole delle scarpe.

- Tuoni d'Amburgo!... - esclamò Wan Stiller, che per primo si era impegnato fra quelle spine. - È la via dell'inferno questa? Usciremo di qui scorticati come S. Bartolomeo.

- Ventre di pesce-cane!... - urlò Carmaux, che era balzato subito indietro. - Diverremo tutti zoppi se saremo costretti ad attraversare questi triboli! I maghi della foresta dovevano mettere un cartello colla scritta: è vietato il passaggio.

- Bah! Ne troveremo un altro, - disse il catalano. - Disgraziatamente è troppo tardi.

- Siamo costretti a fermarci? - chiese il Corsaro.

- Guardate!...

La luce scemava allora bruscamente, quasi di colpo e un'oscurità profonda precipitava sulla foresta, invadendo tutti i recessi.

- Si arresteranno anche essi? - chiese il Corsaro colla fronte aggrottata.

- Sí, finché si alzerà la luna.

- Spunta?...

- A mezzanotte.

- Accampiamoci.

CAPITOLO XXI

NELLA FORESTA VERGINE.

Il piccolo drappello aveva scelto, per attendere il sorgere della luna, uno spazio occupato dalle enormi radici d'un summameira, un albero dal fusto colossale che doveva torreggiare su tutti i vegetali della foresta.

Questi alberi, che toccano sovente i sessanta ed anche i settanta metri d'altezza, sono sorretti da speroni naturali formati da radici d'uno spessore straordinario, assai nodose e perfettamente simmetriche, le quali, scostandosi dalla base, formano una serie di arcate assai bizzarre, sotto cui possono trovare comodo rifugio una ventina e piú di persone.

Era una specie di nascondiglio fortificato, che metteva il Corsaro ed i suoi compagni al sicuro da ogni improvviso assalto, sia da parte delle fiere, che degli uomini.

Accomodatisi alla meglio sotto il gigante della foresta e rosicchiati alcuni biscotti con un pezzo di prosciutto, si accordarono di dormire fino al momento di riprendere la caccia, dividendo le quattro ore che rimanevano in altrettanti quarti di guardia, non essendo prudente abbandonarsi tutti fra le braccia di Morfeo, in mezzo alla foresta vergine.

Rovistate le erbe per tema che nascondessero qualche serpente pericoloso, essendocene moltissimi di velenosi nelle foreste del Venezuela, misero subito a profitto l'ottimo consiglio, allungandosi placidamente fra le foglie cadute dal colosso, mentre l'africano e Carmaux montavano di guardia per vegliare sulla sicurezza di tutti.

Il crepuscolo, che dura solamente qualche minuto in quelle regioni equatoriali, era già sparito e una oscurità profondissima era piombata sulla grande foresta facendo tacere di colpo gli uccelli ed i quadrumani.

Un silenzio assoluto, pauroso, regnò per alcuni istanti, come se tutti gli abitanti da piuma e da pelo fossero improvvisamente scomparsi o morti, ma ad un tratto un concerto strano, indiavolato, echeggiò bruscamente fra quella oscurità, facendo traballare Carmaux che non era affatto abituato a passare le notti in mezzo alle foreste vergini.

Pareva che una banda di cani avesse preso posto fra i rami degli alberi, perché in alto si udivano dei latrati, dei guaiti e dei brontolii prolungati, accompagnati da cigolii ancor piú strani e che sembravano prodotti da migliaia di pulegge giranti.

- Ventre di pesce-cane! - esclamò Carmaux, guardando in aria. Che cosa succede lassú? - Si direbbe che i cani di questo paese hanno le ali come gli uccelli e le unghie come i gatti. Come hanno fatto a salire sugli alberi?... Sapresti dirmelo, compare sacco di carbone?

Il negro, invece di rispondere, si mise a ridere in silenzio.

- E questi che cosa sono?... - continuò Carmaux. - Si direbbe che cento marinai facciano cigolare tutti i buscelli d'una nave, per fare non so quale manovra indiavolata. Che siano delle scimmie, compare?...

- No, compare bianco, - rispose il negro. - Sono delle rane, tutte rane.

- Che cantano in questo modo?

- Sí, compare.

- E questi che cosa sono?... Odi?... Pare che un migliaio di fabbri stiano battendo tutte le pentole di rame di compare Belzebú.

- Sono ranocchi.

- Ventre di pesce-cane!... Se me lo dicesse un altro, direi che vuole burlarsi di me o che è diventato matto. E questo è un ranocchio di nuova specie?

Una specie di miagolio potente, seguito da una specie di ululato, era rintronato improvvisamente nell'immensa foresta vergine, facendo tacere di colpo i concerti formidabili e scordati dei ranocchi.

Il negro aveva alzato vivamente il capo ed aveva raccolto il fucile che teneva a fianco, ma con un gesto cosí precipitoso, che denotava una viva apprensione.

- Pare che questo messere che urla cosí forte non sia un ranocchio, è vero compare sacco di carbone?

- Oh no! - esclamò l'africano, con un tremito nella voce.

- Che cos'è dunque?

- Un giaguaro.

- Fulmini di Biscaglia!... Il formidabile predatore?

- Si, compare.

- Preferisco trovarmi dinanzi a tre uomini risoluti a sbudellarmi, piuttosto che aver da fare con quel carnivoro. Si dice che valga le tigri dell'India.

- Ed i leoni dell'Africa, compare.

- Per centomila pesci-cani!...

- Cos'hai?

- Penso che se veniamo assaliti non potremo far uso delle nostre armi da fuoco.

- E perché?

- Se udissero gli spari, il Governatore e la sua scorta sospetterebbero subito di essere seguiti e si affretterebbero a prendere il largo.

- Oh! Vorresti tu affrontare un giaguaro coi coltelli?

- Adopreremo le sciabole.

- Vorrei vederti alla prova.

- Non augurarmela, compare sacco di carbone.

Un secondo miagolio, piú potente del primo e piú vicino, echeggiò, in mezzo alla tenebrosa boscaglia, facendo sussultare il negro.

- Diavolo!... - brontolò Carmaux, che cominciava a diventare inquieto.

- La faccenda diventa seria.

In quell'istante vide il Corsaro Nero sbarazzarsi del mantello che gli serviva di coperta ed

alzarsi.

- Un giaguaro?... - chiese con voce tranquilla.

- Si, comandante.

- È lontano?...

- No, e quel che è peggio, pare che si diriga da questa parte.

- Qualunque cosa succeda, non fate uso delle armi da fuoco.

- Quel predone ci divorerà.

- Ah!... Lo credi, Carmaux?... Lo vedremo.

Si levò il mantello, lo piegò con una certa cura, se lo avvolse attorno al braccio sinistro poi

sguainò la spada e s'alzò lestamente.

- Dove l'hai udito?... - chiese.

- Da quella parte, comandante.

- Lo aspetteremo.

- Devo svegliare il catalano e Wan Stiller?

- È inutile; basteremo noi. Fate silenzio e ravvivate il fuoco.

Tendendo gli orecchi, si udiva in mezzo agli alberi quel ron ron particolare dei gatti e dei giaguari, e scrosciare di quando in quando le foglie secche. Il predatore doveva essersi già accorto della presenza di quegli uomini e s'avvicinava cautamente, sperando forse di piombare improvvisamente su qualcuno di loro e di rapirlo.

Il Corsaro, immobile presso il fuoco, colla spada in pugno, ascoltava attentamente e teneva gli sguardi fissi sulle macchie vicine, pronto a prevenire l'assalto fulmineo della fiera. Carmaux ed il negro gli si erano messi dietro, l'uno armato della sciabola d'arrembaggio e l'altro del fucile, ma che teneva impugnato per la canna onde servirsene come mazza.

Lo scrosciare delle foglie continuava dalla parte ove la foresta era piú folta ed anche il ron ron

s'avvicinava, però lentamente. Si capiva che il giaguaro s'avvicinava con prudenza.

Ad un tratto ogni rumore cessò. Il Corsaro si era curvato innanzi per meglio ascoltare, ma invano; nel rialzarsi, i suoi sguardi s'incontrarono con due punti luminosi che luccicavano sotto un cespuglio assai fitto. Erano immobili ed avevano un lampo verdastro e fosforescente.

- Eccolo là, comandante, - mormorò Carmaux.

- Lo vedo, - rispose il Corsaro, con voce sempre tranquilla.

- Si prepara ad assalirci.

- Lo aspetto.

- Che diavolo d'uomo, - borbottò il filibustiere. - Non avrebbe paura di compare Belzebú e di tutti i suoi coduti compari.

Il giaguaro si era fermato a trenta passi dall'accampamento, distanza ben breve per simili carnivori che sono dotati d'uno slancio poderoso, pari e forse maggiore di quello delle tigri, tuttavia non si decideva ad assalire. Lo inquietava il fuoco che ardeva ai piedi dell'albero, o l'attitudine risoluta del Corsaro?... Rimase sotto quel fitto cespuglio un minuto, senza staccare gli occhi dall'avversario, conservando una immobilità minacciosa, poi quei due punti luminosi scomparvero bruscamente.

Per qualche istante si udirono agitarsi le fronde e scrosciare le foglie, poi ogni rumore cessò.

- Se n'è andato, - disse Carmaux, sospirando. - Che i caimani lo mangino in tre bocconi.

- Sarà forse lui che mangerà i caimani, compare, - disse il negro.

Il Corsaro stette alcuni minuti fermo al suo posto, senza abbassare la spada, poi, non udendo piú nulla, ringuainò tranquillamente l'arma, spiegò il mantello, se lo mise intorno e si coricò ai piedi dell'albero, dicendo semplicemente:

- Se ritorna, chiamatemi.

Carmaux e l'africano si ritrassero dietro al fuoco e ripresero la loro guardia, tendendo però continuamente gli orecchi e guardando da tutte le parti, essendo poco persuasi che il feroce predatore si fosse definitivamente allontanato.

Alle 10 svegliarono Wan Stiller ed il catalano, li avvertirono della vicinanza del carnivoro, e s'affrettarono a coricarsi accanto al Corsaro, il quale già dormiva placidamente, come se si fosse trovato nella cabina della sua Folgore.

Quel secondo quarto di guardia passò più tranquillo del primo quantunque Wan Stiller ed il suo compagno avessero udito più volte echeggiare nella cupa foresta il miagolio del giaguaro.

A mezzanotte, essendosi alzata la luna, il Corsaro, che si era già levato, diede il segnale della partenza, sperando, con una rapida marcia, di poter raggiungere all'indomani il suo mortale nemico.

L'astro notturno splendeva superbamente in un cielo purissimo versando la sua pallida luce sulla

grande foresta, ma ben pochi raggi riuscivano a penetrare attraverso la fitta volta delle foglie giganti.

Nondimeno qualche cosa ci si vedeva sotto la boscaglia permettendo ai filibustieri di procedere abbastanza speditamente e di vedere gli ostacoli che intercettavano il passaggio.

Il sentiero aperto dalla scorta del Governatore era stato smarrito, però non si preoccupavano. Sapevano ormai che egli marciava verso il sud per riparare a Gibraltar, ed essi seguivano quella direzione orientandosi colle bussole, certi che un momento o l'altro l'avrebbero raggiunto.

Camminavano da circa un quarto d'ora, aprendosi faticosamente il passo fra i rami, le liane e le

radici mostruose che ingombravano il suolo quando il catalano, che marciava in testa al drappello, s'arrestò bruscamente.

- Che cos'hai? - chiese il Corsaro che veniva dietro.

- Ho che è la terza volta in venti passi che mi giunge all'orecchio un certo rumore sospetto.

- E quale?...

- Si direbbe che qualcuno cammini parallelamente a noi, al di là di questi fitti macchioni.

- Che cos'hai udito?...

- Rompersi dei rami e scrosciare le foglie.

- Che qualcuno ci segua? - chiese il Corsaro.

- E chi?... Nessuno oserebbe marciare di notte, in mezzo a queste foreste vergini, soprattutto a quest'ora, - rispose il catalano.

- Che sia qualcuno della scorta del Governatore?

- Uhm!... Devono essere lontani costoro.

- Allora sarà qualche indiano.

- Forse, ma io dubito che sia un indiano. Eh!... avete udito?

- Sí, - confermarono i filibustieri e l'africano.

- Qualcuno ha spezzato un ramo a pochi passi da noi, - disse il catalano.

- Se le macchie non fossero cosí folte, si potrebbe andar a vedere chi è costui che ci segue, - disse il Corsaro, che aveva già snudata la spada.

- Proviamo, signore?

- Lascieremo le vesti fra quelle spine ansara; ammiro però il tuo coraggio.

- Grazie, - rispose lo spagnuolo. - Queste parole dette da voi valgono molto. Che cosa dobbiamo

fare?

- Continuare la marcia e colle spade in pugno. Non voglio che si adoperino i fucili.

- Avanti, adunque.

Il drappello si rimise in cammino, procedendo con prudenza e senza fretta.

Erano giunti ad uno stretto passaggio, aperto fra altissime palme legate e rilegate fra di loro da

una rete di liane, quando tutto d'un tratto una massa pesante piombò sullo spagnuolo che camminava dinanzi a tutti, atterrandolo di colpo.

L'assalto era stato cosí improvviso, che i filibustieri dapprima credettero che fosse rovinato

addosso al disgraziato prigioniero qualche ramo enorme; però una specie di ruggito rauco, lanciato da quella massa, fece loro comprendere che si trattava d'una fiera.

Il catalano, cadendo, aveva mandato un urlo di terrore, poi si era subito voltato tentando di sbarazzarsi da quella massa, che lo teneva come inchiodato fra le erbe, impedendogli di rialzarsi.

- Aiuto! - gridò, - il giaguaro mi sbrana.

Il Corsaro, passato il primo istante di stupore, si era subito lanciato in soccorso del povero uomo, colla spada alzata. Rapido come il lampo, allungò il braccio armato e lo cacciò nel corpo della fiera; questa, sentendosi ferire, abbandonò il catalano e si volse verso il nuovo avversario, tentando di scagliarsi addosso.

Il Corsaro si era lestamente ritirato, mostrando la punta scintillante della spada, mentre con un gesto rapido avvolgeva il mantello attorno al braccio sinistro.

L'animale ebbe un istante di esitazione, poi balzò innanzi con coraggio disperato. Trovato sul suo slancio Wan Stiller, lo atterrò, poi si volse contro Carmaux che stava presso il compagno, tentando di abbatterlo con un poderoso colpo di zampa.

Fortunatamente il Corsaro non era rimasto inoperoso. Vedendo i suoi filibustieri in pericolo, per la seconda volta si era scagliato sulla belva, tempestandola di colpi di spada, non osando avvicinarsi troppo per non venire afferrato e sbranato da quegli artigli.

La fiera indietreggiava ruggendo, cercando di prendere campo per riprendere lo slancio, però il

Corsaro le stava addosso.

Spaventata e forse gravemente ferita, si volse di botto e con un gran salto si slanciò fra i rami d'un albero vicino, dove s'imboscò fra le grandi foglie, mandando delle note acute che suonavano come degli uh!... uh!... assai prolungati.

- Indietro! - aveva gridato il Corsaro temendo che fosse per piombare addosso a loro.

- Tuoni d'Amburgo! - gridò Wan Stiller, che erasi subito rialzato senza aver riportata la minima graffiatura. - Bisognerà fucilarla per calmarle la fame!...

- No, che nessuno faccia fuoco, - rispose il Corsaro.

- Io stavo per fracassarle la testa, - disse una voce dietro di lui.

- Sei ancora vivo!... - esclamò il Corsaro.

- E devo ringraziare la corazza di pelle di bufalo che porto sotto la casacca, signor mio, - disse il catalano. - Senza di quella m'avrebbe aperto il petto con un solo colpo di zampa.

- Attenzione! - gridò in quell'istante Carmaux. - Quel dannato animale sta per slanciarsi.

Aveva appena terminate quelle parole che la fiera si precipitava su di loro descrivendo una parabola di sei o sette metri. Cadde quasi ai piedi del Corsaro, ma le mancò il tempo di scagliarsi innanzi una seconda volta.

La spada del formidabile scorridore del mare le era entrata nel petto inchiodandola al suolo, mentre l'africano le fracassava il cranio col calcio del suo pesante fucile.

- Vattene al diavolo!... - gridò Carmaux, vibrandole un poderoso calcio, per assicurarsi che questa era proprio morta. - Che razza di bestia era questa?

- Ora lo sapremo, - disse il catalano, afferrandola per la lunga coda e trascinandola verso un piccolo spazio illuminato dalla luna.

- Non è pesante, pure che coraggio e che artigli!... Quando saremo a Gibraltar andrò ad accendere un cero alla madonna della Guadalupa per avermi protetto.

CAPITOLO XXII

LA SAVANA TREMANTE,

L'animale che con tanta audacia li aveva assaliti, nelle forme richiamava alla mente le leonesse dell'Africa; era però di mole molto minore, non dovendo avere una lunghezza maggiore di un metro e quindici o venti centimetri, né un'altezza superiore ai settanta, misurata dalla spalla.

Aveva la testa rotonda, il corpo allungato, ma robusto, una coda lunga più di mezzo metro, artigli lunghi ed acuti, il pelame fitto ma corto, di colore rosso giallognolo, che diventava più oscuro sul dorso mentre era chiaro, quasi bianco, sotto il ventre e grigio sul cranio.

Il catalano ed il Corsaro, con una sola occhiata avevano subito capito che si trattava d'uno di quegli animali chiamati dagli ispano-americani mizgli o meglio ancora coguari o puma, ed anche leoni d'America.

Queste fiere, che sono sparse in buon numero anche oggidí, tanto nell'America meridionale, che settentrionale, quantunque siano di statura relativamente piccola, sono formidabili essendo feroci e coraggiose.

Ordinariamente si tengono nei boschi dove fanno grandi distruzioni di scimmie, potendo arrampicarsi con tutta facilità sugli alberi piú alti; talvolta osano avvicinarsi ai luoghi abitati, ed allora producono danni enormi, scannando pecore, vitelli, buoi e perfino cavalli.

In una sola notte sono capaci di uccidere cinquanta capi di bestiame, limitandosi a bere il sangue caldo che fanno sgorgare dalle vene del collo delle vittime. Se non sono affamati, sfuggono l'uomo, sapendo per prova che non sempre riportano vittoria; solo se spinti dalla necessità lo assaltano con coraggio disperato.

Anche feriti si rivoltano contro gli avversari senza contarli.

Talvolta vivono in branchi per meglio cacciare gli animali delle foreste, però per lo piú s'incontrano isolati, anche perché le femmine non hanno grande fiducia nei compagni, correndo il pericolo di vedersi mangiare i piccini. D'altronde anch'esse i primi nati li divorano, nondimeno col tempo diventano madri amorose e difendono accanitamente la loro prole.

- Ventre di pesce-cane!... - esclamò Carmaux. - Sono piccoli, ma hanno maggior coraggio di certi leoni, questi animali.

- Non so come non mi abbia aperta la gola, - rispose il catalano. - Si dice che sono destri nel recidere la vena jugulare per bere il sangue dei disgraziati che abbattono.

- Destri o no, ripartiamo, - disse il Corsaro. - Questo coguaro ci ha fatto perdere del tempo prezioso.

- Le nostre gambe sono leste, comandante.

- Lo so, Carmaux; non scordiamo che Wan Guld ha parecchie ore di vantaggio su di noi. In marcia, amici.

Lasciarono il cadavere del coguaro e si rimisero in cammino attraverso la sconfinata foresta, riprendendo la faticosa manovra del taglio delle liane e delle radici che impedivano loro il passo.

Si erano allora impegnati in mezzo ad un terreno imbevuto di acqua, dove gli alberi piú piccoli avevano acquistate dimensioni enormi. Pareva che camminassero su di una spugna immensa, perché colla sola pressione dei piedi schizzavano fuori, da centomila pori invisibili, dei getti d'acqua.

Forse in mezzo alla foresta si nascondeva qualche savana e chissà, forse qualcuno di quei bacini traditori, chiamati savane tremanti, col fondo costituito di sabbie mobili, che inghiottono qualunque essere osi affrontarle.

Il catalano, già pratico di quella regione, era diventato eccessivamente prudente. Tastava di frequente il suolo con un ramo che aveva tagliato, guardava dinanzi a sé per vedere se la foresta continuava e di tratto in tratto dispensava legnate a destra e a manca. Temeva le sabbie mobili, ma si guardava anche dai rettili, i quali si trovano in gran numero nei terreni umidi delle selve vergini.

Con quella oscurità, poteva porre i piedi su qualche urutú, serpente a strisce bianche, adorno d'una croce sul capo ed il cui morso produce la paralisi del membro offeso, o su di un cobra cipo o serpente liana, cosí chiamato perché è verde e sottile come una vera liana, in modo da poterlo facilmente confondere, oppure su qualche serpente corallo dal morso senza rimedio.

Ad un certo momento il catalano s'arrestò.

- Un altro coguaro? - chiese Carmaux, che gli stava dietro.

- Non oso inoltrarmi se prima non spunta il sole, - rispose.

- Che cosa temi? - chiese il Corsaro.

- Il terreno mi sfugge sotto i piedi, signore. Ciò indica che noi siamo vicini a qualche savana.

- Qualche savana tremante forse?

- Lo temo.

- Perderemo del tempo prezioso.

- Fra mezz'ora spunterà l'alba e poi credete che anche i fuggiaschi non incontrino degli ostacoli?

- Non dico il contrario. Aspetteremo il sorgere del sole.

Si sdraiarono ai piedi d'un albero ed attesero con impazienza che quelle fitte tenebre cominciassero a diradarsi.

La grande foresta, poco prima silenziosa, risuonava allora di mille strani fragori. Migliaia di batraci, rospi, rane-pipa e parraneca facevano udire le loro voci, formando un baccano assordante.

Si udivano abbaiamenti, muggiti interminabili, strida prolungate, come se centomila carrucole fossero in movimento, gorgoglii che sembravano prodotti da centinaia di ammalati occupati a umettarsi le gole con gargarismi, poi un martellamento furioso, come se eserciti di falegnami si celassero sotto i boschi, quindi degli stridii che pareva provenissero da centinaia di seghe a vapore.

Di tratto in tratto invece, sugli alberi, si udiva improvvisamente uno scoppio di fischi acuti, i quali facevano alzare improvvisamente il capo ai filibustieri.

Erano mandati da certe lucertole di dimensioni piccole, ma dotate di polmoni cosí potenti da gareggiare, per forza di voce, colle nostre locomotive.

Già gli astri cominciavano ad impallidire e l'alba a diradare le tenebre quando in lontananza si udí echeggiare una debole detonazione che non si poteva confondere colle grida dei batraci.

Il Corsaro si era bruscamente alzato.

- Un colpo di fucile? - chiese, guardando il catalano, il quale si era pure levato.

- Sembra, - rispose questi.

- Sparato dagli uomini che inseguiamo?...

- Lo suppongo.

- Allora non devono essere lontani.

- Potete ingannarvi, signore. Sotto queste volte di verzura l'eco si ripercuote ad incredibile distanza.

- Comincia a far chiaro; possiamo quindi ripartire, se non siete stanchi.

- Bah!... Riposeremo piú tardi, - disse Carmaux.

La luce dell'alba cominciava a filtrare fra le foglie giganti degli alberi, diradando rapidamente le tenebre e svegliando gli abitanti della foresta.

I tucani dal becco enorme, grosso quanto il loro intero corpo e cosí fragile che costringe quei poveri volatili a gettare il cibo in alto aspettando che cada per ingollarlo, cominciavano a svolazzare sulle piú alte cime degli alberi, mandando le loro grida sgradevoli che somigliano al cigolare di una ruota male unta; gli onorati, nascosti nel piú fitto delle piante, lanciavano a piena gola le loro note baritonali do... mi... sol... do..., i cassichi bisbigliavano dondolandosi sui loro strani nidi in forma di borse, sospesi ai flessibili rami dei mangli o all'estremità delle foglie immense dei maot mentre i graziosi uccelli mosca volavano di fiore in fiore, come gioielli alati, facendo scintillare ai primi raggi del sole le loro piume verdi, turchine o nere a riflessi d'oro e di rame.

Qualche coppia di scimmie, uscita dal nascondiglio, cominciava ad apparire, stiracchiandosi le membra e sbadigliando col muso rivolto al sole.

Erano per lo piú dei barrigudo, quadrumani alti sessanta od ottanta centimetri, con una coda lunga piú dell'intero corpo, con pelame morbido, nero cupo sul dorso e grigiastro sul ventre ed una specie di criniera sulle spalle.

Alcuni si dondolavano appesi per la coda, mandando le loro grida che sembravano volessero dire eske, eske, altri invece, vedendo passare il piccolo drappello, s'affrettavano a salutarlo con boccacce, scagliando frutta e foglie, essendo maligni e impudenti.

In mezzo alle foglie delle palme si scorgeva anche qualche banda di minuscoli quadrumani, di mico, i piú graziosi di tutti, essendo cosí piccini da poter star comodamente nella tasca di una giacca. Salivano e scendevano con vivacità i rami, cercando gli insetti che costituiscono il loro cibo, appena però scorgevano gli uomini si mettevano premurosamente in salvo, sulle fronde piú alte, e di lassú stavano a guardarli coi loro occhi intelligenti ed espressivi.

Di passo in passo che i filibustieri s'inoltravano, gli alberi e le macchie si diradavano, come se non trovassero di loro gradimento quel terreno saturo d'acqua e di natura probabilmente argillosa.

Le splendide palme erano già scomparse e non si vedevano che gruppi di imbauda, specie di piccoli salici, che muoiono durante la stagione piovosa, per ricomparire nella stagione secca; delle iriartree pinciute, strani alberi che hanno il tronco assai rigonfio nella parte inferiore, sostenuto, per un'altezza di due o tre metri, da sette od otto robuste radici e che a venticinque metri d'altezza portano delle grandi foglie dentellate, ricadenti all'ingiro come un enorme ombrello.

Ben presto però anche quegli ultimi alberi scomparvero per dar luogo ad ammassi di calupo, piante dalle cui frutta tagliate a pezzi e lasciate un po' a fermentare si ricava una bevanda rinfrescante, ed i giganteschi bambú alti quindici e perfino venti metri e cosí grossi da non potersi abbracciare.

Il catalano stava per cacciarsi là in mezzo, quando si volse verso i filibustieri, dicendo loro:

- Prima che abbandoniamo la foresta, spero che gradirete una buona tazza di latte.

- Toh! - esclamò Carmaux allegramente. - Hai scoperto qualche mandria? In tal caso possiamo regalarci anche delle bistecche.

- Niente bistecche per ora, poiché non mangeremo nessuna mucca.

- E chi darà il latte adunque?

- L'arbol del leche.

- Andiamo a mungere l'albero del latte.

Il catalano si fece dare da Carmaux una fiaschetta, s'avvicinò ad un albero dalle foglie ampie, dal tronco grosso, liscio, alto piú di venti metri, sorretto da robuste radici che pareva non avessero posto sufficiente sotto terra, uscendo, e con un colpo del suo spadone lo incise profondamente. Un istante dopo da quella ferita si vide sgorgare un liquido bianco, denso, che somigliava perfettamente al latte e che ne aveva anche il gusto.

Tutti si dissetarono, gustandolo molto, poi ripresero subito le mosse cacciandosi in mezzo ai bambú, assordati da un fischiare acuto ed incessante prodotto dalle lucertole.

Il terreno diventava sempre meno consistente. L'acqua trapelava dappertutto sotto i piedi dei filibustieri, formando delle pozze che s'allargavano rapidamente.

Delle bande d'uccelli acquatici indicavano le vicinanze di una grande palude e d'una savana. Si vedevano stormi di beccaccini, di anhinga, volatili che hanno il collo tanto lungo e sottile che fece dare loro il nome di uccelli serpenti, la testa piccolissima, il becco diritto ed acuto e le penne setose a riflessi d'argento; di ani delle savane, i piú piccoli della specie, essendo un po' meno grossi delle gazze, colle penne d'un verde oscuro contornate da un lembo violaceo oscuro.

Già lo spagnuolo cominciava a rallentare il passo, per tema che il terreno gli mancasse sotto i piedi, quando un grido rauco e prolungato si fece udire un po' innanzi, seguito da un tonfo e da un gorgoglio.

- L'acqua!... - esclamò.

- Ma oltre l'acqua mi pare che vi sia qualche animale, - disse Carmaux. - Non hai udito?...

- Sí, il grido d'un giaguaro.

- Brutto incontro, - brontolò Carmaux.

Si erano fermati, appoggiando i piedi su di alcuni bambú atterrati, onde non affondare nella melma, ed avevano sguainate le sciabole e le spade.

L'urlo della fiera non era piú echeggiato; si udivano però dei brontolii sommessi che indicavano come il giaguaro fosse tutt'altro che soddisfatto.

- Forse l'animale sta pescando, - disse il catalano.

- I pesci?... - chiese Carmaux con tono incredulo.

- Vi sorprende?...

- Che io sappia i giaguari non posseggono degli ami.

- Hanno però le unghie e la coda.

- La coda?... Ed a che cosa può servire?...

- Per attirare i pesci.

- Sarei curioso di sapere in qual modo. Forse che vi attaccano all'estremità dei vermicelli?...

- Niente affatto. Si limitano a lasciarla pendere, sfiorando dolcemente l'acqua coi lunghi peli.

- E poi?

- Il resto lo si spiega. Le raje spinose, o le piraja ed i gimnoti credendo di trovare una buona preda accorrono ed è allora che il giaguaro, con un lesto colpo di zampa li afferra, mancando di rado i curiosi che osano mostrarsi alla superficie.

- Lo vedo, - disse in quel momento l'africano, il quale essendo piú alto di tutti poteva guardare piú lontano.

- Chi?... - chiese il Corsaro.

- Il giaguaro, - rispose il negro.

- Che cosa fa?...

- È sulla riva della savana.

- Solo?

- Pare che spii qualche cosa.

- È lontano?

- Cinquanta o sessanta metri.

- Andiamo a vederlo, - disse il Corsaro, con accento risoluto.

- Siate prudente, signore, - consigliò il catalano.

- Se non ci chiuderà il passo non saremo noi ad assalirlo. Avviciniamoci in silenzio.

Scesero dai bambú e, tenendosi celati dietro i fusti d'un macchione di legno cannone, si misero ad avanzare in profondo silenzio, colle sciabole e le spade sguainate.

Percorsi venti passi, giunsero sulla riva d'una vasta palude, la quale pareva che si estendesse per un lungo tratto in mezzo alla foresta vergine.

Era una savana, ossia un bacino melmoso formato dagli scoli di tutta la foresta. Le sue acque, quasi nere pel corrompersi di migliaia e migliaia di vegetali, esalavano dei miasmi deleteri pericolosi per gli uomini, producendo delle febbri terribili.

Piante acquatiche d'ogni specie crescevano per ogni dove. Erano cespugli di mucumucú, dalle larghe foglie galleggianti; gruppi di arum le cui foglie in forma di cuore sorgono sulla cima d'un peduncolo, ed i murici che si arrestano a fior d'acqua. Si vedevano però anche le splendide vittorie regie, le piú grandi fra le piante acquatiche, misurando le loro foglie perfino un metro e mezzo di circonferenza. Sembravano tondi mostruosi, con quei loro margini rialzati, ma difesi da una vera armatura di spine lunghe ed acute.

In mezzo a quelle foglie giganti, spiccavano i superbi fiori di quelle piante acquatiche, fiori che sembravano di velluto bianco, a striature purpuree con delle gradazioni rosee d'una bellezza piú unica che rara.

I filibustieri avevano appena dato uno sguardo alla savana, quando udirono dinanzi a loro, ad una distanza brevissima, risuonare un sordo brontolio.

- Il giaguaro, - esclamò il catalano.

- Dov'è? - chiesero tutti.

- Eccolo là, sulla riva, in agguato.

CAPITOLO XXIII L'ASSALTO DEL GIAGUARO.

A cinquanta passi da loro, sul margine d'una macchia di legno di cannone, un superbo animale, rassomigliante nelle forme ad una tigre, di dimensioni però un po' piú piccole, stava in agguato presso la riva della savana, in quell'attitudine che prendono i gatti quando attendono i sorci.

Misurava quasi due metri di lunghezza, doveva essere quindi uno dei piú grandi della specie, con una coda di ottanta e piú centimetri, un collo breve e grosso come quello d'un giovane toro, zampe robuste, muscolose, armate di formidabili artigli.

Il suo pelame era d'una bellezza straordinaria, fitto e morbido, di colore giallo rossiccio, a macchie nere orlate di rosso, piú piccole sui fianchi e piú grandi e piú spesse sul dorso, dove formavano una grossa striscia.

Ci volle poca fatica pei filibustieri a riconoscere in quell'animale un giaguaro, il piú formidabile predatore delle due Americhe, piú pericoloso dei coguari e forse anche dei mostruosi orsi grigi delle Montagne Rocciose.

Queste fiere, che s'incontrano dovunque, dalla Patagonia agli Stati Uniti, rappresentano nelle due Americhe le tigri e sono temibili quanto queste, possedendone l'agilità, la forza e la ferocia.

Abitano per lo piú le foreste umide e le rive delle savane e dei fiumi giganti, specialmente del

Rio della Plata, delle Amazzoni e dell'Orinoco, amando, cosa strana nei felini, l'acqua.

Le stragi che fanno queste fiere sono terribili; essendo dotate d'un appetito fenomenale, assalgono indistintamente tutti gli esseri che incontrano. Le scimmie non hanno scampo, poiché i giaguari s'arrampicano facilmente sugli alberi, né piú né meno dei gatti; i bovini e gli equini delle fattorie possono ben difendersi a colpi di corna od a calci, ma soccombono presto poiché i sanguinari predatori piombano addosso a loro con un salto fulmineo spezzando la colonna vertebrale con un solo colpo di zampa. Nemmeno le testuggini sfuggono, sebbene siano difese da gusci di grande resistenza. Le unghie potenti di quelle fiere perforano le doppie corazze delle tartarughe arrua ed estraggono la carne saporita.

Nutrono poi un'avversione profonda pei cani, se pur invece non apprezzano molto le loro carni, e per prenderli osano entrare nei villaggi indiani anche in pieno giorno.

Anche gli uomini non vengono risparmiati e molti poveri indiani ogni anno pagano un largo tributo a quei formidabili animali. Anche se solamente feriti quasi sempre soccombono a causa delle tremende lacerature che producono gli artigli di quelle fiere, non essendo acuti.

Il giaguaro che stava in agguato sulla riva della savana pareva che non si fosse accorto della vicinanza dei filibustieri, non avendo dato indizio di essere inquieto. Teneva gli occhi fissi sulle acque nerastre della grande palude, come se spiasse qualche preda che si teneva nascosta sotto le larghe foglie delle vittorie regie.

S'era accovacciato in mezzo ai legni cannone, non del tutto però, perché si teneva come sospeso, pronto a scattare.

I suoi baffi irti si muovevano leggermente, dando indizio di impazienza o di collera, e la sua

lunga coda sfiorava mollemente le foglie dei fusti, senza produrre il minimo rumore.

- Che cosa attende? - chiese il Corsaro, che pareva avesse dimenticato Wan Guld e la sua scorta.

- Spia qualche preda, - rispose il catalano.

- Qualche testuggine forse?...

- No, - disse l'africano. - È un avversario degno di lui che attende. Guardate là, sotto le foglie delle vittorie non vedete sporgere un muso?...

- Compare sacco di carbone ha ragione, - disse Carmaux. - Vedo sotto le foglie qualche cosa che si muove.

- È l'estremità del muso d'uno jacaré, compare, - rispose il negro.

- D'un caimano? - chiese il Corsaro.

- Sí, padrone.

- Osano assalire perfino quei formidabili rettili?

- Sí signore, - disse il catalano. - Se stiamo zitti, assisteremo ad una terribile lotta.

- Speriamo che non sia cosa lunga.

- Sono due avversari poco pazienti e quando si trovano l'uno di fronte all'altro non lesineranno i morsi. Ah!... Ecco che l'jacaré si mostra.

Le foglie delle vittorie si erano bruscamente allontanate e due mascelle enormi, armate di lunghi denti triangolari, erano comparse, allungandosi verso la riva.

Il giaguaro, vedendo il caimano accostarsi, si era alzato, facendo una mossa indietro. Non doveva però averla fatta per paura di quelle mascelle, bensí coll'evidente intenzione di attirare a terra l'avversario per privarlo di uno dei suoi principali mezzi di difesa, ossia dell'agilità, essendo quei rettili assai impacciati quando si trovano fuori dell'acqua.

Il caimano, ingannato da quella mossa, credendo forse che il giaguaro avesse paura, con un poderoso colpo di coda, che troncò di netto le foglie delle vittorie dai loro gambi spinosi e che sollevò una grande ondata, si slanciò innanzi, mettendo piede sulla riva, dove subito s'arrestò mostrando le terribili mascelle aperte.

Era un grande jacaré, lungo quasi cinque metri, col dorso coperto di piante acquatiche che gli erano cresciute fra il fango, che gli si era incastrato sulle scaglie ossee.

Scosse l'acqua che lo inondava, lanciando intorno una miriade di spruzzi, poi si piantò sulle brevi zampe posteriori e mandò un grido che rassomigliava al vagito d'un bambino, forse un grido di sfida.

Il giaguaro, invece di assalirlo, aveva fatto un altro salto indietro, e si tenne raccolto su sé stesso, pronto a scagliarsi.

Il re delle foreste e il re delle savane si guardarono per alcuni istanti in silenzio, coi loro occhi giallastri che avevano un lampo feroce, poi il primo fece udire un brontolio d'impazienza e si raccorciò soffiando come un gatto in collera.

Il caimano, niente spaventato e consapevole della propria forza prodigiosa e della robustezza dei denti, salí risolutamente la sponda agitando la pesante coda a destra e a manca.

Era il momento atteso dal furbo giaguaro. Vedendo che l'avversario era ormai a terra, spiccò un gran salto in aria e gli piombò addosso, ma i suoi artigli, quantunque solidi come l'acciaio, incontrarono le scaglie ossee del rettile, quelle piastre cosí solide da non permettere ad una palla di fucile di attraversarle.

Furioso per non essere riuscito in quel primo assalto, si volse con rapidità prodigiosa, avventò un colpo d'artiglio alla testa dell'avversario strappandogli un occhio, poi con un secondo volteggio balzò nuovamente a terra, dieci passi piú innanzi.

Il rettile aveva mandato un lungo muggito di rabbia e di dolore.

Privo d'un occhio come era, non poteva piú far fronte vantaggiosamente al pericoloso nemico e cercava di guadagnare la savana, vibrando furiosi colpi di coda, i quali sollevavano spruzzi di fango.

Il giaguaro che si teneva in guardia, per la seconda volta si slanciò innanzi, cadendogli addosso;

però non cercò di riprovare le unghie sulla impenetrabile corazza.

Si curvò innanzi e con un colpo d'artiglio ben assestato scucí il fianco destro del rettile, strappandogli contemporaneamente dei brani d'interiora.

La ferita doveva essere mortale, però il rettile possedeva ancora troppa vitalità per darsi per vinto. Con uno scrollo irresistibile si sbarazzò del nemico, facendolo capitombolare malamente in mezzo ai fusti di legno cannone, poi gli si avventò sopra per tagliarlo in due con un buon colpo dei suoi innumerevoli denti.

Disgraziatamente per lui, avendo un occhio solo, non poté prendere esattamente le sue mire, ed invece di triturare l'avversario, ciò che gli sarebbe riuscito facile, non gli abboccò che la coda.

Un urlo feroce, terribile, lanciato dal giaguaro, avvertí i filibustieri che quell'appendice era stata mozzata di colpo.

- Povera bestia! - esclamò Carmaux. - Farà una ben brutta figura senza coda.

- Si prende però la rivincita, - disse il catalano.

Infatti il sanguinario predatore si era rivoltato contro il rettile, con furore disperato. Fu veduto aggrapparglisi al muso, lacerandoglielo ferocemente, a rischio di perdere le zampe, e lavorare di artigli con rapidità prodigiosa.

Il povero jacaré grondante di sangue, orribilmente mutilato ed acciecato, retrocedeva sempre

per riguadagnare la savana. La sua coda vibrava colpi formidabili e le sue mascelle si rinchiudevano con fracasso, senza riuscire a sbarazzarsi della fiera che continuava a dilaniarlo.

Ad un tratto entrambi caddero in acqua. Per alcuni istanti furono veduti dibattersi fra un monte di spuma che il sangue arrossava, poi uno di loro ricomparve presso la riva.

Era il giaguaro ridotto in uno stato deplorevole. Dal suo pelame grondava ad un tempo sangue ed acqua. La coda lasciata fra i denti del rettile, una zampa pareva spezzata ed il dorso era scorticato.

Salí faticosamente la riva, arrestandosi di tratto in tratto a guardare le acque della savana, con due occhi che mandavano lampi feroci, raggiunse la macchia dei legni cannone e scomparve agli occhi dei filibustieri, mandando un ultimo miagolio di minaccia.

- Credo che abbia avuto il suo conto, - disse Carmaux.

- Sí, però l'jacaré è morto e domani, quando tornerà a galla servirà di colazione al giaguaro, - rispose il catalano.

- Se l'è guadagnata a caro prezzo.

- Bah!... Hanno la pelle dura quelle fiere, e guarirà.

- La coda non gli spunterà di certo.

- Bastano i denti e gli artigli.

Il Corsaro Nero si era rimesso in cammino costeggiando le rive della savana. Passando là dove era avvenuta la terribile lotta fra il re delle foreste americane ed il re dei fiumi e delle paludi, Carmaux vide a terra uno degli occhi perduti dal rettile.

- Peuh.!... - esclamò. - Come è brutto!... Anche spegnendosi ha conservato un lampo d'odio e di bramosia feroce.

I filibustieri s'affrettavano. Essendo le rive della savana ingombre solo di fusti di legno cannone e di mucumucú, piante facilissime ad abbattersi, la marcia riusciva piú lesta che attraverso l'intricata foresta.

Dovevano però ben guardarsi dai rettili, che si trovavano numerosi nei dintorni delle savane, specialmente dagli jararacà, serpenti che sfuggono facilmente agli sguardi, avendo la pelle color delle foglie secche e che nondimeno sono forse i piú pericolosi di tutti, essendo i loro morsi senza rimedio.

Fortunatamente pareva che quei pericolosi abitanti dei luoghi umidi mancassero.

Abbondavano invece straordinariamente i volatili, i quali volteggiavano in bande numerose al di sopra delle piante acquatiche ed attorno ai fusti di legno cannone. Oltre agli uccelli di palude si vedevano bellissimi fagiani di fiume, dalle penne screziate e dalle lunghe code, chiamati ciganas, degli stormi di pappagalli chiassosi, verdi gli uni, gialli e rossi gli altri; dei superbi canindé, grossi pappagalli somiglianti alle cacatoes, colle ali turchine ed il petto giallo, e nuvoli di tico-tico, uccelletti che s'avvicinavano alle passere.

Anche qualche truppa di scimmie appariva sulle rive della savana, proveniente dalla foresta. Erano dei cebo barbabianca dal pelame lungo e morbido come la seta, di colore nero e grigio, con una lunga barba candidissima che dava loro l'aspetto di vecchioni.

Le madri seguivano i maschi, portando sulle spalle i piccini, appena però vedevano i filibustieri si affrettavano a darsela a gambe, lasciando ai maschi la cura di proteggere la ritirata.

A mezzodí il Corsaro, vedendo i suoi uomini affranti da quella lunga marcia che durava da dieci ore e quasi senza interruzione, diede il segnale della fermata, accordando un riposo ben guadagnato.

Volendo risparmiare i pochi viveri che avevano portato con loro e che potevano diventare preziosissimi nella grande foresta, si misero subito in cerca di selvaggina e di frutta.

L'amburghese ed il negro s'occuparono degli alberi e furono tanto fortunati da scoprire, poco lontano dalle rive della savana, una bacaba, palma bellissima, che produce dei fiori d'una tinta cremisi, e che incidendola dà una specie di vino; ed una jabuticabeira, albero alto sei o sette metri, dal fogliame verde cupo e che produce delle frutta grosse come i nostri aranci lisci, d'una bella tinta giallo viva e che attorno ad un enorme nocciolo hanno una polpa delicata ed assai saporita.

Carmaux ed il catalano invece s'incaricarono della selvaggina, dovendo provvedere anche al pasto serale.

Avendo osservato che sulle rive della savana non si vedevano che uccelli, difficili ad uccidersi, non possedendo del piombo minuto, decisero di accostarsi alla grande foresta sperando di abbattere qualche kariaku, animali somiglianti ai caprioli, o qualche pecari, specie di cinghiale.

Dopo d'aver detto ai compagni di preparare intanto il fuoco, s'allontanarono con passo celere, sapendo che il Corsaro non avrebbe atteso molto, premendogli troppo di sorprendere Wan Guld e la sua scorta.

In quindici minuti attraversarono i folti cespugli dei legni cannone e dei mucumucú e si trovarono sul margine della foresta vergine in mezzo ad un agglomeramento di grossi cedri, di palmizi d'ogni specie, di cactus spinosi, di grandi helianthus e di splendide salvie fulgens cariche di fiori d'una impareggiabile tinta cremisina.

Il catalano si era arrestato, tendendo gli orecchi per raccogliere qualche rumore, che indicasse la vicinanza di qualche capo di selvaggina, ma un silenzio quasi assoluto regnava sotto quelle fitte volte di verzura.

- Temo che saremo costretti a mettere le mani sulle nostre riserve, - disse, crollando il capo. - Forse ci troviamo nei dominii del giaguaro e la selvaggina già da tempo avrà preso il largo.

- Pare impossibile che in queste selve non si possa trovare almeno un gatto.

- Anzi avete veduto che non mancano: che gattacci però!

- Se incontriamo il giaguaro lo uccideremo.

- Non è cattiva del tutto la carne di quelle fiere, specialmente condita coi cavoli rossi.

- Allora lo uccideremo.

- Ah!... Ah!... - esclamò il catalano, che aveva alzato vivamente il capo. - Credo che uccideremo qualche cosa di meglio.

- Hai veduto un capriolo, catalano del mio cuore?...

- Guardate lassú, non vedete volare un grosso uccello?...

Carmaux alzò gli occhi e vide infatti un uccellaccio nero volare fra i rami e le foglie degli alberi.

- È quello il capriolo che mi prometti?...

- Quello là è un gule-gule. Toh, guardate, eccone un secondo e laggiú se ne vedono degli altri.

- Uccidili con una palla, se sei capace, - disse Carmaux, ironicamente. - E poi non ho fiducia dei tuoi gule-gule.

- Non pretendo di abbatterli; anzi tutt'altro, ma se non lo sapete, vi dirò che ci indicheranno dove troveremo della selvaggina eccellente.

- E quale?...

- Dei cinghiali.

- Ventre di pesce-martello!... Come assaggerei volentieri una costoletta ed un prosciutto di cinghiale!... Spiegami però che cosa c'entrano i tuoi gule-gule con quegli animali.

- Quegli uccelli, che sono dotati d'una vista acutissima, scoprono da lontano i cinghiali e s'affrettano a raggiungerli per empirsi il ventre...

- Di carne di cinghiale!...

- Mai piú, dei vermi, degli scorpioni, delle scolopendre che gli animali scoprono nel sollevare la terra col loro grugno, onde cercare le radici ed i bulbi di cui sono ghiotti.

- Anche le scolopendre divorano?...

- Certo.

- E non muoiono?

- Si dice che i gule-gule siano refrattari all'azione velenosa di quegli insetti.

- Ho capito. Seguiamo i volatili prima che scompaiano e prepariamo i fucili. Toh!... E non ci udranno gli spagnuoli?

- Allora il Corsaro digiuni.

- Tu parli come un libro stampato, catalano mio. Meglio che ci odano e che riempiamo il ventre o ci verranno meno le forze per continuare l'inseguimento.

- Zitto!...

- I cinghiali?...

- Non lo so; qualche animale si avvicina a noi. Non sentite muoversi le foglie dinanzi a noi?

- Sí, odo.

- Aspettiamo e teniamoci pronti a far fuoco.

CAPITOLO XXIV

LE DISGRAZIE DI CARMAUX.

Le foglie delle piante si udivano muoversi con una certa precauzione a circa quaranta passi dai due cacciatori, i quali si erano affrettati a nascondersi dietro il tronco d'un grosso simaruba.

I rami scricchiolavano qua e là, come se l'animale che si avvicinava fosse indeciso sulla via da prendere, però s'avvicinava sempre.

Ad un tratto Carmaux vide aprirsi un cespuglio e balzare in mezzo ad un piccolo spazio aperto un animale lungo quasi mezzo metro, dal pelame nero rossiccio, basso di gambe e fornito d'una coda assai ricca di peli.

Carmaux non sapeva a che specie appartenesse e se fosse mangiabile o no; vedendolo però fermo, a soli trenta passi, spianò rapidamente il fucile e fece fuoco.

L'animale cadde, poi subito si risollevò, con una vivacità che indicava come non fosse stato gravemente ferito e si allontanò, cacciandosi in mezzo ai cespugli e alle radici.

- Ventre di tutti i pescicani dell'oceano!... - esclamò il filibustiere. - L'ho mancato!... Eh!... caro mio, non credo però che correrai molto

Si precipitò innanzi, senza perdere tempo a ricaricare l'arma, slanciandosi animosamente sulle

tracce dell'animale, senza ascoltare il catalano che gli gridava dietro:

- Badate al vostro naso!

L'animale fuggiva a tutte gambe, cercando probabilmente di giungere al suo covo. Carmaux, però, era lesto e lo inseguiva da vicino, colla sciabola d'arrembaggio in mano, pronto a tagliarlo in due.

- Ah! brigante - urlava. - Puoi fuggire anche a casa del diavolo io ti raggiungerò!

Il povero animale non s'arrestava; perdeva però le forze. Delle macchie di sangue, che si vedevano sull'erba e sulle foglie, indicavano che la palla del filibustiere lo aveva toccato.

Ad un certo momento, esausto da quella corsa e dalla perdita del sangue, s'arrestò presso il tronco d'un albero. Carmaux, credendo di averlo ormai in mano, gli si precipitò addosso. D'improvviso fu investito da un puzzo cosí orrendo, che cadde all'indietro come se fosse stato soffocato di colpo.

- Morte di tutti i pescicani dell'Oceano! - si udí urlare. - All'inferno quella carogna! Che scoppi!

Poi una serie di sternuti lo prese, impedendogli di proseguire le sue invettive.

Il catalano accorreva in suo aiuto per soccorrerlo. Giunto a dieci passi da lui s'arrestò, turandosi il naso con ambo le mani.

- Carramba! - disse. - Ve lo avevo detto, caballero, di fermarvi.

Eccovi profumato per una settimana. Io non mi sento l'anima di giungere fino a voi.

- Ehi, amico! - gridò Carmaux. - Che io sia appestato? Mi sento venir male come se provassi il mal di mare.

- Fuggite e cambiate aria.

- Mi sembra di crepare. Cosa è successo?

- Muovetevi, vi dico. Fuggite da quell'odore insopportabile che ha appestati i cespugli.

Carmaux si alzò a fatica e s'allontanò cercando di dirigersi verso il catalano. Questi, appena lo vide muovergli incontro, fu lesto a frapporre una certa distanza.

- Mille pescicani! Hai paura? - chiese Carmaux. - Allora io ho il colera!

- No, caballero, ma profumerete anche me.

- Come potrò tornare all'accampamento? Farò fuggire tutti, anche il comandante.

- Bisognerà che vi lasciate affumicare, - disse il catalano, che frenava a grande stento le risa.

- Come un'aringa?

- Né piú né meno, caballero.

- Dimmi un po' amico, cos'è accaduto? È stata quella bestia a sprigionare quest'orribile odore d'aglio marcio, che mi rivolta lo stomaco? Sai che mi sembra che il cranio scoppi?

- Vi credo.

- È stato quell'animale?

- Sí, caballero.

- Cos'era adunque?

- Lo chiamano il surrilho. È una specie di puzzola, certamente la peggiore di tutta la specie, nessuno potendo resistere al suo odore, nemmeno i cani.

- E da dove sprigiona quel profumo del diavolo?

- Da alcune glandolette che tiene sotto la coda. Vi ha colpito il liquido?

- No, poiché era un po' lontano.

- Siete stato fortunato. Se le vostre vesti avessero ricevuto una sola goccia di quel liquido oleoso, avreste dovuto continuare il viaggio nudo come babbo Adamo.

- Tuttavia puzzo peggio d'un letamaio.

- Vi affumicheremo, vi ho detto.

- All'inferno tutti i surrilho della terra! Mi poteva toccare di peggio? Bella figura che faremo al nostro ritorno!... Ci aspettavano con della selvaggina ed invece rimorchio un carico di profumo infernale!...

Lo spagnuolo non rispondeva; rideva invece a crepapelle, udendo i lamenti del filibustiere e

procurava di tenersi sempre lontano, in attesa che l'aria purificasse un po' quel disgraziato cacciatore.

Presso l'accampamento trovarono Wan Stiller, il quale era andato loro incontro, credendoli occupati a trascinare un capo di selvaggina troppo pesante per le loro forze. Sentendo l'odore che tramandava Carmaux fuggì a tutte gambe, turandosi il naso.

- Tutti mi sfuggono ora, come se avessi il colera indosso - disse Carmaux. - Finirò col gettarmi nella savana.

- Non fareste niente, - disse il catalano. - Fermatevi lí ed aspettate il mio ritorno od appesterete tutti noi.

Carmaux fece un gesto di rassegnazione e si sedette malinconicamente ai piedi d'un albero, emettendo un sospirone.

Dopo aver informato il Corsaro della comica avventura, il catalano si recò nella foresta assieme

all'africano e fece raccolta di certe erbe verdi, somiglianti a quelle sarmentose del pepe, e le depose a venti passi da Carmaux, poi vi diede fuoco.

- Lasciatevi affumicare per bene da queste, - disse fuggendo e ridendo ad un tempo. - Vi aspetto a colazione.

Carmaux, rassegnato, andò a esporsi al fumo densissimo che si sprigionava da quelle piante, risoluto a non togliersi di là, fino a che non avesse perduto l'odore orrendo che lo impregnava.

Quei sarmenti, ardendo, tramandavano un odore cosí acre, che gli occhi del povero filibustiere

piangevano copiosamente come se il catalano vi avesse mescolato delle bacche di vero pepe. Nondimeno egli resisteva con grande filosofia, lasciandosi affumicare come un'aringa.

Mezz'ora dopo, non sentendo piú che debolmente l'odore sprigionato dalle glandole del surrilho, decise di togliersi di là, dirigendosi verso l'accampamento, dove i compagni erano occupati a dividersi una grossa testuggine, che avevano sorpresa sulle rive della savana.

- È permesso?... - chiese egli. - Con tutto quel fumo spero d'essermi purificato.

- Avanzati, - rispose il Corsaro. - Abituati all'acre odore del catrame, possiamo tollerare anche quello che tramandi tu, ma spero che in seguito ti guarderai dal surrilho.

- Per centomila pescicani!... Se ne vedrò uno ancora, scapperò tre miglia piú lontano, ve lo prometto, comandante. Me la prenderò piuttosto coi coguari e coi giaguari.

- Eravate almeno nel piú fitto della foresta, quando avete fatto fuoco?...

- Spero che la detonazione non si sarà propagata molto, - rispose il catalano.

- Mi spiacerebbe che i fuggiaschi potessero sospettare di essere inseguiti.

- Io credo invece che ne abbiano la certezza, capitano.

- E da che cosa lo arguisci?...

- Dalla loro rapida marcia. A quest'ora, noi dovremmo averli già raggiunti.

- Vi è forse un motivo molto urgente che spinge Wan Guld ad affrettarsi.

- E quale, signore?...

- La tema che l'Olonese piombi su Gibraltar.

- Vorrà tentare l'assalto di quella piazza? - chiese il catalano, con inquietudine.

- Forse... vedremo, - rispose il Corsaro evasivamente.

- Se ciò dovesse avvenire, io non combatterò mai contro i miei compatrioti, signore, - disse il catalano con voce commossa. - Un soldato non può alzare le sue armi contro una città, sulle cui mura sventola la bandiera del proprio paese. Finché si tratta di Wan Guld, un fiammingo, sono pronto ad aiutarvi, ma non farò niente di piú. Preferirei mi appiccaste.

- Ammiro il tuo attaccamento verso la tua patria, - rispose il Corsaro Nero. - Quando noi avremo raggiunto Wan Guld, io ti lascerò libero di recarti a difendere Gibraltar, se lo vorrai.

- Grazie caballero: fino allora sono a vostra disposizione.

- Allora ripartiamo o non potremo piú raggiungerlo.

Raccolsero le loro armi, i pochi viveri che ancora possedevano e ripresero la marcia, seguendo le sponde della savana, le quali continuavano a mantenersi sgombre di piante d'alto fusto.

Il calore era intenso, tanto piú che in quel luogo non vi era ombra, pure i filibustieri, abituati alle alte temperature del Golfo del Messico e del Mare Caraybo, non soffrivano molto. Tuttavia fumavano come zolfatare e tale era l'abbondanza di sudore che usciva da tutti i loro pori, che dopo pochi passi avevano i vestiti inzuppati.

Per di piú le acque della savana, colpite in pieno dai raggi implacabili di quel sole, mandavano dei riflessi accecanti, i quali colpivano dolorosamente gli occhi di tutti, mentre dei miasmi pericolosi s'alzavano sotto forma d'una leggera nebbia, miasmi che potevano diventare fatali causando la terribile febbre dei boschi.

Fortunatamente, verso le quattro pomeridiane, si scorse l'estremità opposta della savana, la quale si cacciava in mezzo alla grande foresta a forma d'un collo di bottiglia.

I filibustieri ed il catalano, che marciavano con molta lena, quantunque fossero assai trafelati, stavano per piegare verso la foresta, quando il negro che veniva ultimo additò loro qualche cosa di rosso che si manteneva a fior d'un pantano verdastro che si allungava verso la savana.

- Un uccello?... - chiese Carmaux.

- Mi sembra piuttosto un berretto spagnuolo, - disse il catalano. - Non vedete che vi è anche un ciuffo di piume nere?...

- Chi può averlo gettato in quel pantano?... - chiese il Corsaro.

- Credo che si tratti di qualche cosa di peggio, signore, - disse il catalano. - O m'inganno assai o quel fango è costituito da certe sabbie che afferrano sempre e che non rendono mai.

- Che cosa vuoi dire?...

- Che forse sotto quel berretto vi è un disgraziato che è stato inghiottito vivo dal fango.

- Andiamo a vedere.

Deviarono dal loro cammino e si diressero verso quel bacino fangoso, che aveva un'estensione di tre o quattrocento metri su altrettanti di larghezza e che pareva un lembo di savana semi-disseccata, e videro che si trattava veramente d'uno di quei berretti di seta variegata di rosso e giallo, adorno d'una piuma, assai usata dagli spagnuoli. Era rimasto adagiato sul fango, nel centro d'una escavazione che aveva la forma di un imbuto, e lí presso si vedevano sorgere come cinque piccoli piuoli d'una tinta tale che fece fremere i filibustieri.

- Le dita di una mano!... - avevano esclamato Carmaux e Wan Stiller.

- Ve lo avevo detto caballeros, che sotto quel berretto si trovava un cadavere, - disse il catalano con accento triste.

- Chi può essere quel disgraziato che la savana ha inghiottito?... - chiese il Corsaro.

- Un soldato della scorta del governatore, - rispose il catalano. - Quel berretto io l'ho veduto in capo a Juan Barrero.

- Wan Guld è adunque passato di qui?...

- Eccone una triste conferma, signore...

- Che sia caduto nel fango accidentalmente?...

- Lo credo.

- Orrenda morte!...

- La piú terribile, signore. Venire assorbiti vivi da quel fango tenace e puzzolente, dev'essere una fine spaventevole.

- Orsú, lasciamo i morti e pensiamo ai vivi, - disse il Corsaro dirigendosi verso la foresta. - Noi siamo ormai certi di essere sulle tracce dei fuggiaschi.

Stava per invitare i compagni ad affrettarsi, quando un sibilo prolungato con certe modulazioni strane, echeggiato verso la parte piú folta della foresta, lo arrestò.

- Che cos'è questo?... - chiese volgendosi verso il catalano.

- Non saprei, - rispose questi, lanciando uno sguardo inquieto verso gli alberi giganti.

- Qualche uccello che canta in quel modo?...

- Non ho mai udito questo fischio, signore.

- E tu, Moko, - chiese il Corsaro volgendosi verso l'africano.

- Nemmeno io, capitano.

- Che sia un segnale?

- Lo temo, - rispose il catalano.

- Dei tuoi compatrioti che inseguiamo?...

- Uhm? - fe' lo spagnuolo crollando il capo.

- Non lo credi?...

- No, signore. Temo invece che ben presto avremo da fare con gli indiani.

- Indiani liberi e vostri alleati? - chiese il Corsaro, aggrottando la fronte.

- Lanciati addosso dal Governatore.

- Allora deve sapere che noi lo inseguiamo.

- Può averlo sospettato.

- Bah!... Se si tratta di indiani, li fugheremo facilmente.

- Sono pericolosi nella foresta vergine, forse piú dei bianchi. Le loro imboscate difficilmente si evitano.

- Cercheremo di non lasciarci sorprendere. Armate i fucili e non risparmiate le cariche. Il Governatore ormai sa che noi gli stiamo alle calcagna, poco importa quindi che oda le nostre moschettate.

- Andiamo adunque a vedere gli indiani di questo paese, - disse Carmaux. - Non saranno piú belli degli altri di certo, né piú cattivi.

- Guardatevene, caballero, - disse il catalano. - Gli uomini rossi del Venezuela sono antropofaghi e sarebbero ben contenti di mettervi arrosto.

- Ventre di pesce-cane!... Wan Stiller, amico mio, difendiamo per bene le nostre costolette.

CAPITOLO XXV

GLI ANTROPOFAGHI DELLA FORESTA VERGINE.

Si erano allora addentrati nella foresta, impegnandosi fra miriadi di palmizi, di bacaba vinifere, di cecropia, chiamate anche alberi candelabri per la stranissima disposizione dei loro rami; di cari, specie di palme dal fusto spinoso che rendono difficilissimo e pericoloso l'accesso fra le loro macchie; di miriti, altre palme, di dimensioni enormi e con le foglie disposte a ventaglio, e di sipò, liane grosse e robuste che gl'indiani adoperano nella costruzione delle loro capanne.

Temendo una sorpresa, s'avanzavano con grande prudenza, tendendo gli orecchi e guardando attentamente le macchie piú fitte entro le quali potevano celarsi gli indiani.

Il segnale non si era piú udito, tutto indicava però che degli uomini erano passati per di là. Gli uccelli erano scomparsi e del pari le scimmie, spaventate senza dubbio dalla presenza dei loro eterni nemici, gl'indiani, i quali fanno agli uni ed alle altre una caccia accanita, essendo ghiotti delle loro carni.

Per di piú si vedevano qua e là dei rami spezzati di recente, delle foglie smosse, delle liane troncate solo da poco tempo, e che perdevano ancora delle gocce di linfa.

Marciavano da due ore, sempre con mille precauzioni, cercando di mantenere la loro direzione verso il sud, quando si udirono ad una certa distanza alcune modulazioni, che parevano mandate da uno di quei flauti di bambú usati dagli indiani.

Il Corsaro, con un gesto, aveva arrestato i compagni.

- È un segnale, è vero?... - chiese al catalano.

- Sí, signore, - rispose questi. - Non possiamo ingannarci.

- Gli indiani devono essere vicini.

- Forse piú di quanto crediate. Siamo in mezzo a delle macchie foltissime che si prestano per un agguato.

- Che cosa mi consigli di fare?... Attendere che si mostrino o continuare la marcia?

- Se vedono arrestarci, possono credere che noi abbiamo paura. Andiamo, signore, e non risparmiamo i primi che si faranno innanzi.

Le modulazioni del flauto si fecero udire piú vicine. Pareva che uscissero da un macchione di palme cari, piante che formavano un ostacolo insuperabile coi loro tronchi irti di spine lunghe ed acute.

- Wan Stiller, - disse il Corsaro, volgendosi verso l'amburghese, - cerca di far tacere quel suonatore misterioso.

Il marinaio, che era un valente bersagliere, essendo stato parecchi anni bucaniere, puntò il fucile verso la macchia, cercando di scorgere l'indiano che suonava o di scoprire un qualche luogo ove le foglie si muovevano, poi fece partire il colpo, ma a casaccio.

La strepitosa detonazione fu seguita da un grido, che tosto si cambiò in uno scroscio di risa.

- Morte del diavolo!... - esclamò Carmaux. - Hai mancato il colpo.

- Tuoni d'Amburgo!... - gridò Stiller, con stizza. - Se avessi potuto vedere un pezzettino del suo cranio, non so se quel cane riderebbe ancora.

- Non importa, - disse il Corsaro. - Ora sanno che noi siamo armati di fucili e diverranno più prudenti. Avanti, uomini del mare!...

La foresta era diventata cupa e selvaggia. Un vero caos d'alberi, di foglie gigantesche, di liane e di radici mostruose, si offriva dinanzi agli sguardi dei filibustieri, confusamente, perché i raggi del sole non riuscivano a penetrare attraverso la fitta volta di verzura.

Nondimeno un calore intenso e umido, come di serra calda, regnava sotto i colossi della flora equatoriale, facendo sudare prodigiosamente i coraggiosi uomini che volevano attraversare quella immensa foresta.

Con le dita sui grilletti dei fucili, gli occhi bene aperti e gli orecchi tesi, il catalano, i marinai, il

Corsaro, ed il negro si inoltravano cautamente, tenendosi l'uno dietro l'altro.

Guardavano le macchie, i cespugli, le immense foglie, gli ammassi di radici ed i festoni formati dalle liane, pronti a scaricare le armi sul primo indiano che avesse osato mostrarsi.

Dopo quei segnali, più nessun rumore aveva turbato il profondo e pauroso silenzio, che regnava

nella foresta vergine; pure né il Corsaro, né i suoi compagni si credevano al sicuro da un improvviso attacco, anzi tutt'altro. Sentivano per istinto che quei nemici, che avevano tanta cura di non mostrarsi, non dovevano trovarsi lontani.

Erano giunti in un passaggio più intricato degli altri e più oscuro quando si vide il catalano abbassarsi bruscamente, poi gettarsi prontamente dietro un tronco di un albero.

Un sibilo leggero s'era udito in aria, poi una sottile canna attraversò le fronde degli alberi, conficcandosi in un ramo che si trovava all'altezza d'uomo.

- Una freccia!... - gridò lo spagnuolo. - Attenti!

Carmaux, che si trovava dietro di lui, fece rimbombare il suo moschettone.

La detonazione non s'era ancora spenta, quando in mezzo a quei fitti macchioni echeggiò un urlo acuto, prolungato, un urlo di dolore.

- Ventre di pesce-cane!... Ti ho colto! - urlò Carmaux.

- Badate! - tuonò in quell'istante il catalano.

Quattro o cinque frecce, lunghe un buon metro, passarono sibilando sopra i filibustieri, nel momento che questi si precipitavano a terra.

- Là, in quel macchione! - gridò Carmaux.

Wan Stiller, il negro ed il catalano scaricarono le loro armi formando una sola detonazione, nessun altro grido però si udí echeggiare.

Attraverso gli alberi si udirono nondimeno rompersi impetuosamente dei rami, scrosciare le foglie secche, poi ogni rumore cessò.

- Pare che ne abbiano avuto abbastanza, - disse Wan Stiller.

- Silenzio, tenetevi dietro gli alberi, - disse il catalano.

- Temi che ci assalgano ancora? - gli chiese il Corsaro.

- Ho udito anche sulla nostra destra agitarsi le foglie.

- È dunque una vera imboscata?

- Lo sospetto, signore.

- Se Wan Guld crede che gli indiani possano arrestarci, s'inganna assai. Andremo innanzi a dispetto di tutti gli ostacoli.

- Non abbandoniamo questi alberi protettori, signore. Forse le frecce dei Caraibi sono avvelenate.

- Davvero?...

- Usano avvelenarle al pari dei selvaggi dell'Orinoco e delle Amazzoni.

- Non possiamo però rimanere qui eternamente.

- Lo so, tuttavia non possiamo esporci ai loro colpi.

- Padrone, - disse in quel momento il negro, - volete che vada a frugare le macchie?

- No, poiché ti esporresti ad una morte certa.

- Silenzio, comandante, - disse Carmaux. - Udite.

Alcune note cavate da un flauto echeggiarono nel piú folto della foresta. Erano suoni tristi e monotoni e cosí acuti che si dovevano udire a grandi distanze.

- Che cosa vorranno significare? - chiese il Corsaro, che cominciava ad impazientirsi. - Sarà un segnale di raccolta o d'assalto?

- Comandante, - disse Carmaux - mi permettete un consiglio?

- Parla.

- Snidiamo questi noiosi indiani incendiando la foresta.

- E bruceremo vivi anche noi. Chi spegnerebbe poi il fuoco?

- Marciamo sparando archibugiate a destra ed a manca, - suggerí Wan Stiller.

- Credo che tu abbia avuto una buona idea, - rispose il Corsaro. - Marceremo con la musica in testa. Orsú, fuoco d'ambo i lati, miei bravi, e lasciate a me la cura di forzare il passo.

Il Corsaro si mise in prima linea, tenendo la spada nella destra ed una pistola nella sinistra, e dietro di lui a due a due si collocarono i filibustieri, il catalano ed il negro.

Appena abbandonati i tronchi protettori, Carmaux e Moko scaricarono i fucili uno a destra e l'altro a sinistra, poi, dopo un breve intervallo, il catalano e Wan Stiller. Ricaricate prontamente le armi, ripresero quella musica infernale senza risparmio di munizioni. Il Corsaro intanto apriva la via tagliando le liane e le foglie che impedivano il passo, pronto però a bruciare le cariche delle sue pistole alla prima comparsa degli indiani.

Quel rombare furioso parve che producesse un certo effetto sui misteriosi nemici, nessuno avendo osato di mostrarsi. Qualche freccia, però, cadde a breve distanza e passò sopra il drappello senza colpire alcuno.

Già credevano di essere sfuggiti all'agguato, quando un albero enorme venne a cadere, con orribile fracasso, quasi dinanzi a loro sbarrando la via.

- Tuoni d'Amburgo! - esclamò Wan Stiller, che per poco non era rimasto schiacciato. - Se cadeva mezzo secondo piú tardi faceva di tutti noi una marmellata.

Non avevano terminato di parlare che s'udirono alzarsi urla furibonde, poi alcune frecce

solcarono l'aria, piantandosi profondamente nei tronchi degli alberi.

Il Corsaro ed i suoi uomini si erano gettati prontamente a terra, dietro all'albero caduto, il quale fino ad un certo punto poteva servire di trincea.

- Speriamo che questa volta si mostrino, - disse Carmaux. - Non ho ancora avuto il piacere di vedere in viso uno di questi ostinati indiani.

- Tenetevi dispersi, - disse il Corsaro. - Se ci vedono cosí uniti, dirigeranno su di noi una grandine di frecce.

I suoi uomini stavano per disperdersi dietro l'enorme albero, per non offrire un solo punto di mira ai nemici, quando si udirono alcuni flauti suonare a breve distanza.

- Gli indiani si avvicinano - disse Wan Stiller.

- Tenetevi pronti a riceverli con una scarica, - comandò il Corsaro.

- No, aspettate signore, - disse il catalano, che da qualche istante ascoltava attentamente le note tristi di quegli strumenti.

- Questa non è la marcia di guerra.

- Che cosa vuoi dire? - chiese il Corsaro.

- Aspettate, signore.

Si era alzato guardando dall'altra parte dell'albero.

- Un parlamentario, - esclamò. - Carramba!... È il piaye della tribú che si avanza.

- Lo stregone, signore, - disse il catalano.

- Un piaye.

- Lo stregone, signore - disse il catalano.

I filibustieri si erano prontamente alzati, tenendo però in mano i fucili non fidandosi di quegli antropofaghi.

Un indiano era uscito da uno di quei folti macchioni e s'avanzava verso di loro, seguito da due suonatori di flauto.

Era un uomo un po' attempato, di statura media, come lo sono quasi tutti gli indiani del Venezuela, con larghe spalle, muscoli robusti e la pelle d un giallo roccioso, reso forse un po' scuro dall'abitudine che hanno quei selvaggi di stropicciarsi il corpo con una manteca d'olio di pesce o di noce di cocco e d'oriana, per preservarsi contro le atroci punture delle zanzare.

Il suo viso, tondo ed aperto, dall'espressione piú melanconica che feroce, era sprovvisto di barba, usando essi strapparsela, mentre aveva il capo coperto da una lunga capigliatura nerissima dai riflessi azzurro-cupi.

Come piaye della tribú, oltre ad una specie di gonnellino di cotone azzurro, portava su di sé un

vero carico di ornamenti: collane di conchigliette, anelli di spine di pesce pazientemente lavorati, braccialetti d'osso e di artigli e denti di giaguari, becchi di tucani, pezzi di cristallo di monte e braccialetti d'oro massiccio. In testa, poi, aveva un diadema di lunghe penne di pappagalli canindé, di arà e di fagiani di fiume, ed attraverso il setto nasale, espressamente bucato, una spina di pesce, lunga tre o quattro pollici.

Gli altri due avevano pure gonnellino e ornamenti, ma in minore copia, e portavano invece dei lunghi archi di legno del ferro, un mazzo di frecce con le punte di osso o di selci e la butú, mazza formidabile, lunga oltre un metro, piatta, a spigoli rialzati e dipinta a scacchi dai piú vivi colori.

Il piaye s'avvicinò fino a cinquanta passi dall'albero, fece cenno ai due suonatori di flauto di stare zitti, poi gridò con voce stentorea, in un cattivo spagnuolo:

- Che gli uomini bianchi mi odano!...

- Gli uomini bianchi t'ascoltano, - rispose il catalano.

- Questo è il territorio degli Arawaki; chi ha dato agli uomini bianchi il permesso di violare le nostre foreste?

- Noi non abbiamo nessuna intenzione di violare le selve degli Arawaki, - rispose il catalano. - Noi le attraversiamo semplicemente per giungere nei territori degli uomini bianchi, che si trovano nel sud della baia di Maracaybo, senza fare la guerra agli uomini rossi dei quali ci dichiariamo amici.

- L'amicizia degli uomini bianchi non è fatta per gli Arawaki, perché è stata già fatale agli uomini rossi della costa. Queste selve sono nostre; tornate quindi ai vostri paesi o noi vi mangeremo tutti.

- Diavolo!... - esclamò Carmaux. - Parlano di metterci sulla graticola, se ho compreso bene.

- Noi non siamo uomini bianchi appartenenti a quelli che hanno conquistato la costa e ridotto in schiavitú i Caraybi. Invece siamo loro nemici ed attraversiamo queste foreste per inseguire alcuni di loro che sono fuggiti, - disse il Corsaro Nero, mostrandosi.

- Sei il capo tu?... - chiese il piaye.

- Sí, il capo degli uomini bianchi che m'accompagnano.

- Ed insegui degli altri uomini bianchi?

- Sí, per ucciderli. Sono passati di qui?...

- Sí, li abbiamo veduti, ma non andranno lontano perché li mangeremo.

- Ed io ti aiuterò ad ucciderli.

- Tu li odii dunque? - chiese il piaye.

- Sono miei nemici.

- Andrete ad ucciderli sulla costa se lo vorrete, ma non sul territorio degli Arawaki. Uomini bianchi, ritornate o noi vi faremo la guerra.

- Ti ho detto che noi non siamo nemici degli uomini rossi. Noi rispetteremo la tua tribú, le tue

carbét ed i tuoi raccolti.

- Uomini bianchi, ritornate, - ripeté il piaye con maggior forza.

- Ascoltami ancora.

- Ho detto: tornate o vi faremo guerra e vi mangeremo.

- Basta. Noi attraverseremo le tue foreste a dispetto della tua tribú.

- Ve lo impediremo.

- Abbiamo le armi che mandano tuoni e fulmini.

- E noi le nostre frecce.

- Abbiamo le sciabole che tagliano e le spade che forano.

- E noi le nostre butú che fracassano il cranio piú solido.

- Sei forse l'alleato degli uomini che inseguiamo? - chiese il Corsaro.

- No, poiché mangeremo anche quelli.

- È la guerra che tu vuoi?...

- Sí, se non tornate indietro.

- Uomini del mare! - gridò il Corsaro, balzando giú dall'albero con la spada in pugno, - mostriamo a questi indiani che noi non abbiamo paura, avanti!

Il piaye, vedendoli avanzare con i fucili armati spianati, si era allontanato precipitosamente, assieme ai due suonatori di flauto, cacciandosi nelle macchie.

Il Corsaro Nero aveva impedito ai suoi uomini di fargli fuoco addosso, non volendo essere il primo a provocare la lotta; ma s'avanzava intrepidamente attraverso la selva, pronto a sostenere l'assalto delle orde degli Arawaki.

Era tornato il formidabile filibustiere della Tortue, che aveva già dato tante prove d'un coraggio straordinario.

Con la spada nella destra ed una pistola nella sinistra, guidava il piccolo drappello, aprendo il passo attraverso la foresta, pronto a cominciare la lotta.

Ben presto qualche freccia cominciò a sibilare attraverso i rami. Wan Stiller e Carmaux risposero tosto con due colpi di fucile, sparati però a casaccio, avendo cessato gli indiani di mostrarsi, malgrado le smargiassate del piaye.

Bruciando cariche, a destra ed a manca, ad intervalli d'un minuto, il piccolo drappello superò felicemente la parte piú folta della foresta, bersagliato solo da qualche freccia o da qualche giavellotto, e giunse in una piccola radura, nel cui centro gli scoli del terreno avevano formato un piccolo stagno.

Essendo il sole già prossimo al tramonto e non avendo piú veduto alcun indiano, né ricevute altre frecce, il Corsaro Nero comandò di accamparsi.

- Se vorranno assalirci, li aspetteremo qui, - disse ai compagni. - La radura è abbastanza vasta per poterli distinguere appena si mostreranno.

- Non potevamo scegliere un posto migliore, - disse il catalano. - Gl'indiani sono pericolosi in mezzo alle macchie, però non osano assalire nei terreni scoperti, e poi, preparerò l'accampamento in modo che non possano farlo.

- Vuoi costruire una trincea? - chiese Carmaux. - Sarebbe una faccenda troppo lunga, amico

catalano.

- Basterà una barriera di fuoco.

- La salteranno. Non sono già coguari o giaguari da aver paura di pochi tizzoni.

- E questi, - disse il catalano, mostrando un pugno di bacche rotonde.

- Del pimento, e del piú forte. Durante la marcia ho fatto la mia raccolta ed ho le tasche piene.

- Buono da mangiarsi con la carne, quantunque abbruci troppo la gola.

- Servirà per gli indiani.

- In qual modo?

- Lo getteremo sui fuochi.

- Hanno paura del crepitio di quelle bacche?

- No, bensí del fumo che sprigionano. Se vorranno varcare la barriera di fuoco, si sentiranno bruciare gli occhi e diventeranno ciechi per un paio d'ore.

- Ventre di pesce-cane, tu ne sai una piú del diavolo!

- Me l'hanno insegnato i Caraibi questo comodo mezzo per tener lontani i nemici, e vedrete che riuscirà se gli Arawaki vorranno assalirci. Orsú, facciamo raccolta di legna e aspettiamoli con tutta tranquillità.

CAPITOLO XXVI L'IMBOSCATA DEGLI ARAWAKI.

Cenato in fretta, con un pezzo di testuggine che avevano serbata dal mattino e con pochi biscotti, i filibustieri perlustrarono dapprima i dintorni, per vedere se si trovavano degli indiani imboscati, poi batterono le erbe per fugare i serpenti, quindi accesero intorno al campo dei fuochi, sui quali gettarono alcune manate di pimento, ottimo rimedio contro le zanzare, ma anche contro gli assalti degli uomini e delle fiere.

Temendo, e con ragione, di non passare la notte tranquilla, decisero di vigilare prima i due marinai ed il negro, poi il Corsaro ed il catalano.

Questi ultimi, dopo aver cambiate le cariche per essere sicuri dei loro colpi, s'affrettarono a coricarsi, mentre Carmaux ed i suoi compagni si disponevano all'ingiro, dietro al cerchio di fuoco, tenendo i fucili sulle ginocchia.

La grande foresta era diventata silenziosa, ma di una calma poco rassicurante per gli uomini di guardia, cui era noto già per esperienza che gli indiani preferiscono gli attacchi notturni a quelli diurni, avendo troppo paura della precisione delle armi da fuoco, e poiché le tenebre permettono d'avvicinarsi con maggior facilità, specialmente nelle selve.

Carmaux, soprattutto, avrebbe preferito udire i miagolii dei giaguari ed i ruggiti dei coguari. La presenza di quei carnivori sarebbe stato almeno un indizio sicuro dell'assenza dei nemici dalla pelle rossa. Vegliavano da un paio d'ore cogli occhi fissi sulle macchie vicine, gettando di quando in quando sui fuochi qualche manata di pimento, quando l'africano, il cui udito doveva essere acutissimo, notò un lieve rumore di foglie mosse.

- Hai udito, compare bianco?... - mormorò egli, allungandosi verso Carmaux, che era occupato a gustare, con una beatitudine invidiabile, un pezzo di sigaro che aveva trovato in una delle sue tasche.

- Nulla, compare sacco di carbone, - rispose il filibustiere. - Niente ranocchi che abbaiano questa sera e niente rospi che martellano come i calafati.

- Un ramo si è mosso laggiú; il tuo compare negro lo ha udito.

- Allora il tuo compare bianco è sordo.

- Toh! Odi?... un ramo si è spezzato.

- Io nulla ho udito; se è vero quanto dici, vuol dire che qualcuno cerca d'avvicinarsi a noi.

- Sí, compare.

- Chi sarà poi?... Mio compare sacco di carbone non ha gli occhi dei gatti per caso? Sarebbe una gran bella cosa.

- Non vedo nulla, pure sento qualcuno avvicinarsi.

- Il mio fucile è pronto. Taci ed ascoltiamo.

- Gettati a terra, compare bianco, o le frecce ti colpiranno.

- Accetto il tuo consiglio, considerato che non ho nessuna voglia di crepare con il ventre pieno di veleno.

Si allungarono tutti e due fra le erbe, facendo segno a Wan Stiller, che si trovava dall'altra parte, di imitarli e stettero in ascolto, coi fucili in mano.

Qualcuno o piú uomini dovevano avvicinarsi. In mezzo ad una fitta macchia che si trovava lontana cinquanta passi, si vedevano, di quando in quando, delle foglie agitarsi leggermente, e si sentiva qualche ramo crepitare.

Si capiva che i nemici prendevano le loro precauzioni per giungere a tiro di freccia senza farsi scoprire.

Il negro ed i filibustieri quasi interamente nascosti fra le erbe non si muovevano, aspettando che si mostrassero per far fuoco. Ad un tratto però un improvviso pensiero fece trabalzare Carmaux.

- Compare, - disse, - credi che siano ancora lontani?

- Gl'indiani?...

- Sí, dimmelo presto.

- Sono ancora in mezzo alla macchia, ma se continuano ad avvicinarsi, fra un minuto giungeranno sul margine.

- Ho il tempo necessario, Wan Stiller, gettami la tua giacca ed il berretto.

L'amburghese s'affrettò ad obbedire, pensando, e con ragione, che se Carmaux gli aveva chiesti quegli indumenti, doveva avere qualche progetto.

Il filibustiere si era alzato per sbarazzarsi anch'egli della propria casacca. Allungò le mani intorno, afferrò alcuni rami, li incrociò alla meglio, poi li coprí colle giacche e vi mise sopra le berrette.

- Ecco fatto - disse, coricandosi.

- Mio compare è furbo, - disse il negro, ridendo.

- Se non improvvisavo quei due fantocci, gl'indiani potevano scagliare le loro frecce contro il

Corsaro ed il catalano. Ora sono riparati e non correranno piú alcun pericolo.

- Zitto compare, vengono.

- Sono pronto. Ehi, Wan Stiller, un'altra manata di pimento.

L'amburghese stava per alzarsi, poi subito si abbassò. Alcuni sibili si erano uditi, e tre o quattro frecce erano andate a conficcarsi nei fantocci improvvisati.

- Veleno sprecato che non farà effetto, miei cari - mormorò Carmaux. - Aspetto che vi mostriate per farvi assaggiare i miei dolci di piombo.

Gli indiani, vedendo che nessuno aveva dato segno di vita, scagliarono altre sette od otto frecce, tornando a colpire i fantocci, poi uno di loro, il piú audace senza dubbio, balzò fuori della macchia, brandendo la sua terribile mazza.

Carmaux aveva alzato il fucile prendendolo di mira. Stava per far partire il colpo, quando in mezzo alla gran foresta ad una distanza di qualche miglio, si udirono echeggiare improvvisamente quattro spari, seguiti da urla formidabili.

L'indiano aveva fatto un fulmineo fronte indietro, rientrando nella macchia, prima che Carmaux avesse avuto il tempo di riprenderlo di mira. Il Corsaro ed il catalano, svegliati bruscamente da quei colpi di fucile e da quelle urla, si erano alzati precipitosamente, credendo che il campo fosse stato

assalito dagli indiani.

- Dove sono? - chiese il Corsaro slanciandosi innanzi.

- Chi, signore? - chiese Carmaux.

- Gli indiani.

- Scomparsi, comandante, e prima ancora di aver fatto loro assaggiare i dolci del mio fucile.

- E queste grida e queste detonazioni?... Odi?... Altri tre spari!

- In mezzo alla boscaglia si combatte, - disse il catalano. - Gl'indiani hanno assalito degli uomini bianchi, signore.

- Il Governatore e la sua scorta?

- Lo credo.

- Mi rincrescerebbe che lo uccidessero loro.

- Anche a me perché non posso restituire le bastonate ad un morto, ma...

- Taci!...

Altri due spari, piú lontani, erano echeggiati, seguiti da urla furibonde mandate probabilmente da una grossa tribú d'indiani, poi un quinto colpo isolato, quindi piú nulla.

- La lotta è finita, - disse il catalano, che aveva ascoltato con una certa apprensione. - Per il governatore non mi muoverei, per gli altri che sono miei compatrioti...

- Vorresti sapere che cosa è successo di loro, è vero? - chiese il Corsaro.

- Sí, comandante.

- Ed a me premerebbe sapere se a quest'ora il mio mortale nemico è vivo o morto, - rispose il filibustiere con voce cupa. - Saresti capace di guidarci?

- La notte è oscura, signore, però...

- Continua.

- Possiamo accendere alcuni rami gommiferi.

- Ed attirare su di noi l'attenzione degli indiani.

- È vero, signore.

- Colle nostre bussole possiamo però dirigerci.

- È impossibile, signore, affrontare i centomila ostacoli che offre questa selva cosí fitta, pure...

- Tira innanzi.

- Vi sono delle cucujo laggiú e possono servire. Concedetemi cinque minuti di tempo. A me, Moko!...

Si levò il berretto ed insieme al negro si diresse verso un gruppo di alberi in mezzo ai quali si vedevano brillare dei grossi punti luminosi, a luce verdastra, che volteggiavano fantasticamente fra le tenebre.

- Che cosa vuol fare quell'indemoniato catalano? - si chiese Carmaux, che non riusciva a comprendere l'idea del furbo spagnuolo. - Le cucujo... Che cosa saranno? Ehi, amburghese, tieni pronto il fucile, onde non cadano in qualche imboscata.

- Non temere, camerata. Seguo attentamente tutti e due e sono pronto a difenderli.

Il catalano, giunto presso gli alberi, fu veduto spiccare salti a destra ed a manca, come se desse la caccia a quei punti luminosi.

Due minuti dopo era di ritorno al campo, tenendo il berretto coperto con ambe le mani.

- Ora possiamo metterci in marcia, signore, - disse al Corsaro.

- Ed in qual modo?... - chiese questi.

Il catalano cacciò una mano nel berretto ed estrasse un insetto, il quale irradiava una bella luce verde pallida, che si espandeva ad una discreta distanza.

- Leghiamoci due di queste cucujo alle gambe, come fanno gli indiani, e la luce che emettono ci permetterà di discernere non solo le liane e le radici che ingombreranno la via, ma anche i pericolosi serpenti, che si nascondono fra le foglie. Chi ha del filo?

- Un marinaio ne ha sempre, - disse Carmaux. - Mi incarico io di legare queste cucujo.

- Badate di non stringerle troppo.

- Non temere, catalano. D'altronde hai la riserva, giacché vedo che il tuo berretto è pieno.

Il filibustiere, aiutato da Wan Stiller, prese delicatamente le cucujo e le legò a due a due, alle caviglie dei suoi compagni procurando di non strozzarle. Quell'operazione, non molto facile, richiese una buona mezz'ora, ma finalmente tutti furono provvisti di quei bizzarri fanaletti viventi.

- Ingegnosa idea, - disse il Corsaro.

- Messa in pratica dagl'indiani, - rispose il catalano. - Con queste lucciole noi potremo evitare gli ostacoli che ingombrano la foresta.

- Siete pronti?...

- Tutti, - rispose Carmaux.

- Avanti e procurate di non far rumore.

Si misero in marcia, l'uno dietro all'altro, procedendo di buon passo e tenendo gli occhi fissi al suolo, per vedere dove posavano i piedi.

Le cucujo servivano a meraviglia, permettendo di distinguere le liane striscianti e le radici che serpeggiavano fra un albero e l'altro, non solo, ma perfino gli insetti notturni.

Quelle lucciole che sono le piú splendide di tutte ed anche le piú grandi, tramandano una luce cosí viva, che permette di leggere comodamente ad una distanza di trentatré e perfino trentacinque centimetri, tanta è la potenza dei loro organi luminosi.

Quando sono piccine irradiano una luce azzurrognola, e, diventando adulte, quella tinta si tramuta in un verde pallido d'uno splendido effetto. Anche le uova che le femmine depongono sono leggermente luminose.

Sono stati fatti degli studi curiosi su queste pyrophorus noctilucus, come vengono chiamate dagli scienziati, per conoscere quali siano gli organi che producono quella luce cosí viva, e si è trovato che consistono in tre piccole placche situate due nella parte anteriore del torace e l'altra nell'addome e che la sostanza generatrice è un albuminoide solubile nell'acqua e che si coagula col calore.

Anche strappati all'insetto, quegli organi conservano la loro facoltà luminosa per qualche tempo, e anche seccati e polverizzati diventano luminosi bagnandoli con un po' di acqua pura.

I filibustieri continuavano la loro rapida marcia cacciandosi senza esitare in mezzo ai cespugli o passando sotto i fitti festoni di liane, scivolando fra le enormi radici che formavano delle vere reti inestricabili, o scavalcando i tronchi degli alberi caduti per decrepitezza od abbattuti dalle folgori.

I colpi di fucile erano cessati, si udivano però in lontananza delle grida che dovevano essere mandate da qualche tribú d'indiani. Ora tacevano poi echeggiavano piú acute, per poi spegnersi nuovamente. Ad intervalli si udivano anche dei flauti suonare e dei rumori sordi prodotti forse da qualche specie di tamburello.

Pareva che la battaglia fosse finita e che la tribú si fosse accampata in qualche oscuro angolo dell'immensa foresta, forse per festeggiare la vittoria o per radunarsi a qualche mostruoso banchetto, essendo abituati, in quell'epoca, gl'indiani del Venezuela, e specialmente i Caraybi e gli Arawaki, a divorare i prigionieri ed anche i nemici morti combattendo.

Il catalano affrettava sempre, spinto dal desiderio di conoscere la sorte toccata ai suoi compatrioti. Del Governatore non si preoccupava, anzi forse, in fondo al cuore, non gli sarebbe dispiaciuto di trovarlo ucciso o peggio ancora, già arrostito, ma dei suoi camerati era altra cosa e precipitava la marcia, sperando di poter giungere in loro soccorso, temendo che qualcuno fosse caduto vivo nelle mani di quegli antropofaghi.

Già le grida erano poco lontane, quando Carmaux, che camminava a fianco del catalano, mentre alzava gli occhi per evitare una liana inciampò in una massa, cadendo a terra cosí malamente da schiacciare le cucujo che teneva legate alle caviglie dei piedi.

- Corpo d'un cannone!... - esclamò, rialzandosi lentamente. - Che cos'è questo!... Lampi!... Un

morto!...

- Un morto!... - esclamarono il catalano ed il Corsaro, curvandosi verso il suolo.

- Guardate!...

Un indiano d'alta statura, col capo adorno di piuma di arà e le anche coperte da un sottanino azzurro cupo, giaceva fra le foglie secche e le radici. Aveva la testa spaccata da un colpo di spada, a quanto pareva, ed il petto bucato forse da una palla. Doveva essere stato ucciso di recente, uscendogli ancora dalla ferita del sangue.

- Forse qui è avvenuto lo scontro, - disse il catalano.

- Sí, - confermò Wan Stiller. - Vedo là alcune mazze e sui tronchi degli alberi numerose frecce ancora infitte.

- Vediamo se vi è qualcuno dei miei camerati, - disse il catalano, con una certa emozione.

- Tempo perduto, - disse Carmaux. - Se qualcuno è stato ucciso, a quest'ora sarà dietro a cucinarsi.

- Qualche ferito può essersi nascosto.

- Cercate, - disse il Corsaro.

Il catalano, il negro e Wan Stiller frugarono le macchie vicine, chiamando anche sottovoce, senza però ottenere alcuna risposta.

Trovarono invece in mezzo ad un cespuglio un altro indiano il quale aveva ricevuto due palle in direzione del cuore, poi alcune mazze, qualche arco ed un fascio di frecce.

Convinti che nessun essere vivente si trovava colà, ripresero il cammino. Le grida della tribú si udivano allora assai vicine e, con una rapida marcia, i filibustieri calcolavano di giungere all'accampamento degli antropofaghi in meno di un quarto d'ora.

Sembrava veramente che gli Arawaki festeggiassero la vittoria, poiché confusi colle grida, si sentivano sempre alcuni flauti suonare delle arie allegre.

Già i filibustieri avevano attraversata la parte piú fitta della foresta, quando scorsero, attraverso il fogliame, una luce vivissima, che si proiettava in alto.

- Gl'indiani? - chiese il Corsaro arrestandosi.

- Sí, - disse il catalano.

- Accampati attorno al fuoco?...

- Sí, ma che cosa si cucinerà su quel fuoco? - disse il catalano, con emozione.

- Qualche prigioniero, forse?...

- Lo temo, signore.

- Canaglie, - mormorò il Corsaro, il quale provò involontariamente un brivido. - Venite, amici, andiamo a vedere se Wan Guld è sfuggito alla morte, o se ha trovato la punizione dei suoi delitti.

CAPITOLO XXVII

FRA LE FRECCE E GLI ARTIGLI.

Quando i filibustieri giunsero dietro gli alberi che circondavano il campo indiano, una scena atroce si offerse tosto ai loro sguardi.

Due dozzine di Arawaki, seduti intorno ad un braciere gigantesco, attendevano ansiosamente il momento di satollarsi a crepapancia, con un arrosto, che finiva di cucinarsi su di un lunghissimo spiedo. Se si fosse trattato d'un enorme pezzo di selvaggina, d'un tapiro intero, o d'un giaguaro, i filibustieri non si sarebbero di certo inquietati, ma quell'arrosto consisteva in due cadaveri umani, in due bianchi, probabilmente due spagnuoli della scorta di Wan Guld.

I due disgraziati che stavano per venire assorbiti dagli intestini di quegli abominevoli selvaggi, erano già arrosolati e le loro carni cominciavano a crepitare, spandendo all'intorno un odore nauseante, che faceva dilatare le narici dei mostruosi banchettanti.

- Fulmini dell'inferno!... - esclamò Carmaux, rabbrividendo.

- Sembra impossibile che vi siano delle persone che si nutrono dei loro simili! Puah!... Che animalacci!...

- Puoi distinguere quei due disgraziati? - chiese il Corsaro al catalano.

- Sí, signore, - rispose questi con voce soffocata.

- Appartenevano alla scorta di Wan Guld?...

- Sí, sono due soldati, sono certo di non ingannarmi, quantunque il fuoco abbia distrutto le loro barbe.

- Che cosa mi consigli di fare?...

- Signore, - mormorò il catalano guardando con due occhi supplichevoli.

- Vorresti strapparli a quei mostri e dare loro onorevole sepoltura?...

- Vi creerei dei pericolosi imbarazzi, signore. Gli Arawaki ci darebbero poi la caccia.

- Bah!... Non temo quei selvaggi, - disse il Corsaro, con fierezza. - D'altronde non sono che due dozzine.

- Forse ne attendono degli altri. È impossibile che essi soli siano capaci di divorare due uomini.

- Ebbene, prima che i loro compagni giungano, noi avremo sepolti i tuoi camerati. Ehi, Carmaux, e tu Wan Stiller che siete abili bersaglieri, non mancate ai vostri colpi.

- Io abbatterò quel gigante che sta gettando sull'arrosto quelle erbe aromatiche, - rispose

Carmaux.

- Ed io, - disse l'amburghese, - fracasserò la testa a quello che tiene in mano quella specie di forca della quale si serve per voltare l'arrosto.

- Fuoco! - comandò il Corsaro.

Due colpi di fucile rimbombarono, rompendo bruscamente il silenzio che allora regnava nella foresta vergine. L'indiano gigante cadde sopra l'arrosto, mentre l'altro, che brandiva la forca, si rovesciava all'indietro col cranio fracassato.

I loro compagni erano balzati precipitosamente in piedi, tenendo in pugno le mazze e gli archi, però erano cosí stupiti per quella scarica improvvisa e cosí micidiale, che non pensarono subito all'offesa. Il catalano e Moko furono pronti ad approfittarne, scaricando i loro fucili in mezzo al gruppo.

Vedendo cadere due altri compagni, gli Arawaki non ne vollero sapere di piú e si diedero alla fuga, senza piú curarsi dell'arrosto, salvandosi precipitosamente in mezzo alle macchie.

I filibustieri stavano per precipitarsi innanzi, quando in lontananza udirono alzarsi clamori furibondi.

- Mille pescicani! - esclamò Carmaux - I loro compagni si preparano a tornare.

- Lesti!... - gridò il Corsaro, - gettate i cadaveri in mezzo a qualche cespuglio se ci mancherà il tempo di seppellirli. A questo penseremo piú tardi.

- L'odore di carne abbruciata li tradirà, - disse Wan Stiller.

- Si farà quello che si potrà.

Il catalano si era slanciato innanzi e con una scossa vigorosa aveva rovesciato lo spiedo, mentre Wan Stiller a furia di calci disperdeva i tizzoni. Intanto Moko e Carmaux, impadronitisi di due mazze, scavavano frettolosamente una buca nel terreno umido e molle della foresta, mentre il Corsaro si poneva in sentinella sui margini del macchione.

Le grida degli indiani si avvicinavano rapidamente. La tribú, che doveva essersi precipitata sulle tracce di Wan Guld, udendo quegli spari echeggiare dietro le sue spalle, accorreva in aiuto degli uomini che si erano incaricati di preparare la mostruosa cena.

Il Corsaro che si era spinto piú innanzi, temendo una sorpresa di coloro che erano fuggiti,

udendo rompersi dei rami a breve distanza, tornò precipitosamente verso i compagni, dicendo:

- Fuggiamo o fra cinque minuti avremo addosso l'intera tribú.

- È fatto, comandante, - disse Carmaux, che spingeva coi piedi la terra, onde coprire i due cadaveri.

- Signore, - disse il catalano, volgendosi verso il Corsaro, - se noi fuggiamo verremo inseguiti. Nascondiamoci lassú, - disse, indicando un albero enorme, che da solo formava una piccola foresta. - In mezzo a quel fogliame non verremo scoperti.

- Sei furbo, compare, - disse Carmaux. - A riva i gabbieri.

Il catalano ed i filibustieri, preceduti da Moko, si slanciarono verso quel colosso della flora tropicale, aiutandosi l'un l'altro per raggiungere presto i rami.

Quell'albero era un summameira (eriodendron summauma), uno dei piú grandi che crescono nelle foreste delle Guiane e del Venezuela, dai rami numerosissimi, lunghi assai, nodosi, coperti d'una corteccia biancastra, e dal fogliame molto fitto. Essendo queste piante, come già fu detto, sorrette alla base da un gran numero di sproni naturali formati dalle radici, i filibustieri poterono giungere, senza troppa difficoltà, ai primi rami e di là innalzarsi fino a cinquanta metri dal suolo.

Carmaux stava per accomodarsi sulla biforcazione d'un ramo, quando udí questo oscillare vivamente, come se qualcuno si fosse rifugiato all'altra estremità.

- Sei tu, Wan Stiller?... - chiese. - Vuoi farmi capitombolare?... Ti avverto che siamo a tale altezza da fracassarci le ossa.

- Che cosa vuoi dire?... - chiese il Corsaro, che gli stava sopra. - Wan Stiller è dinanzi a me.

- Chi è dunque che mi fa oscillare? Che qualche Arawako si sia rifugiato quassú?

Si guardò intorno ed a dieci passi di distanza, in mezzo ad un ammasso di foglie, radunate quasi all'estremità del ramo, vide brillare due punti luminosi d'un giallo verdastro.

- Per le sabbie d'Olonne, come dice Nau!... - esclamò Carmaux. - Con quale animale ci troviamo in compagnia?... Ehi, catalano, guarda un po' se puoi dirmi a chi appartengono quei brutti occhi che mi fissano.

- Degli occhi!... - esclamò lo spagnuolo. - Vi è qualche bestia su quest'albero?...

- Sí, - disse il Corsaro. - Pare che siamo in cattiva compagnia.

- E gl'indiani stanno per giungere, - disse Wan Stiller.

- Vedo anch'io un paio d'occhi, - rispose il catalano, che si era alzato, - ma non saprei dire se appartengono a un coguaro o a un giaguaro.

- Ad un giaguaro!... - esclamò Carmaux, rabbrividendo. - Non ci mancherebbe altro che mi piombasse addosso e che mi facesse capitombolare sulle teste degli Arawaki.

- Silenzio, - disse il Corsaro. - Essi vengono!...

- E quell'animale che mi è cosí vicino?... - disse Carmaux, che cominciava a diventare inquieto.

- Forse non oserà assalirci. Non muoverti o ci tradirai.

- Ebbene, mi lascerò mangiare pur di salvare voi, comandante.

- Non inquietarti, Carmaux. Ho la spada in mano.

- Zitto!... Eccoli!... - disse il catalano.

Gl'indiani giungevano urlando come ossessi. Erano un'ottantina e fors'anche di più, tutti armati di mazze, di archi ed alcuni di certe specie di giavellotti.

Essi piombarono come una banda di belve sullo spazio scoperto dove finivano di bruciare i tizzoni dispersi da Wan Stiller, ma quando invece dei due bianchi che credevano di trovare già cucinati, videro i cadaveri dei loro compagni, un'espressione di rabbia spaventevole seguí quella scoperta inaspettata.

Vociferavano come indemoniati, percuotevano furiosamente i tronchi degli alberi con le loro formidabili mazze, facendo un frastuono assordante e non sapendo con chi prendersela, lanciavano frecce in tutte le direzioni, saettando i cespugli e le grandi foglie dei palmizi con grande pericolo dei filibustieri che si trovavano cosí vicini.

Sfogato il primo impeto di rabbia, cominciarono a sparpagliarsi, mettendosi a frugare i dintorni con la speranza di scoprire gli uccisori dei loro compagni e di regalarsi un nuovo arrosto, che supplisse quello cosí misteriosamente scomparso.

I filibustieri, nascosti fra il folto fogliame del summameira, non fiatavano, lasciando che gli antropofaghi sfogassero la loro collera. Si preoccupavano invece più del maledetto animale che aveva cercato un rifugio sui rami dell'albero gigante, soprattutto Carmaux che si trovava cosí vicino e che vedeva brillare sempre, in mezzo alle foglie, quegli occhi gialli verdastri. Quel coguaro o giaguaro che fosse, fino allora non si era mosso, non vi era però da fidarsi e poteva da un istante all'altro precipitarsi sul disgraziato filibustiere, richiamando in tal modo l'attenzione degli indiani.

- Dannato animale! - mormorò Carmaux, che si agitava sul ramo. - Non mi perde di vista un solo istante!... Ehi, catalano, dimmi un po' entro quali budelle dovrò finire, se si decide a saltarmi addosso.

- Tacete, o gli indiani ci udranno, - rispondeva il catalano che gli stava sotto.

- Al diavolo anche l'arrosto umano! Era meglio lasciare che quei selvaggi se lo divorassero in pace. Già, anche sepolti non mastricheranno più tabacco, né bistecche! Se poi...

Uno scricchiolio che veniva dall'estremità del ramo gl'interruppe la frase. Guardò con occhi smarriti l'animale e lo vide agitarsi come se cominciasse ad essere stanco della sua non troppo comoda posizione.

- Capitano, - mormorò Carmaux, - credo che si prepari a mangiarmi.

- Non muoverti, - rispose il Corsaro. - Ti ho detto che ho la spada in mano.

- Sono certo che non mancherete il colpo, ma...

- Zitto: vi sono due indiani che ronzano sotto di noi.

- Ehm! Come getterei volentieri sulle loro teste quell'animalaccio del malanno.

Guardò verso l'estremità del ramo e vide la fiera ritta sulle quattro zampe come se si preparasse a spiccare un salto.

- Che se ne vada? - pensò, respirando. - Sarebbe ora che si decidesse a lasciare il posto.

Guardò giú e vide confusamente due ombre che giravano attorno all'albero, fermandosi ad esaminare gli alti sproni, sotto i quali potevano comodamente celarsi parecchie persone.

- Finirà male, - mormorò.

I due indiani s'intrattennero alcuni minuti alla base del colosso, poi si allontanarono cacciandosi in mezzo ai cespugli. I loro compagni dovevano già trovarsi molto innanzi, cominciando le loro grida a diventare fioche.

Il Corsaro attese alcuni minuti, poi non udendo piú nulla, convinto che gli Arawaki si fossero definitivamente allontanati, disse a Carmaux:

- Prova a scuotere il ramo.

- Che cosa volete fare, comandante?

- Sbarazzarti di quella pericolosa compagnia. Ehi, Wan Stiller, sta' pronto a colpire con la tua sciabola.

- Ci sono anch'io, padrone, - disse Moko, che si era rizzato sul ramo che occupava, stringendo per la canna il suo pesante fucile. - Con un buon colpo di mazza getterò giú quella bestia.

Carmaux, completamente rassicurato, vedendosi intorno tanti difensori, si mise a saltare furiosamente, scuotendo il fogliame.

L'animale, comprendendo forse che l'avevano con lui, fece udire un sordo miagolio, poi si mise a soffiare come un gatto in collera.

- Forza, Carmaux, - disse il catalano. - Se non si muove, ciò indica che ha piú paura di te. Scuoti forte e gettalo giú.

Il filibustiere s'aggrappò ad un ramo superiore e raddoppiò i salti.

L'animale, rifugiato all'estremità del fogliame, oscillava a destra ed a manca, manifestando il poco piacere che provava per quella danza di nuovo genere, con miagolii e soffi piú acuti.

Si udivano le sue unghie stridere sul ramo cercando un nuovo appoggio e si vedevano i suoi occhi dilatarsi per la paura.

Ad un tratto, temendo forse di fare un brutto capitombolo, prese un partito disperato. Si raccolse su se stesso, poi balzò su di un ramo che gli stava sotto, passando sopra la testa del catalano e cercò di guadagnare il tronco per slanciarsi poi a terra.

L'africano vedendolo passare, gli vibrò al volo un colpo col calcio del fucile, colpendolo in pieno e facendolo precipitare al suolo senza vita.

- Morto? - chiese Carmaux.

- Non ha avuto nemmeno il tempo di mandare un grido, - rispose Moko, ridendo.

- Era un giaguaro?... Mi pare un po' piccolo per essere uno di quei sanguinari predoni.

- Hai avuto paura per nulla, compare, - disse l'africano. - Bastava una legnata per accopparlo.

- Che cos'era, adunque?...

- Un maracaya.

- Ne so meno di prima.

- Un animale che somiglia bensí al giaguaro, ma che non è altro che un grosso gatto, - disse il catalano. - È un predatore di scimmie e di uccelli, che non osa prendersela con gli uomini.

- Ah!... brigante!... - esclamò Carmaux. - Se l'avessi saputo prima, l'avrei preso per la coda, ma mi vendicherò della paura che mi ha fatto provare. Dopo tutto, i gatti bene arrostiti non sono cattivi.

- Oh! Il mangiagatti!...

- Te lo farò assaggiare, catalano del mio cuore, e vedremo se farai smorfie.

- Forse no, tanto più che siamo a corto di viveri e che la foresta che dovremo attraversare sarà ben povera di selvaggina.

- Perché? - chiese il Corsaro.

- È la foresta paludosa, signore, la piú difficile da attraversare.

- È vasta?...

- Si spinge fino presso Gibraltar.

- Impiegheremo molto ad attraversarla? Non vorrei giungere a Gibraltar dopo l'Olonese.

- In quattro o cinque giorni spero che riusciremo ad attraversarla.

- Giungeremo in tempo, - disse il Corsaro, come parlando fra se stesso. - Credo che sia un'imprudenza rimetterci in marcia...

- Gli indiani non sono ancora abbastanza lontani, signore. Vi consiglierei di passare la notte su quest'albero.

- Ma intanto Wan Guld s'allontana.

- Nella foresta paludosa lo raggiungeremo, signore, ne sono certo.

- Ho paura che egli possa giungere a Gibraltar prima di me, e che mi sfugga una seconda volta.

- A Gibraltar ci sarò anch'io, signore, e non lo perderò di vista. Non ho dimenticato le venticinque legnate che mi ha fatto dare.

- Tu a Gibraltar!... Cosa vuoi dire?

- Che vi entrerò prima di voi e perciò lo sorveglierò.

- E perché prima di noi?...

- Signore, sono uno spagnuolo, - disse il catalano, con tono grave. -

- Continua.

Spero che voi mi permetterete di farmi uccidere a fianco dei miei camerati e che non mi costringerete a battermi fra le vostre file contro lo stendardo di Spagna.

- Ah!... Tu vuoi difendere Gibraltar?

- Prendere parte alla sua difesa, comandante.

- Hai premura di lasciare questo mondo? Gli spagnuoli di Gibraltar morranno tutti.

- Ebbene, sia, ma morranno con le armi in pugno, attorno alla gloriosa bandiera della patria lontana, - disse il catalano con voce commossa.

- È vero, sei un valoroso, - rispose il Corsaro con un sospiro.

- Sì, andrai prima di noi a combattere a fianco dei tuoi camerati. Wan Guld è un fiammingo, ma Gibraltar è spagnuola.

CAPITOLO XXVIII

I SUCCHIATORI DI SANGUE.

La notte fu tranquilla, tanto tranquilla che i filibustieri poterono dormire placidamente alcune ore, sdraiati sulla biforcazione degli enormi rami del summameira.

Non vi fu che un allarme causato dal passaggio d'una piccola banda di Arawaki, componenti forse la retroguardia della tribú; però nemmeno costoro s'accorsero della presenza dei filibustieri e passarono oltre, proseguendo la loro marcia verso il nord.

Appena il sole spuntò, il Corsaro, dopo d'aver ascoltato a lungo, rassicurato dal profondo silenzio che regnava nella foresta, dava il comando di scendere per riprendere la marcia.

Primo pensiero di Carmaux appena fu a terra fu quello di mettersi in cerca del maracaya, che gli aveva fatto passare un cosí brutto quarto d'ora fra i rami dell'albero gigante, e lo trovò presso un cespuglio tutto fracassato dalla caduta e col capo spaccato dal calcio del fucile di Moko.

Era un animale che aveva il pelame somigliante a quello dei giaguari ed anche le forme, con la testa assai piú piccola, la coda piuttosto corta ed il corpo lungo appena ottanta centimetri.

- Canaglia!... - esclamò, afferrandolo per la coda e gettandoselo sulle spalle. - Se avessi saputo prima che era cosí piccolo, gli allungavo un tal calcio da farlo saltare in aria. Ma bah!... Mi vendicherò mettendolo arrosto e mangiandolo.

- Affrettiamoci, - disse il Corsaro. - Abbiamo perduto troppo tempo con quei selvaggi.

Il catalano consultò la bussola datagli da Wan Stiller, poi si mise in cammino aprendosi il passo fra le liane, le radici ed i cespugli.

La foresta era sempre fitta, composta per la maggior parte di palme miriti dai tronchi enormi, irti di spine acute che laceravano gli abiti ai filibustieri, e di cecropia, ossia di piante candelabri.

Di tratto in tratto si vedeva anche qualche splendida jupati, altra specie di palma con le foglie piumate, cosí immense, da raggiungere l'incredibile lunghezza di quindici metri, mentre il tronco è cosí corto che appena si innalza di qualche metro!...

Oppure si vedeva qualche gruppo di bussú, chiamato anche manicaria, dalle foglie rigide come

se fossero di zinco, ed anche queste lunghe dieci, perfino undici metri, serrate, diritte e dentellate a mo' di sega, e di pupunha, specie di palme che producono dei grappoli di frutta eccellenti.

Scarseggiavano invece gli uccelli e mancavano assolutamente le scimmie. Era molto se si vedeva qualche coppia di pappagalli dalle penne variopinte, e qualche solitario tucano dal becco rosso e giallo, ed il petto coperto da una fine lanuggine d'un rosso fuoco, o si udiva echeggiare il grido stridulo di qualche tanagra, bell'uccello dalle penne azzurre ed il ventre arancio-rossastro.

Dopo tre ore di marcia forzata, senza aver incontrato nessuna traccia d'uomo, i filibustieri s'accorsero che la foresta accennava a cambiare. Le palme si diradavano per lasciare posto alle iriartree panciute, le piante amanti dell'acqua; a boschetti di legno cannone; a bombax, alberi dal legno poroso, molle e bianco che sembra un formaggio e perciò chiamati anche formaggieri; a gruppi di mangli che producono delle frutta succose, che sanno di terebentina; ad ammassi di orchidee, di passiflore, di felci

epifite e di aroidee, le cui radici aeree pendevano perpendicolarmente, ed a macchioni di splendide bromelie dai ricchi rami carichi di fiori scarlatti.

Il terreno, fino allora asciutto, s'impregnava rapidamente d'acqua, mentre l'aria diventava satura d'umidità. La foresta secca si tramutava in foresta umida, ben più pericolosa della prima, perché sotto quelle piante si cela la febbre dei boschi, quella febbre che è fatale anche agli indiani già acclimatizzati.

Un silenzio profondo regnava sotto quei vegetali, come se quella esuberanza di umidità avesse fatto fuggire uccelli ed animali. Non un grido di scimmia, non il canto di un volatile qualsiasi, non il ruggito d'un coguaro od il miagolio d'un giaguaro.

Quel silenzio aveva qualche cosa di triste, di pauroso, che faceva un'impressione strana anche sui forti animi dei filibustieri della Tortue.

- Per mille pescicani!... - esclamò Carmaux. - Pare di attraversare un immenso cimitero.

- Ma un cimitero allagato - aggiunse Wan Stiller. - Sento che questa umidità mi penetra nelle

ossa.

- Che sia il principio di un attacco di febbre paludosa?

- Non ci mancherebbe altro, - disse il catalano. - Chi viene colpito, non uscirà vivo da questa

brutta foresta.

- Bah!... Ho la pelle dura, - rispose l'amburghese. - Le paludi dell'Yucatan mi hanno corazzato e tu sai che quelle producono il vomito prieto (la febbre gialla). Non sono le febbri che mi fanno paura, bensí la mancanza di selvaggina.

- Specialmente ora che siamo cosí a corto di viveri, - aggiunse l'africano.

- Ehi, compare sacco di carbone!... - esclamò Carmaux. - Hai dimenticato il mio gatto?... Eppure è abbastanza visibile.

- Durerà poco, compare, - rispose il negro. - Se non lo mangiamo oggi, domani quest'umidità calda lo avrà ridotto in tale stato di putrefazione, da doverlo gettare via.

- Bah!... Troveremo qualche cosa d'altro da porre sotto i denti.

- Tu non conosci queste foreste umide.

- Abbatteremo degli uccelli.

- Non ve ne sono.

- Dei quadrupedi.

- Nemmeno.

- Cercheremo delle frutta.

- Sono tutte piante infruttifere.

- Troveremo almeno qualche caimano.

- Non vi sono savane. Non vedrai che dei serpenti.

- Mangeremo quelli.

- Ah!... compare!...

- Per mille pescicani... In mancanza d'altro metteremo quelli ad arrosto e li faremo passare per anguille.

- Puah!...

- Oh!... Il negro schizzinoso!... - esclamò Carmaux. - Ti vedremo quando avrai fame.

Così chiacchierando continuavano a marciare di buon passo attraverso quei terreni umidissimi, sopra i quali ondeggiava di frequente una nebbiola carica di miasmi pericolosi.

Il caldo era intenso anche sotto le piante, un caldo snervante che faceva sudare prodigiosamente i filibustieri. Il sudore zampillava da tutti i pori, inzuppando le loro vesti e guastando perfino le loro armi, tanto che Carmaux non osava piú contare sulla carica del suo fucile.

Larghi stagni di quando in quando tagliavano la via, ripieni di un'acqua nera e puzzolente ed ingombri di piante acquatiche, dei veri agoa redonda, come li chiamavano i coloni spagnuoli; talvolta invece erano costretti a fermarsi dinanzi a qualche igarapé, ossia ad un canale naturale, comunicante

con qualche corso d'acqua, perdendo molto tempo per cercare un guado non fidandosi di quelle sabbie traditrici che potevano inghiottirli.

Su quelle rive mancavano gli uccelli acquatici e abbondavano invece i rettili, in attesa della notte per dare la caccia ai ranocchi ed ai rospi. Si vedevano aggomitolati sotto i cespugli o distesi in mezzo alle foglie a scaldarsi al sole, i velenosissimi jararacà dalla piccola testa depressa; i piccoli cobra cipo; i caniana, quei voraci bevitori di latte che per procurarselo usano introdursi nelle capanne per succhiare le poppe delle indiane lattanti, e non pochi serpenti coralli che producono una morte quasi fulminante e contro il cui morso non vi è rimedio, trovandosi impotente perfino l'infusione del calupo diavolo, che generalmente è un rimedio efficace contro il veleno degli altri rettili.

I filibustieri, che provavano una ripugnanza invincibile per quei brutti rettili, non escluso Carmaux, si guardavano bene dal disturbarli e facevano attenzione dove posavano i piedi, per evitare qualche morso mortale.

A mezzodí, affranti da quella lunga marcia, si arrestavano senza aver scoperto le tracce di Wan Guld e della sua scorta.

Non possedendo che poche libbre di biscotti, si decisero ad arrostire il maracaya e, quantunque fosse assai coriaceo e puzzasse di selvatico, bene o male lo fecero passare. Carmaux però si ostinò a dichiararlo eccellente, contro il parere di tutti e ne fece una scorpacciata.

Alle tre, essendo un po' cessato il calore infernale che regnava sotto quella foresta, riprendevano le mosse attraverso le paludi infestate di miriadi di zanzare, le quali si gettavano contro i filibustieri con vero furore, facendo sagrare Carmaux e Wan Stiller.

In mezzo a quelle acque stagnanti, ingombre di piante acquatiche, dalle foglie giallastre che si corrompevano sotto i raggi infuocati del sole esalando odori sgradevoli, si vedeva talvolta sorgere la testa di qualche serpente di acqua o apparire, ma per subito tuffarsi, qualche testuggine careto dalla corazza bruno oscura, chiazzata di macchie rossastre irregolari.

Mancavano invece sempre i volatili acquatici, come se non avessero potuto sopportare quelle esalazioni pericolose.

Affondando talvolta in terreni pantanosi, o passando sopra alberi atterrati, o aprendosi il passo attraverso i boschetti di legno cannone che servivano di rifugio a nubi di zanzare, i filibustieri, guidati dall'infaticabile catalano, procedevano sempre, spinti da un vivo desiderio di lasciare presto quella triste foresta.

Di frequente s'arrestavano per tendere gli orecchi, sperando sempre di raccogliere qualche rumore che indicasse la vicinanza di Wan Guld e della sua scorta, ma sempre con esito negativo. Un silenzio profondo regnava sotto quegli alberi ed in mezzo ai boschetti.

Verso sera, però, fecero una scoperta, che se da una parte li rattristò, d'altro canto li rese soddisfatti, essendo quella una prova che si trovavano ancora sulle tracce dei fuggiaschi.

Stavano cercando un posto adatto per accamparsi, quando videro l'africano, che si era un po' allontanato con la speranza di trovare qualche pianta fruttifera, ritornare frettolosamente con gli occhi smarriti e la pelle del viso cinerea, ossia pallida.

- Che cos'hai, compare sacco di carbone? - chiese Carmaux, armando frettolosamente il fucile. - Sei inseguito da qualche giaguaro?

- No... là!... là!... un morto... un bianco! - rispose il negro.

- Un bianco!... - esclamò il Corsaro. - Uno spagnuolo vuoi dire?...

- Sí, padrone. Ci sono caduto addosso e l'ho sentito freddo come un serpente.

- Che sia quella canaglia di Wan Guld? - disse Carmaux.

- Andiamo a vedere, - disse il Corsaro. - Guidaci, Moko.

L'africano si cacciò in mezzo ad una macchia di calalupo, piante che producono delle frutta che tagliate a pezzi danno una bevanda rinfrescante e dopo venti o trenta passi s'arrestava alla base d'un simaruba, il quale si ergeva solitario col suo carico di fiori.

Colà i filibustieri videro, non senza un fremito d'orrore, un uomo disteso sul dorso, con le braccia strette sul petto, le gambe seminude ed i piedi già spolpati o da qualche serpente o dalle formiche termiti.

Aveva il viso giallo cereo imbrattato di sangue, uscitogli da una piccola piaga che si scorgeva presso la tempia destra, la barba lunga ed arruffata e le labbra contratte che mettevano a nudo i denti. Gli occhi erano già scomparsi e al loro posto non si vedevano che due buchi sanguinanti

Non vi era da ingannarsi sul suo vero essere, poiché indossava una corazza di pelle di Cordova

ad arabeschi, calzoni corti a righe gialle e nere come usavano gli spagnuoli, e poco discosti stavano un mezzo elmetto d'acciaio adorno di una piuma bianca ed una lunga spada.

Il catalano, che pareva in preda ad una viva emozione, si era curvato su quel disgraziato, poi s'era risollevato prontamente, esclamando:

- Pedro Herrera!... Pover'uomo!... In quale stato lo ritrovo!...

- Era uno di coloro che seguivano Wan Guld? - chiese il Corsaro

- Sí, signore, un valoroso soldato ed un bravo camerata.

- Che sia stato ucciso dagli indiani?...

- Ferito sí, poiché vedo sul fianco destro un buco che mette ancora qualche goccia di sangue, ma il suo assassino è stato un pipistrello.

- Che cosa vuoi dire?...

- Che questo povero soldato è stato dissanguato da un vorace vampiro. Non vedete questo piccolo segno che ha presso la tempia e che ha dato tanto sangue?

- Sí, lo vedo.

- Forse Herrera era stato abbandonato dai compagni, a causa della ferita che gli impediva di seguirli nella loro precipitosa fuga, ed un vampiro, approfittando della sua stanchezza o del suo svenimento, l'ha dissanguato.

- Allora Wan Guld è passato di qui?

- Eccone la prova.

- Da quanto tempo credi che questo soldato sia morto?

- Forse da stamane. Se fosse morto da ieri sera, le formiche termiti l'avrebbero a quest'ora completamente spolpato.

- Ah!... Ci sono vicini!... - esclamò il Corsaro, con voce cupa. - A mezzanotte ripartiremo e domani tu avrai restituito a Wan Guld le venticinque legnate ed io avrò purgato la terra da quell'infame traditore e vendicato i miei fratelli.

- Lo spero, signore.

- Cercate di riposare meglio che potete, perché non ci arresteremo,   se non quando avremo raggiunto Wan Guld.

- Diavolo! - mormorò Carmaux. - Il comandante ci farà trottare come cavalli.

- Ha fretta di vendicarsi, amico, - disse Wan Stiller.

- E di rivedere le sua Folgore.

- E la sua giovane duchessa?

- È probabile, Wan Stiller.

- Dormiamo, Carmaux.

- Dormire!... Non hai udito il catalano parlare di uccelli che dissanguano?... Fulmini!... Se a mezzanotte ci trovassimo tutti insanguinati?... Con questa idea non potrò dormire tranquillo.

- Il catalano ha voluto burlarsi di noi, Carmaux.

- No, Wan Stiller. Ho udito anch'io parlare di vampiri.

- E che cosa sono?...

- Dei brutti uccellacci, pare. Ehi, catalano, vedi nulla in aria?...

- Sí, le stelle, - rispose lo spagnuolo.

- Ti domando se vedi dei vampiri.

- È troppo presto. Lasciano i loro nascondigli solo quando gli uomini e gli animali russano sonoramente.

- Che bestie sono? - chiese Wan Stiller.

- Dei grossi pipistrelli dal muso lungo e sporgente, con gli orecchi grandi, di pelame morbido, rosso-bruno sul dorso e giallo-bruno sul ventre e con delle ali che misurano quaranta e piú centimetri.

- E dici che succhiano il sangue?

- Sí, e lo fanno cosí delicatamente, che non ve ne accorgereste, possedendo una tromba cosí sottile da rompere la pelle senza produrre alcun dolore. - Che ve ne siano qui?...

- È probabile.

- E se uno piombasse su di noi?...

- Bah!... Una sola notte non basta per dissanguarmi e tutto si limiterebbe ad una cavata di sangue, piú utile che dannosa, in questi climi. È bensí vero che le ferite che producono sono lunghe a guarire.

- Però il tuo amico con quella cavata di sangue è andato all'altro mondo, - disse Carmaux.

- Chissà quanto ne aveva perduto prima dalla ferita. Buonanotte, caballeros, alla mezzanotte si

riparte.

Carmaux si lasciò cadere in mezzo alle erbe, ma prima di chiudere gli occhi guardò a lungo fra i

rami del simaruba, per accertarsi che non vi si nascondesse qualche avido succhiatore di sangue.

CAPITOLO XXIX

LA FUGA DEL TRADITORE.

La luna era appena sorta sopra le alte foreste, che già il Corsaro era in piedi, pronto a riprendere quell'ostinata caccia contro Wan Guld e la sua scorta.

Scosse il catalano, il negro ed i due filibustieri, e si ripose in marcia senza aver pronunciato una parola, ma con passo cosí lesto che i suoi compagni stentavano a seguirlo.

Pareva che fosse proprio deciso a non sostare senza aver raggiunto il suo mortale nemico; però ben presto nuovi ostacoli lo costrinsero non solo a rallentare quella marcia indiavolata, ma anche ad arrestarsi.

Bacini d'acqua che raccoglievano tutti gli scoli della foresta, terreni pantanosi, brughiere fittissime e corsi d'acqua s'incontravano a ogni tratto, obbligandoli a cercare dei passaggi o a descrivere dei lunghi giri, o a trovare dei guadi, o ad abbattere delle piante per improvvisare dei ponti.

I suoi uomini facevano sforzi sovrumani per aiutarlo, nondimeno cominciavano ad essere esausti da quelle lunghe marce che duravano già da quasi dieci giorni, dalle notti insonni ed anche in causa dello scarso nutrimento.

All'alba non ne potevano piú e furono costretti a pregarlo di accordare loro un po' di riposo, non potendo piú reggersi in piedi ed essendo anche affamati, giacché i biscotti erano stati consumati ed il gatto di Carmaux era stato digerito da quindici ore.

Si misero in cerca di selvaggina e di alberi fruttiferi; quella foresta paludosa però sembrava che non potesse offrire né l'una né l'altra. Non s'udivano né cicalecci di pappagalli, né grida di scimmie, né si vedeva alcuna pianta che portasse qualche frutto mangiabile.

Tuttavia il catalano, che si era diretto verso una vicina palude assieme a Moko, fu ancora tanto fortunato da poter prendere colle mani, non senza però aver riportato dei morsi crudeli, una praira, pesce che abbonda nelle acque morte, colla bocca armata di acuti denti e dal groppone nero, mentre il suo compagno riusciva ad afferrare un cascudo, altro pesce lungo un piede, dalle squame durissime,

nere sopra e rossicce sotto.

Quel magro pasto, assolutamente insufficiente per saziare tutti, fu presto divorato, poi, dopo qualche ora di riposo, si rimisero in caccia attraverso quella triste foresta, che pareva non dovesse finire mai.

Cercavano di mantenere la direzione sud-est, per avvicinarsi all'estremità del lago di Maracaybo trovandosi colà la forte cittadella di Gibraltar; erano però sempre costretti a deviare, in causa di quelle continue paludi e dei terreni fangosi.

Quella seconda corsa la prolungarono fino a mezzodí, senza aver scoperto le tracce dei fuggiaschi e senza aver udito alcun grido, né alcuna detonazione.

Verso le quattro pomeridiane, dopo un riposo d'un paio d'ore, scoprivano sulle rive d'un fiumiciattolo gli avanzi d'un fuoco le cui ceneri erano ancora calde.

Era stato acceso da qualche cacciatore indiano o dai fuggiaschi? Era impossibile saperlo, non avendo potuto trovare alcuna traccia di piedi, essendo colà il terreno asciutto e coperto di foglie, nondimeno quella scoperta li rianimò tutti, essendo convinti che in quel luogo si fosse arrestato Wan Guld.

La notte li sorprese senza che null'altro avessero trovato. Sentivano però per istinto che i fuggiaschi non dovevano essere lontani

Quella sera quei poveri diavoli si videro costretti a coricarsi senza cena, non avendo trovato assolutamente nulla.

- Ventre di pesce-cane! - esclamò Carmaux, che cercava di ingannare la fame masticando alcune foglie d'un sapore zuccherino. - Se la continua cosí, giungeremo a Gibraltar in tale stato da farci mettere subito in un ospedale.

La notte fu la piú cattiva di tutte quelle passate in mezzo ai boschi del lago di Maracaybo. Oltre le sofferenze della fame, si aggiunsero le torture loro inflitte da sciami immensi di zanzare ferocissime, le quali non permisero a quei disgraziati di chiudere gli occhi un solo istante.

Quando verso il mezzodí dell'indomani si rimisero in cammino erano piú stanchi della sera innanzi. Carmaux dichiarava che non avrebbe potuto resistere due ore ancora, se non trovava per lo meno un gatto selvatico da mettere ad arrostire o una mezza dozzina di rospi. Wan Stiller avrebbe preferito una schidionata di pappagalli o una scimmia, ma non si vedevano né gli uni né le altre in quella selva maledetta.

Camminavano, o meglio si trascinavano da quattro ore, seguendo il Corsaro che procedeva sempre lesto, come se possedesse un vigore sovrumano, quando a breve distanza udirono echeggiare uno sparo.

Il Corsaro si era subito arrestato, mandando un grido.

- Finalmente! - aveva esclamato, snudando la spada con gesto risoluto.

- Tuoni d'Amburgo! - gridò Wan Stiller. - Pare che questa volta ci siamo vicini.

- Speriamo che non ci scappino piú, - rispose Carmaux. - Li legheremo come salami, onde impedire loro di farci correre un'altra intera settimana.

- Questo colpo di fucile non è stato sparato che a mezzo miglio da noi, - disse il catalano.

- Sí, - rispose il Corsaro. - Fra un quarto d'ora spero di aver nelle mani l'assassino dei miei fratelli.

- Volete un consiglio, signore? - disse il catalano.

- Parla.

- Cerchiamo di tendere loro un agguato.

- Ossia?...

- Di aspettarli in qualche fitta macchia, per costringerli ad arrendersi senza impegnare una lotta

sanguinosa. Devono essere sette od otto, mentre noi non siamo che cinque ed esausti di forze.

- Non saranno di certo più gagliardi di noi, tuttavia accetto il tuo consiglio. Piomberemo loro

addosso d'improvviso, in modo da non lasciare il tempo di difendersi. Preparate le armi e seguitemi senza far rumore.

Cambiarono le cariche dei fucili e delle pistole per non mancare ai colpi, nel caso che fossero costretti ad impegnare la lotta; indi si misero a strisciare in mezzo ai cespugli, alle radici e le liane, cercando di non far scrosciare le foglie secche, né di spezzare i rami.

La foresta paludosa pareva che fosse terminata. Ricominciavano gli alberi annosi, bombax, arcaaba, palme d'ogni specie, simaruba, mauritie, jupati, bussú e tante altre splendidissime, adorne di foglie di dimensioni esagerate e cariche di fiori e di frutta, di cui alcune eccellenti a mangiarsi.

Alcuni uccelli si ricominciavano a vedere, pappagalli, arà, canindé, tucani, mentre in distanza si udivano echeggiare le grida formidabili d'una banda di scimmie urlanti, facendo andare in bestia Carmaux, il quale rivedeva l'abbondanza senza poter approfittarne, essendo stato severamente proibito di far fuoco, per non allarmare il governatore e la sua scorta.

- Mi rifarò piú tardi, - brontolava, - ed abbatterò tanta selvaggina da mangiarne per dodici ore di

fila.

Il Corsaro pareva che non si fosse accorto di quel cambiamento, tutto occupato nella sua

vendetta. Egli strisciava come un serpente o balzava sopra gli ostacoli come una tigre, cogli occhi fissi dinanzi a sé per scoprire il suo mortale nemico.

Non si voltava nemmeno per vedere se i suoi compagni lo seguivano, come se fosse stato convinto d'impegnare e di vincere la lotta, anche da solo, contro l'intera scorta del traditore.

Non produceva il piú minimo rumore. Passava sugli strati delle foglie senza farle crepitare; apriva i rami senza quasi curvarli; sgattaiolava fra i festoni delle liane senza quasi muoverle e strisciava, meglio d'un rettile, fra le radici. Né le lunghe fatiche, né le privazioni avevano esaurito quell'organismo meraviglioso.

Ad un tratto però fu visto arrestarsi, colla sinistra armata di pistola tesa innanzi e la spada in alto, come se si preparasse a scagliarsi avanti con impeto irresistibile.

Due voci umane si udivano in mezzo ad un boschetto di calupi.

- Diego, - diceva una voce fioca, come se fosse per spegnersi. - Un sorso d'acqua ancora, uno solo... prima che chiuda gli occhi.

- Non posso, - rispondeva un'altra, rantolosa. - Non lo posso, Pedro.

- Ed essi sono lontani, - rispondeva la prima.

- E per noi è finita... Pedro... Quei cani d'indiani... mi hanno ferito a morte.

- Ed io... ho la febbre... che mi uccide...

- Quando... torneranno... non ci troveranno... più.

- Il lago è... vicino... e l'indiano... sa dov'è... una barca... ah!... Chi vive?...

Il Corsaro Nero si era slanciato in mezzo alla macchia colla spada alzata, pronto a colpire.

Due soldati, pallidi, disfatti, coperti di soli cenci, stavano distesi ai piedi d'un grand'albero. Vedendo apparire quell'uomo armato, con uno sforzo supremo si erano alzati sulle ginocchia, cercando di afferrare i loro fucili che tenevano a qualche passo da loro, però erano subito ricaduti, come se le forze loro fossero improvvisamente mancate.

- Chi si muove è uomo morto!... - aveva gridato il Corsaro, con voce minacciosa. Uno dei due soldati si era risollevato, dicendo con un sorriso forzato:

- Eh, caballero!... Non ucciderete che dei moribondi!

In quel momento il catalano si era pure slanciato in mezzo alla macchia seguito dall'africano e dai due filibustieri. Due grida gli sfuggirono:

- Pedro!... Diego!... Poveri camerati!...

- Il catalano!... - esclamarono i due soldati.

- Sono io, amici e...

- Silenzio, - disse il Corsaro. - Ditemi, dov'è Wan Guld?

- Il Governatore?... - chiese colui che si chiamava Pedro. - È partito da tre ore.

- Solo?

- Con un indiano che ci ha servito di guida e i due ufficiali.

- Sarà lontano?... Parlate se volete che non vi uccida.

- Non devono aver fatta molta strada.

- È aspettato sulle rive del lago?...

- No, però l'indiano sa dove trovare una barca.

- Amici, - disse il Corsaro. - Bisogna ripartire o Wan Guld ci sfuggirà!

- Signore, - disse il catalano, - volete che abbandoni i miei camerati?... Il lago è vicino, la mia missione quindi è finita e per non abbandonare questi disgraziati rinuncio alla mia vendetta.

- Ti comprendo, - rispose il Corsaro. - Sei libero di fare ciò che vorrai, ma credo che il tuo soccorso sarà inutile.

- Forse posso salvarli, signore.

- Lascio a te Moko. Io ed i miei due filibustieri bastiamo per dare la caccia a Wan Guld.

- Ci rivedremo a Gibraltar, signore, ve lo prometto.

- Hanno dei viveri i tuoi camerati?...

- Alcuni biscotti, signore, - risposero i due soldati.

- Bastano, - disse Carmaux.

- E del latte, - aggiunse il catalano che aveva gettato un rapido sguardo sull'albero alla cui base giacevano i due spagnuoli della scorta.

- Non domando di piú pel momento, - rispose Carmaux.

Il catalano colla navaja aveva fatta una profonda incisione sul tronco di quella pianta, che non era veramente un albero del latte ma una massarauduba, una specie quasi simile e che secerne una linfa bianca e densa, molto nutritiva, che ha pure il sapore del latte, della quale però non si deve abusare, producendo sovente dei disturbi qualche volta gravi.

Riempí le fiaschette dei filibustieri, diede loro alcuni biscotti, poi disse:

- Partite, caballeros, o Wan Guld vi sfuggirà ancora. Spero che ci rivedremo a Gibraltar.

- Addio, - rispose il Corsaro, rimettendosi in marcia. - Ti aspetto laggiú.

Wan Stiller e Carmaux che si erano un po' rinvigoriti, vuotando mezza fiaschetta e divorando frettolosamente alcuni biscotti, si erano lanciati dietro di lui, facendo appello a tutte le loro forze per non rimanere indietro.

Il Corsaro si affrettava per guadagnare le tre ore di vantaggio che avevano i fuggiaschi e per poter giungere sulle rive del lago, prima che calassero le tenebre. Erano già le cinque del pomeriggio, il tempo era quindi brevissimo.

Fortunatamente la foresta si diradava sempre. Gli alberi non erano piú uniti e collegati tra di loro dalle liane, bensí raggruppati in macchioni isolati, sicché i filibustieri potevano procedere speditamente, senza essere obbligati a perdere un tempo prezioso nell'aprirsi il passo fra i vegetali.

La vicinanza del lago già si tradiva. L'aria era diventata piú fresca e satura di emanazioni saline, e degli uccelli acquatici, per lo piú qualche coppia di bernacle, uccelli che si trovano in gran numero sulle rive del Golfo di Maracaybo, si mostravano.

Il Corsaro accelerava sempre, timoroso di giungere troppo tardi addosso ai fuggiaschi. Non marciava piú, correva, mettendo a dura prova le gambe di Carmaux e di Wan Stiller.

Alle sette, nel momento in cui il sole stava per tramontare, vedendo che i suoi compagni rimanevano indietro, accordò loro un riposo d'un quarto d'ora, durante il quale vuotarono le loro fiaschette, mandando giú un paio di biscotti.

Il Corsaro però non stette fermo. Mentre Wan Stiller e Carmaux riposavano, frugò i dintorni, sperando di trovare le tracce dei fuggiaschi, e s'allontanò verso il sud credendo forse di udire, in quella direzione, qualche sparo o qualche rumore che indicassero la vicinanza del traditore

- Partiamo, amici, un ultimo sforzo ancora e Wan Guld cadrà finalmente nelle mie mani, - disse, appena fu tornato. - Domani potrete riposare a vostro agio.

- Andiamo, - disse Carmaux, alzandosi con grande fatica. - Le rive del lago devono essere

vicine.

Ripresero le mosse, ricacciandosi in mezzo ai macchioni. Le tenebre cominciavano allora a

calare e qualche urlo di belva si faceva udire nelle parti piú folte della foresta.

Marciavano da venti minuti, ansando e sbuffando, essendo tutti esausti, quando udirono dinanzi a loro dei cupi muggiti, che parevano prodotti da onde che si frangevano sulla riva. Quasi nel medesimo istante, fra gli alberi videro brillare una luce.

- Il golfo!... - esclamò Carmaux.

- E quel fuoco indica l'accampamento dei fuggiaschi, - urlò il Corsaro. - Le armi in mano, uomini del mare!... L'assassino dei miei fratelli è mio!...

Si erano messi a correre verso quel fuoco, che pareva ardesse sul margine della foresta. In pochi salti il Corsaro, che precedeva i due filibustieri, superò la distanza e piombò in mezzo allo spazio illuminato, colla formidabile spada in pugno, pronto ad uccidere, ma invece fu veduto arrestarsi, mentre un urlo di furore gli irrompeva dalle labbra.

Attorno a quel fuoco non vi era nessuno. Si vedevano bensí le tracce d'una recente fermata, gli avanzi di una scimmia arrostita, dei pezzi di biscotto ed una fiaschetta spezzata, però coloro che si erano colà accampati erano già partiti.

- Fulmini dell'inferno!... Troppo tardi!... - urlò il Corsaro con voce terribile.

- No, signore!... gridò Carmaux che lo aveva raggiunto. - Forse sono ancora a portata delle nostre palle!... Là!... Là!... Sulla spiaggia!...

Il Corsaro aveva volto gli sguardi da quella parte. A duecento metri la foresta cessava bruscamente e si estendeva una spiaggia bassa, sulla quale rotolavano, gorgogliando, le onde del lago.

Agli ultimi bagliori del crepuscolo, Carmaux aveva scorto un canotto indiano prendere frettolosamente il largo, piegando verso il sud, ossia in direzione di Gibraltar.

I tre filibustieri si erano precipitati sulla spiaggia, armando rapidamente i fucili.

- Wan Guld!... - urlò il Corsaro. - Fermati o sei un vile!...

Uno dei quattro uomini che montavano il canotto s'alzò ed un lampo balenò dinanzi a lui. Il

Corsaro udí il fischio di una palla che si perdeva fra i rami dei vicini alberi.

- Ah!... Traditore!... - urlò il Corsaro, al colmo della rabbia. - Fuoco su coloro!...

Wan Stiller e Carmaux si erano inginocchiati sulla sabbia puntando i fucili. Un istante dopo due detonazioni rimbombavano.

Al largo si udí echeggiare un grido e si vide qualcuno cadere; pure il canotto, invece di arrestarsi, s'allontanò con maggior rapidità, dirigendosi verso le sponde meridionali del lago e confondendosi fra le tenebre, che allora scendevano con quella rapidità fulminea particolare delle regioni equatoriali.

Il Corsaro, ebbro di furore, stava per slanciarsi lungo la spiaggia con la speranza di trovare qualche canotto, quando Carmaux lo arrestò, dicendogli: - Guardate, capitano!

- Che cosa vuoi? - chiese il Corsaro.

- Vi è un'altra scialuppa arenata sulla sabbia.

- Ah!... Wan Guld è mio!... - urlò il cavaliere.

A venti passi da loro, entro una piccola cala che la marea aveva allora lasciata asciutta, si trovava uno di quei canotti indiani scavati nel tronco d'un cedro, scialuppe che sembrerebbero pesanti a prima vista, ma che, ben manovrate, sfidano invece, senza tema di rimanere indietro, le migliori imbarcazioni.

Il Corsaro ed i suoi due compagni si erano precipitati verso quella piccola cala, e con un colpo vigoroso, avevano spinto in mare il canotto.

- Vi sono i remi?... - chiese il Corsaro.

- Sí, capitano, - rispose Carmaux. - In caccia, miei bravi!... Wan Guld non ci sfugge piú!...

- Forza di muscoli, Wan Stiller! - gridò il biscaglino. - I filibustieri non hanno rivali nel remo!...

- Oh!... Uno... due!... - rispose l'amburghese, curvandosi sul remo.

La scialuppa uscí dalla cala e si slanciò nelle acque del golfo, con la rapidità d'una freccia, sulle tracce del governatore di Maracaybo.

CAPITOLO XXX

LA CARAVELLA SPAGNOLA.

La scialuppa, montata da Wan Guld, era ormai lontana almeno mille passi, nondimeno i corsari erano uomini da non perdersi di animo, sapendo specialmente che un solo rematore era capace di competere con loro in quella faticosa manovra, cioé l'indiano. I due ufficiali ed il Governatore, abituati solamente a maneggiare le armi, dovevano essere di poco giovamento.

Quantunque fossero stanchi per quelle lunghe marce ed affamati, Wan Stiller e Carmaux avevano subito messo in opera la loro possente muscolatura, imprimendo al canotto una celerità prodigiosa. Il Corsaro, seduto a prora, con l'archibugio fra le mani, li eccitava senza posa con la voce, gridando:

- Forza, miei bravi!... Wan Guld non ci sfuggirà piú ed io sarò vendicato!... Ricordatevi del

Corsaro Rosso e del Corsaro Verde!...

Il canotto balzava sulle larghe ondate del lago, procedendo sempre piú rapido, frangendo impetuosamente, con l'acuta prora, le creste spumeggianti.

Carmaux e Wan Stiller arrancavano con furore, senza perdere una battuta, tendendo i muscoli, puntando i piedi. Erano certi di guadagnare sulla scialuppa avversaria, pur non rallentavano la lena, temendo che qualche avvenimento imprevisto permettesse al governatore di sottrarsi ancora una volta a quell'accanito inseguimento.

Arrancavano da cinque minuti, quando a prora avvenne un urto.

- Tuoni!... - urlò Carmaux. - Un bassofondo?...

Il Corsaro si era curvato ed avendo scorto dinanzi al canotto una massa nera, aveva allungato prontamente la destra per afferrarla, prima che scomparisse sotto la chiglia.

- Un cadavere! - esclamò.

Facendo uno sforzo issò quel corpo umano e lo guardò: era quello d'un capitano spagnuolo, il quale aveva la testa spaccata da una palla d'archibugio.

- È uno dei compagni di Wan Guld, - disse, lasciandolo ricadere in acqua.

- L'hanno gettato nel lago per render piú leggera la loro scialuppa, - aggiunse Carmaux, senza abbandonare il remo. - Forza, Wan Stiller!...

Quei furfanti non devono essere lontani!...

- Eccoli!... - gridò in quell'istante il Corsaro.

Seicento o settecento metri piú innanzi aveva scorto una scia luminosa, la quale diventava, di momento in momento, piú splendente.

Doveva essere prodotta dalla scialuppa attraversante un tratto d'acqua saturo di uova di pesci o di nottiluche.

- Si scorgono, capitano? - chiesero Carmaux e Wan Stiller, ad una voce.

- Sí, vedo la scialuppa all'estremità della scia fosforescente, - rispose il Corsaro.

- Guadagniamo?...

- Sempre.

- Forza, Wan Stiller!...

- Arranca a tutta lena, Carmaux!

- Allunga la battuta!... Faticheremo meno e correremo di piú.

- Silenzio, - disse il Corsaro. - Non sprecate le vostre forze in chiacchiere. Avanti, miei prodi!... Scorgo il mio nemico. Egli si era alzato tenendo in mano l'archibugio e fra le tre ombre che scorgeva sulla scialuppa, cercava di discernere l'odiato duca.

Ad un tratto puntò l'arma e si sdraiò sulla prora per avere un punto d'appoggio; poi, dopo aver mirato per alcuni istanti, fece fuoco. La detonazione si distese al largo, però non si udí alcun grido che annunciasse che la palla aveva colpito qualcuno.

- Mancato, capitano? - chiese Carmaux.

- Lo credo, - rispose il Corsaro coi denti stretti.

- Allunga, Wan Stiller!...

- Mi spezzo i muscoli, Carmaux, - rispose l'amburghese, che soffiava come una foca.

La scialuppa di Wan Guld perdeva spazio sempre, nonostante gli sforzi prodigiosi dell'indiano. Se questi avesse avuto per compagno un rematore della propria razza, forse sarebbe riuscito a mantenere la distanza fino all'alba, essendo le Pelli rosse dell'America meridionale dei canottieri insuperabili; invece, male assecondato dall'ufficiale spagnuolo e dal Governatore, doveva in breve perdere sempre piú la via.

Ormai la scialuppa si distingueva benissimo, anche perché attraversava una zona d'acqua fosforescente. L'indiano era a poppa ed arrancava con due remi, mentre il Governatore ed il suo compagno lo secondavano meglio che potevano, uno a bordo e l'altro a tribordo.

A quattrocento passi il Corsaro si alzò una seconda volta armando l'archibugio e gridò con voce tuonante:

- Arrendetevi o faccio fuoco!...

Nessuno rispose, anzi la scialuppa nemica virò bruscamente di bordo dirigendosi non piú al largo, bensí verso le paludi della costa, forse per cercare un rifugio nel rio Catatumbo, che non doveva essere molto lontano.

- Arrenditi, assassino dei fratelli miei!... - urlò ancora il Corsaro. Anche questa volta non ottenne risposta.

- Allora muori, cane!... - tuonò il Corsaro.

Puntò l'archibugio e mirò Wan Guld che si trovava a soli trecentocinquanta passi; l'ondulazione però che era diventata fortissima a causa dei colpi precipitati dei remi, gli impediva di mirare con qualche speranza di buona riuscita.

Tre volte abbassò l'arma e tre volte la rialzò, puntandola verso la scialuppa. Alla quarta fece

fuoco.

Lo sparo fu seguito da un urlo ed un uomo cadde in acqua.

- Colpito?... - gridarono Carmaux e Wan Stiller. Il Corsaro rispose con un'imprecazione.

L'uomo che era caduto non era il Governatore; era l'indiano.

- L'inferno lo protegge adunque? - chiese il Corsaro, con furore. - Avanti, miei bravi!... Lo

prenderemo vivo!...

La scialuppa non si era arrestata; priva ormai dell'indiano non doveva però correre molto tempo

ancora.

Non era che questione di minuti, poiché Carmaux e Wan Stiller erano in grado di arrancare per

parecchie ore, prima di cedere.

Il Governatore ed il suo compagno, comprendendo di non poter lottare contro i filibustieri, si erano diretti verso un'alta isoletta che distava da loro cinque o seicento metri, sia con l'intenzione di

sbarcare, sia per passarvi dietro e mettersi al riparo dai colpi del loro formidabile avversario.

- Carmaux, - disse il Corsaro, - obliquano verso l'isolotto.

- Vogliono prendere terra adunque?...

- Lo sospetto.

- Allora non ci sfuggiranno piú. Lampi!...

- Fulmini!... - gridò Wan Stiller.

- Cosa avete?...

In quell'istante si udí una voce gridare:

- Chi vive?...

- Spagna!... - urlarono il Governatore ed il suo compagno.

Il Corsaro si era voltato. Una massa enorme era improvvisamente comparsa dietro un promontorio dell'isolotto, che si avanzava nel lago. Era un vascello di grandi dimensioni, e che a tutte vele spiegate veniva incontro alle due scialuppe.

- Maledizione!... - urlò il Corsaro.

- Che sia una delle nostre navi? - chiese Carmaux.

Il Corsaro non rispose. Curvo sulla prora della scialuppa, con le mani raggrinzite attorno all'archibugio, coi lineamenti alterati dalla collera, guardava con due occhi che scintillavano come quelli d'una tigre la grossa nave che si trovava già vicina alla scialuppa del governatore.

- È una caravella spagnuola!... - urlò ad un tratto. - Sia dannato quel cane, che ancora una volta mi sfugge!...

- E che ci farà appiccare, - aggiunse Carmaux.

- Ah!... Non ancora, miei bravi, - rispose il Corsaro. - Lesti, arrancate verso l'isolotto prima che quel legno ci scarichi addosso i suoi cannoni e ci sfondi la scialuppa.

- Lampi!...

- E tuoni!... - aggiunse l'amburghese, curvandosi sul remo.

Il canotto aveva virato di bordo sul posto e si era diretto verso l'isolotto, il quale non distava che tre o quattrocento passi. Avendo scorto una linea di scogli, Carmaux ed il suo compagno manovrarono in modo da mettersi al riparo dietro quelli, onde non farsi fulminare da una scarica di mitraglia.

Intanto il governatore ed il suo compagno si erano issati a bordo della caravella ed avevano probabilmente informato tosto il comandante del pericolo corso, poiché un istante dopo si videro i marinai bracciare precipitosamente le vele.

- Lesti, miei bravi!... - gridò il Corsaro, a cui nulla era sfuggito.

- Gli spagnuoli si preparano a darci la caccia.

- Non siamo che a cento passi dalla spiaggia, - rispose Carmaux.

In quell'istante a bordo della nave balenò un lampo ed i tre filibustieri udirono fischiare in aria un nembo di mitraglia, i cui proiettili andarono a sgretolare la cima d'uno scoglio.

- Presto!... Presto!... - gridò il Corsaro.

La caravella aveva allora sorpassato la lingua di terra e si preparava a virare di bordo, mentre i suoi marinai mettevano in acqua tre o quattro scialuppe per dare la caccia ai fuggiaschi. Carmaux e Wan Stiller, tenendosi sempre al riparo degli scogli, raddoppiarono gli sforzi e pochi istanti dopo si arenavano a tre o quattro passi dalla spiaggia.

Il Corsaro fu pronto a slanciarsi in acqua, portando con sé gli archibugi, e a guadagnare i primi alberi, mettendosi al riparo dietro ai tronchi. Carmaux e Wan Stiller, vedendo brillare una miccia sulla prora della caravella, si lasciarono cadere dietro il bordo esterno della scialuppa, coricandosi sulla sabbia.

Quella manovra li salvò. Un istante dopo un altro nembo di mitraglia spazzava la spiaggia, massacrando i cespugli e le foglie delle palme, mentre una palla di tre libbre, scagliata da un piccolo pezzo d'artiglieria che si trovava sull'alto cassero, fracassava la poppa della scialuppa.

- Approfittate! - gridò il Corsaro.

I due filibustieri, scampati miracolosamente a quella doppia scarica, si arrampicarono rapidamente sulla spiaggia e si cacciarono in mezzo agli alberi, salutati da una mezza dozzina di archibugiate.

- Siete feriti, miei bravi? - chiese il Corsaro.

- Costoro non sono filibustieri per non mancare ai colpi, - disse Carmaux.

- Seguitemi e senza perdere tempo.

I tre uomini, senza più preoccuparsi dei colpi d'archibugio dei marinai delle scialuppe, s'inoltrarono rapidamente sotto le fitte piante, per cercare un rifugio.

Quell'isolotto, che doveva trovarsi dinanzi alla foce del rio Catatumbo, piccolo corso d'acqua che si scarica nel lago al di sotto del Suana, e che scorre in mezzo ad una regione ricca di laghi e di paludi, poteva avere un circuito di un chilometro.

S'alzava in forma di cono, toccando un'altezza di trecento o quattrocento metri ed era coperto da una folta vegetazione, composta per la maggior parte di bellissimi cedri, di alberi di cotone, di euforbie irte di spine e di palme di varie specie.

I tre corsari, giunti alle falde del cono, senza aver incontrato alcun essere vivente, s'arrestarono un momento per riprender lena, essendo completamente sfiniti, poi si cacciarono in mezzo ai cespugli spinosi e sotto le piante che crescevano fittissime sui pendii, decisi di raggiungere la cima per poter sorvegliare le mosse dei nemici e deliberare, senza venire sorpresi, sul da farsi.

Ci vollero due ore di aspro lavoro, essendo stati costretti ad aprirsi il passo a colpi di sciabola fra quegli ammassi di vegetali; però finalmente poterono giungere sulla vetta, la quale si rizzava quasi nuda, non avendo intorno che pochi cespugli e delle rocce. Essendo sorta allora la luna, poterono distinguere benissimo la caravella.

Essa si era ancorata a trecento passi dalla spiaggia, mentre le tre scialuppe si erano arrestate nel luogo ove era stata fracassata la piroga indiana.

I marinai erano già sbarcati, però non avevano osato inoltrarsi sotto i vegetali, per tema forse di cadere in qualche imboscata, e si erano accampati sulla sponda, attorno ad alcuni fuochi, accesi forse per non farsi succhiare vivi dalle miriadi di feroci zanzare che volteggiavano, in nubi sterminanti, sulle coste del lago.

- Aspetteranno l'alba per darci la caccia, - disse Carmaux.

- Sí, - rispose il Corsaro, con voce sorda.

- Fulmini! La fortuna protegge troppo quel furfante di Governatore!

- O il demonio?

- Sia l'una o l'altro, ecco la seconda volta che egli ci sfugge di mano.

- Non solo, ma che sta per averci in mano sua, - aggiunse l'amburghese. -

- Ah! questo lo si vedrà, - disse Carmaux. - Siamo ancora liberi ed abbiamo le nostre armi.

- E che cosa vorresti fare, se tutto l'equipaggio della caravella muovesse all'assalto di questo cono? - chiese Wan Stiller.

- Anche a Maracaybo gli spagnuoli hanno assalito la casa di quel povero notaio, eppure abbiamo trovato il modo di andarcene senza venire disturbati.

- Sí, - disse il Corsaro Nero. - Questa però non è la casa del notaio, e non vi è qui un conte di

Lerma per aiutarci.

- Che siamo destinati a terminare i nostri giorni sulla forca? Ah! Se l' Olonese venisse in nostro soccorso!

- Egli sarà occupato a saccheggiare ancora Maracaybo, - rispose il Corsaro. - Io credo che per il momento non dobbiamo pensare a lui.

- E che cosa sperate, rimanendo qui?

- Non lo so nemmeno io, Carmaux.

- Sentiamo, comandante; credete che l'Olonese si fermerà molto tempo ancora a Maracaybo?

- Dovrebbe essere già qui: tu sai però che egli è avido e si sarà fermato per inseguire gli spagnuoli che si sono rifugiati nei boschi.

- Voi gli avete dato un appuntamento.

- Sí, alla foce del Suana od a quella del Catatumbo, - rispose il Corsaro. - Allora abbiamo la speranza che egli un giorno o l'altro venga qui.

- E quando?

- Eh! per mille tuoni! Non si fermerà dei mesi a Maracaybo!... Egli ha tutto l'interesse di affrettarsi per sorprendere Gibraltar.

- Lo so.

- Dunque verrà e forse presto.

- E saremo noi ancora vivi e liberi? Credi tu che Wan Guld ci lasci tranquilli sulla cima di questo cono? No, mio caro: egli ci stringerà da tutte le parti e tutto tenterà per averci in sua mano, prima dell'arrivo dei filibustieri. Egli mi odia troppo per lasciarmi tranquillo, e forse a quest'ora sta facendo appendere, a qualche pennone, il laccio che dovrà appiccarmi.

- Non gli è dunque bastata la morte del Corsaro Verde e quella del Corsaro Rosso? È un cane idrofobo, quel miserabile vecchio?

- No, non gli è bastata, - rispose il Corsaro con voce cupa. - Egli vuole la distruzione completa della mia famiglia; però non mi ha ancora in sua mano e non dispero di vendicare i miei fratelli. Sí, forse l'Olonese non è lontano e se potessimo resistere alcuni giorni, chissà! Forse Wan Guld potrebbe pagare i suoi tradimenti ed i suoi delitti.

- Che cosa si deve fare, capitano? - chiesero i due filibustieri.

- Resisteremo piú a lungo che potremo.

- Qui? - chiese Carmaux.

- Sí, su questa cima.

- Bisognerebbe trincerarsi.

- E chi ce lo impedirà? Abbiamo quattro ore di tempo prima che spunti l'alba.

- Tuoni!... Wan Stiller, amico mio, non c'è tempo da perdere. Gli spagnuoli, appena sorto il sole, verranno certamente a scovarci.

- Sono pronto, - rispose l'amburghese.

- A noi, mio caro, - disse Carmaux. - Mentre voi, capitano, vigilate, noi alzeremo delle trincee che metteranno a dura prova le mani ed i dorsi dei nostri avversari. Vieni, amburghese mio!

La cima della collina era sparsa di grossi macigni, staccatisi certo da una rupe che si alzava proprio al culmine, a guisa di osservatorio.

I due filibustieri si misero a rotolare i piú grossi, formando una specie di trincea circolare, bassa sí, ma sufficiente per riparare un uomo coricato o inginocchiato.

Quel lavoro assai faticoso durò due ore, però i risultati furono splendidi, perché dietro quella specie di muricciolo massiccio i filibustieri potevano opporre una lunga resistenza e senza tema di venire colpiti dalle palle degli avversari.

Carmaux e Wan Stiller non erano ancora soddisfatti. Se quell'ostacolo era sufficiente a difenderli, era incapace d'impedire un assalto improvviso. Per ottenere completamente il loro scopo scesero nella foresta, ed improvvisata, con alcuni rami, una specie di barella, portarono sulla cima del cono degli ammassi di piante spinose, costruendo una siepe, la quale poteva diventare pericolosa anche per le mani e le gambe dei nemici.

- Ecco una piccola fortezza che darà da fare anche a Wan Guld, se vorrà venire a scovarci, - disse Carmaux, stropicciandosi allegramente le mani.

- Manca però una cosa, che è necessaria ad una guarnigione per quanto sia poco numerosa, - notò l'amburghese.

- Che cosa vuoi dire?

- Che qui non vi è la dispensa del notaio di Maracaibo, amico Carmaux.

- Mille fulmini! Dimenticavamo di non possedere nemmeno un biscotto da sgretolare.

- Come già saprai, noi non possiamo convertire questi sassi in altrettanti pani.

- Batteremo il bosco, amico Wan Stiller. Se gli spagnuoli ci lasciano tranquilli, noi andremo in cerca di provviste.

Alzò il capo verso la rupe, dove il Corsaro Nero s'era messo in osservazione per spiare le mosse

degli spagnuoli, chiedendogli:

- Si muovono, capitano?

- Non ancora.

- Allora approfittiamo per andare a caccia.

- Andate pure, veglio io.

- In caso di pericolo datecene avviso con un colpo d'archibugio.

- Siamo d'accordo.

- Vieni, Wan Stiller, - disse Carmaux. - Andiamo a saccheggiare gli alberi e cercheremo anche di abbattere qualche capo di selvaggina.

I due filibustieri presero la barella, che era servita loro per trasportare lassú le spine e scesero il cono, cacciandosi sotto i boschi.

La loro assenza durò fino all'alba, però tornarono carichi come muli.

Avendo trovato un pezzo di terra dissodato, forse da qualche indiano venuto dalla vicina spiaggia, avevano saccheggiato le piante fruttifere che colà erano state piantate. Portavano dei cocchi, degli aranci, due cavoli palmisti che potevano surrogare il pane, ed una grossa testuggine palustre che avevano sorpresa presso un laghetto.

Economizzando le provviste, vi era da vivere per lo meno quattro giorni.

Oltre alle frutta ed al rettile, avevano poi fatto una scoperta importante, che poteva essere loro di molto giovamento per mettere i nemici fuori combattimento, almeno per un certo tempo.

- Ah! ah! - esclamò Carmaux, che pareva in preda ad una irrefrenabile allegria. - Mio caro amburghese, noi faremo fare delle brutte boccacce al Governatore ed ai suoi marinai, se salterà loro il ticchio di assediarci regolarmente. Vivaddio! In questi climi la sete vien presto e non andranno certo a bere sulla caravella, né si porteranno dietro delle botti d'acqua. Ah! Ah! Sono furbi gl'indiani! Il niku farà miracoli!

- Sei proprio certo di quello che dici? - chiese Wan Stiller. - Io non ho molta fiducia.

- Tuoni! L'ho provato io, e se non sono crepato dai dolori, è stato un vero miracolo.

- Verranno poi a bere gli spagnuoli?

- Hai veduto altri laghetti in questi dintorni?

- No, Carmaux.

- Allora saranno costretti a dissetarsi in quello che noi abbiamo scoperto.

- Sarei curioso di vedere gli effetti del tuo niku.

- A suo tempo ti offrirò lo spettacolo di una banda di uomini straziati da atroci dolori di ventre.

- E quando avveleneremo le acque?

- Appena avremo la certezza che i nostri nemici muovono all'assalto della collina.

In quel momento il Corsaro, abbandonata la cima della rupe, che gli era servita da osservatorio, scese nel piccolo campo trincerato, dicendo:

- Le scialuppe hanno circondata l'isola.

- Si preparano a bloccarci? - chiese Carmaux.

- E rigorosamente.

- Noi però siamo pronti a sostenere l'assedio, capitano. Dietro a queste rocce ed a queste spine, potremo resistere lungamente, forse fino all'arrivo dell'Olonese e dei filibustieri.

- Sí, se gli spagnuoli ci lasceranno il tempo. Ho veduto sbarcare piú di quaranta uomini.

- Ahi!... - fe' Carmaux con una smorfia. - Sono troppi, però conto sul niku.

- Che cosa è questo niku? - chiese il Corsaro.

- Volete seguirmi, capitano?... Prima che gli spagnuoli giungano qui, saranno necessarie almeno tre o quattro ore ed a noi può bastarne una sola.

- Che cosa vuoi fare?

- Lo vedrete mio capitano. Venite, Wan Stiller rimarrà a guardia della nostra rocca.

Si armarono dei loro archibugi e scesero la collina cacciandosi in mezzo ai boschi di cedri, di palmizi, di simaruba e di alberi del cotone, ed aprendosi il passo attraverso a miriadi di liane.

Scesero cosí circa centocinquanta metri, fugando colla loro presenza bande di pappagalluzzi ciarlieri e qualche coppia di scimmie rosse, e giunsero ben presto al bacino che Carmaux aveva pomposamente chiamato laghetto, mentre invece non era che un semplice stagno, avente un circuito di forse trecento passi.

Era un serbatoio naturale, poco profondo a quanto pareva ed occupato da un gran numero di piante acquatiche, specialmente di mucumucú, le quali formavano dei veri boschetti.

Sulle rive di quel bacino, Carmaux fece notare al Corsaro delle masse di certi gambi sarmentosi, dalla corteccia brunastra e che somigliavano a liane. Crescevano in numero straordinario, aggrovigliati gli uni agli altri come se fossero serpenti o piante di pepe, prive di sostegno.

- Ecco i vegetali che procureranno agli spagnuoli delle coliche terribili, - disse il filibustiere.

- Ed in qual modo? - chiese il Corsaro, con curiosità.

- Lo vedrete, capitano.

Cosí dicendo il marinaio aveva snudata la sciabola d'abbordaggio e si era messo a tagliare parecchi di quei gambi sarmentosi, che gli indiani del Venezuela e delle Guiane chiamano niku, ed i naturalisti robinie, ed aveva formato parecchi fasci che poi depose su di una roccia, che scendeva nello stagno quasi a picco.

Quand'ebbe radunati trenta o quaranta fasci, andò a recidere due lunghi e solidi rami e ne porse uno al Corsaro, dicendogli:

- Battete queste piante, capitano.

- Ma che cosa vuoi fare, adunque?...

- Avvelenare le acque del bacino, mio capitano.

- Con questa specie di liane?...

- Sí, signore.

- Tu sei pazzo, Carmaux.

- Niente affatto, mio capitano. Il niku ubriaca i pesci e agli uomini produce delle coliche tremende.

- Ubriaca i pesci?... Eh va?... Quali storie mi racconti, Carmaux?...

- Non sapete adunque come fanno i Caraybi, quando vogliono prendere i pesci?...

- Si servono delle reti.

- No, capitano. Lasciano colare, nei laghetti, il succo di queste piante e poco dopo gli abitanti delle acque vengono a galla, contorcendosi disordinatamente e lasciandosi prendere colla miglior grazia del mondo.

- E tu dici che agli uomini produce delle coliche?...

- Sí, capitano, e siccome su questo cono non vi sono altri bacini né sorgenti, gli spagnuoli che vorranno assediarci saranno costretti a venire qui a bere.

- Sei furbo, Carmaux. Ubriachiamo adunque l'acqua del serbatoio.

Diedero mano ai bastoni e si misero a picchiare con gran vigore, schiacciando i gambi sarmentosi, dai quali usciva un succo abbondante che colava a poco a poco nel laghetto.

Le acque si colorirono ben presto, prima di bianco, come se si fossero mescolate a del latte, poi presero una splendida tinta madreperlacea, la quale, però, non tardò a dileguarsi. Ad operazione finita, la limpidezza del bacino era ritornata e nessuno avrebbe di certo sospettato che quel liquido, cosí promettente, nascondesse una sostanza, se non pericolosa, certamente poco gradevole.

I due filibustieri, precipitati nel laghetto gli avanzi dei gambi sarmentosi, stavano per allontanarsi, quando videro contorcersi numerosi pesci.

I poveretti, ubriachi dal niku, si dibattevano disperatamente, cercando di sfuggire a quelle acque che non facevano piú per loro, e parecchi si dirigevano verso le rive come se preferissero una lenta asfissia sulle sabbie, all'esaltazione, probabilmente dolorosa, che procurava loro il succo di quelle strane piante.

Carmaux, che ci teneva ad ingrossare le provviste, onde non correre pericoli di dover piú tardi soffrire la fame, si slanciò verso la riva e con poche randellate poté impadronirsi di due grosse raie spinose, di un piraia e d'un pemecru.

- Ecco quanto ci occorreva!... - gridò, lanciandosi verso il capitano, che si era cacciato sotto le piante.

- Ed anche questo!... - gridò una voce. Uno sparo rintronò.

Carmaux non mandò né un grido né un gemito; cadde in mezzo ad una macchia di legno di cannone, e rimase immobile, come se la palla lo avesse fulminato.

CAPITOLO XXXI

L'ASSALTO AL CONO.

Il Corsaro, udendo quello sparo, era tornato rapidamente indietro, credendo che il marinaio avesse fatto fuoco contro qualche animale, non sospettando minimamente che gli spagnuoli della caravella fossero già giunti sui fianchi del cono. Non vedendolo, si mise a gridare ripetutamente:

- Carmaux!... Carmaux!... Dove sei?...

Un sibilo leggero, che pareva mandato da un serpente e che egli ben conosceva, fu la sola risposta che ottenne. Invece di slanciarsi innanzi si gettò prontamente dietro il grosso tronco d'un simaruba e guardò attentamente dinanzi a sé.

Solamente allora s'accorse che sul margine d'un folto gruppo di palmizi ondeggiava ancora una leggera nuvoletta di fumo, la quale andava disperdendosi lentamente, non soffiando, in quella piccola radura, alcun alito d'aria.

«Hanno sparato da quella parte,» mormorò. «Ma dove si è nascosto Carmaux? Se mi ha segnalata la sua presenza, non deve essere lontano e forse è sfuggito all'agguato. Ah! Gli spagnuoli sono giunti già qui? Ebbene, signori miei, la vedremo.»

Tenendosi sempre nascosto dietro al tronco del simaruba, il quale lo metteva al coperto dalle palle nemiche, si mise in ginocchio e guardò con precauzione attraverso alle erbe che in quel luogo erano altissime. Dalla parte del bosco, dove il colpo era stato sparato, nulla vide; però a quindici passi dal simaruba, in direzione d'un gruppo di cespugli, notò fra le erbe un leggero movimento.

«Qualcuno striscia verso di me,» mormorò. «Sarà Carmaux, o qualche spagnuolo che cerca di sorprenderci? L'archibugio però è armato e non manco che di rado ai miei colpi.»

Stette immobile alcuni istanti, con un orecchio appoggiato al suolo e udí un leggero fruscio che il suolo trasmetteva nettamente. Certo di non essersi ingannato, si rizzò lungo il tronco del simaruba e lanciò un rapido sguardo fra le erbe.

«Ah!» mormorò, respirando.

Carmaux non si trovava che a quindici passi dall'albero e si avanzava con mille precauzioni,

strisciando fra le erbe. Un serpente non avrebbe prodotto maggior rumore, né avrebbe proceduto con tanta astuzia, per sfuggire un pericolo o per sorprendere qualche preda.

«Il furbo,» disse il Corsaro. «Ecco un uomo che si trarrà sempre d'impiccio e che metterà sempre in salvo la pelle. E lo spagnuolo che ha fatto fuoco su di lui, è scomparso sotto terra?...»

Intanto Carmaux continuava ad avanzare, dirigendosi verso il simaruba e procurando di non mostrare la minima parte del suo corpo, per tema di venire preso una seconda volta a colpi di fucile.

Il brav'uomo non aveva abbandonato il suo archibugio, anzi, nemmeno i suoi pesci, sui quali certamente contava per regalarsi una squisita colazione. Diamine! Non voleva aver faticato per nulla!...

Scorgendo il Corsaro, lasciò da parte ogni prudenza e, rialzatosi bruscamente, in due salti lo raggiunse, mettendosi al riparo dietro al simaruba.

- Sei ferito? - gli chiese il Corsaro.

- Quanto lo siete voi, - rispose, ridendo.

- Non ti hanno adunque colpito?

- Lo avranno sperato, essendomi lasciato cadere fra i cespugli, come se m'avessero spezzato il cuore o fracassata la testa; come però vedete, sono piú vivo di prima. Ah! Ah! I bricconi credevano di mandarmi all'altro mondo come se fossi uno stupido indiano! Uh! Carmaux è un po' furbo!

- E dov'è andato l'uomo che ti ha sparato addosso?

- È fuggito di certo, udendo la vostra voce; io ho guardato attentamente presso la macchia ma senza risultato.

- Era un uomo solo?

- Uno solo.

- Uno spagnuolo?

- Un marinaio.

- Credete che ci spii?

- È probabile; però dubito che osi mostrarsi, sapendo ora che siamo in due.

- Torniamo sulla vetta, Carmaux; sono inquieto per Wan Stiller.

- E se ci prendono alle spalle? Quell'uomo poteva avere dei compagni nascosti nel bosco.

- Apriremo gli occhi e non lasceremo il grilletto dei fucili. Avanti, mio bravo.

Lasciarono il simaruba e retrocedendo rapidamente, coi fucili in mano, anzi puntati verso il margine del bosco, raggiunsero alcuni macchioni di fitti cespugli, cacciandovisi sotto.

Giunti colà s'arrestarono per vedere se i nemici si decidevano a mostrarsi, poi, non comparendo alcuno, né udendo rumori, proseguirono sollecitamente la loro marcia, arrampicandosi sui fianchi dirupati e selvosi del cono.

Venti minuti furono sufficienti per attraversare la distanza che li separava dal loro piccolo campo trincerato.

Wan Stiller, che vegliava sulla cima della rupe, fu lesto a correre loro incontro, dicendo:

- Ho udito un colpo di fucile; siete stato voi a sparare, capitano?

- No, - rispose il Corsaro. - Hai veduto nessuno?

- Nemmeno un moscerino, signore, però ho scorta una banda di marinai lasciare la costa e scomparire sotto gli alberi.

- È sempre ancorata la caravella?

- Non ha lasciato il suo posto.

- E le scialuppe?

- Bloccano l'isola.

- Hai veduto se Wan Guld faceva parte della banda?

- Ho scorto un vecchio dalla lunga barba bianca.

- È lui! - esclamò il Corsaro, coi denti stretti. - Venga pure quel miserabile. Vedremo se la fortuna lo proteggerà anche contro la palla del mio archibugio.

- Capitano, credete che giungano presto qui? - chiese Carmaux, il quale si era messo a raccogliere dei rami secchi.

- Forse non oseranno assalirci di giorno ed aspetteranno la notte.

- Allora noi possiamo preparare la colazione e rimetterci in forze. Vi confesso che non so più dove siano andati a finire i miei intestini. Ehi! Wan Stiller! Prepara queste due splendide raje spinose; ti prometto un arrosto così squisito da leccarti perfino le dita.

- E se gli spagnuoli vengono?... - chiese l'amburghese, che non era molto tranquillo.

- Bah!... Con una mano mangeremo e coll'altra ci batteremo; a noi le raje e ad essi il piombo. Vedremo poi chi farà miglior digestione. Mentre il Corsaro si rimetteva in osservazione sulla rupe, i due filibustieri accesero il fuoco e misero ad arrostire i pesci, dopo d'averli privati delle lunghe e pericolose spine.

Un quarto d'ora dopo Carmaux annunciava, con tono trionfante, che la colazione era pronta, mentre gli spagnuoli non erano ancora comparsi. I tre filibustieri si erano appena seduti ed avevano mangiato il primo boccone, quando sul mare si udì rombare uno sparo formidabile.

- Il cannone!... - esclamò Carmaux.

Non aveva ancora chiusa la bocca, quando il culmine della roccia che aveva servito da osservatorio, frantumato da una palla di grosso calibro, franò con grande fracasso.

- Lampi!... - urlò Carmaux, balzando precipitosamente in piedi.

- E tuoni!... - aggiunse Wan Stiller.

Il Corsaro si era già slanciato verso il margine della vetta, per vedere da dove era partito quel colpo di cannone.

- Mille antropofaghi!... - gridò Carmaux. - Che non si possa mangiare tranquilli in questo

dannato lago di Maracaybo?... Il diavolo si porti all'inferno Wan Guld e tutti coloro che gli ubbidiscono!... Ecco la colazione andata in fumo!... Due raje cosí deliziose tutte schiacciate!...

- Ti rifarai piú tardi colla testuggine, Carmaux.

- Sí, se gli spagnuoli ci lasceranno il tempo, - disse il Corsaro Nero, che era ritornato verso di loro. - Essi salgono attraverso i boschi e la caravella si prepara a bombardarci.

- Vogliono polverizzarci? - chiese Carmaux.

- No, schiacciarci come le due raje, - disse Wan Stiller.

- Fortunatamente noi siamo delle raje che possono diventare assai pericolose, mio caro. Si vedono gli spagnuoli, capitano?...

- Non distano che cinque o seicento passi.

- Lampi!...

- Cos'hai?...

- Un'idea, capitano.

- Gettala fuori.

- Giacché la caravella si prepara a bombardare noi, a nostra volta bombardiamo gli spagnuoli.

- Hai trovato qualche cannone, Carmaux!... O un colpo di sole ti ha scombussolato il cervello!...

- Né l'uno, né l'altro, capitano. Si tratta semplicemente di far rotolare attraverso i boschi questi macigni. Il pendio è ripido e questi grossi proiettili non si arresteranno di certo a mezza via.

- L'idea è buona e la metteremo in esecuzione al momento opportuno. Ed ora, miei bravi, dividiamoci e sorvegliamo ognuno la nostra parte.

Badate di tenervi lontani dalla rupe o vi prenderete qualche scheggione sul capo.

- Ne ho avuto abbastanza di quelle che mi sono cadute sul dorso, - disse Carmaux, cacciandosi in tasca un paio di manghi. - Andiamo un po' a vedere che cosa vogliono fare quei seccatori; farò pagare a loro le mie raje.

Si divisero ed andarono a imboscarsi dietro gli ultimi cespugli che circondavano la vetta del cono, in attesa del nemico, per aprire il fuoco.

I marinai della caravella, stimolati forse dalla speranza di qualche grossa ricompensa promessa dal Governatore, si arrampicavano animosamente sui fianchi scoscesi del cono, aprendosi il passo attraverso i fitti cespugli. I filibustieri non potevano ancora scorgerli, però li udivano parlare e tagliare le liane o le radici che ostacolavano la loro avanzata.

Pareva che salissero da due soli lati per essere in buon numero e pronti a far fronte a qualsiasi sorpresa. Un drappello doveva già aver girato il laghetto; l'altro, invece, sembrava che avesse presa una profonda valletta, una specie di cañon, come la chiamano gli spagnuoli.

Il Corsaro Nero, accertatosi della loro direzione, decise senz'altro di approfittare del progetto di

Carmaux, per respingere coloro che si trovavano impegnati nella stretta gola.

- Venite, miei bravi, - disse ai suoi due compagni. - Occupiamoci per ora del drappello che minaccia di sorprenderci alle spalle; poi penseremo a quello che ha preso la via del laghetto.

- In quanto a quello spero che s'incaricherà il niku di metterlo fuori di combattimento, - disse

Carmaux. - Un po' di sete che abbiano quei marinai e li vedremo fuggire, tenendosi il ventre.

- Dobbiamo aprire il bombardamento? - chiese l'amburghese, rotolando un masso del peso di mezzo quintale.

- Gettate, - rispose il Corsaro.

I due filibustieri non si fecero ripetere l'ordine e si misero a spingere verso la china, con una rapidità prodigiosa, una diecina di macigni, procurando di far prendere loro la direzione del cañon.

Quella valanga formidabile precipitò attraverso il bosco col fracasso d'un uragano, saltando, rimbalzando, fracassando sul suo passaggio giovani alberi e cespugli.

Non erano trascorsi cinque minuti secondi, quando in fondo alla valletta si udirono echeggiare improvvisamente urla di spavento, poi rimbombare alcuni colpi di fucile.

- Eh!... Eh!... - esclamò Carmaux, con voce trionfante. - Pare che qualcuno sia stato toccato!...

- Vedo laggiú degli uomini che scendono precipitosamente, - disse Wan Stiller, il quale era salito su di una roccia.

- Io credo che ne abbiano avuto abbastanza.

- Un'altra scarica, amburghese.

- Sono pronto, Carmaux.

Altri dieci o dodici macigni furono rovesciati, uno dopo l'altro, giú per la china. Quella seconda valanga rovinò con pari fracasso nella valletta, massacrando i vegetali, e la si vide scendere rimbalzando, fino in fondo al cañon, seco trascinando, nella sua corsa vertiginosa, altri massi ed un gran numero di giovani alberi divelti o spezzati. I marinai della caravella furono veduti arrampicarsi su declivi della valle onde non farsi schiacciare da quella tempesta di sassi, quindi scomparire frettolosamente sotto gli alberi.

- Pel momento costoro non ci daranno noia, - disse Carmaux, stropicciandosi allegramente le mani.

- La loro parte l'hanno avuta.

- Agli altri ora, - disse il Corsaro.

- Se non sono stati colti dalle coliche, - aggiunse Wan Stiller.

- Non si vedono salire.

- State zitti.

Il Corsaro si spinse verso l'orlo della piccola spianata che coronava la cima del cono e stette in ascolto per qualche minuto.

- Nulla? - chiese Carmaux, che era impaziente.

- Non si ode alcun rumore, - rispose il Corsaro.

- Che abbiano bevuto il niku?

- O che si avanzino strisciando come serpenti?... - disse Wan Stiller.

- Badiamo che non ci fulminino con una scarica a bruciapelo.

- Forse si saranno arrestati per paura di venire schiacciati dalle nostre artiglierie, - disse

Carmaux. - I nostri cannoni sono forse piú pericolosi di quelli della caravella, quantunque piú economici.

- Prova a fare fuoco in mezzo a quelle piante, - ordinò il Corsaro, volgendosi verso l'amburghese. - Se rispondono, sapremo come regolarci.

Wan Stiller si diresse verso l'orlo della spianata, s'accovacciò dietro un cespuglio e sparò una archibugiata in mezzo alla foresta.

La detonazione si ripercosse lungamente sotto gli alberi, senza però alcun seguito. I tre

filibustieri attesero alcuni minuti, tendendo gli orecchi e scrutando il fitto fogliame, poi fecero una scarica generale mirando in diversi luoghi.

Anche questa volta nessuno rispose, né si udí alcun grido. Cosa era avvenuto, adunque, del secondo drappello che era stato veduto salire costeggiando il laghetto?...

- Amerei meglio una scarica furiosa, - disse Carmaux.

- Questo silenzio mi preoccupa e mi fa sospettare qualche brutta sorpresa. Che cosa facciamo, capitano?

- Scendiamo, Carmaux, - rispose il Corsaro, che era diventato inquieto.

- E se gli spagnuoli sono imboscati ed approfittano per prendere d'assalto il nostro campo?

- Rimarrà qui Wan Stiller. Voglio sapere che cosa fanno i nostri avversari.

- Volete saperlo, capitano? - disse l'amburghese, che si era spinto innanzi.

- Li vedi?...

- Ne scorgo sette od otto che si dimenano come deliranti o come pazzi.

- Dove?...

- Laggiú, presso il laghetto.

- Ah!... Ah!.., - esclamò Carmaux ridendo. - Hanno assaggiato il niku!... Bisognerebbe mandar loro qualche calmante.

- Sotto forma di palla, è vero? - chiese Wan Stiller.

- No, lasciateli tranquilli, - disse il Corsaro. - Serbiamo le nostre munizioni pel momento decisivo, e poi è inutile uccidere delle persone che non possono offenderci. Giacché il primo attacco è andato a vuoto, approfittiamo di questa tregua per rinforzare il nostro campo. La nostra salvezza sta tutta nella resistenza.

- Approfitteremo per fare anche colazione, - disse Carmaux. - Abbiamo ancora la testuggine, un

piraja ed un pemecru.

- Economizziamo le provviste, Carmaux. L'assedio può prolungarsi per qualche settimana e fors'anche di piú. L'Olonese può rimanere lungo tempo a Maracaybo, e tu sai che non possiamo contare ormai che su di lui, per uscire da questa grave situazione.

- Ci accontenteremo del piraja, signore.

- Vada per il piraja.

Mentre il marinaio riaccendeva il fuoco, aiutato dall'amburghese, il Corsaro s'arrampicò sulla rupe per vedere che cosa succedeva sulle spiagge dell'isolotto.

La caravella non aveva abbandonato il suo ancoraggio, però sul suo ponte si vedeva un movimento insolito.

Pareva che degli uomini si affaccendassero attorno ad un cannone che era stato piazzato sul cassero e puntato in alto, come se dovessero riaprire il fuoco contro la vetta del cono.

Le quattro scialuppe stazionavano intorno all'isola, navigando lentamente lungo la spiaggia, per impedire agli assediati qualsiasi tentativo di fuga, timore assolutamente infondato, non avendo i filibustieri alcun canotto a loro disposizione, né potendo attraversare a nuoto la distanza grandissima che separava l'isola dalla foce del Catatumbo.

Dei due drappelli che avevano tentata l'ascensione del cono, pareva che né l'uno né l'altro avesse fatto ritorno alla costa, poiché sulla spiaggia non si vedeva alcun gruppo di persone.

- Che si siano accampati sotto i boschi, in attesa d'una occasione propizia per slanciarsi all'assalto? - mormorò il Corsaro. - Temo che il niku ed i sassi di Carmaux non abbiano dati che dei magri risultati. E Pietro non si vede ancora! Se fra un paio di giorni non giungerà qui, temo di dover cadere nelle mani di quel dannato vecchio.

Ridiscese lentamente dall'osservatorio, e raggiunse i suoi due compagni informandoli delle sue preoccupazioni e dei suoi timori.

- La faccenda minaccia di diventare assai seria, - disse Carmaux. - Che questa sera tentino un

assalto generale, capitano?

- Lo temo, - rispose il Corsaro.

- Come potremo noi far fronte a tanti uomini?

- Non lo so, Carmaux.

- Se tentassimo di forzare il blocco?

- E poi?

- Ed impadronirci di una delle quattro scialuppe?

- Io credo che tu abbia avuto una buona idea, Carmaux, - rispose il Corsaro dopo qualche istante di riflessione. - Il progetto non sarà certo facile da attuare, pure lo ritengo possibile.

- Quando tenteremo il colpo?

- Questa sera, prima del levarsi della luna.

- Quale distanza credete che vi sia fra quest'isola e la foce del Catatumbo

- Non più di sei miglia.

- Un'ora e forse meno di voga forzata.

- E la caravella non ci darà la caccia? - chiese Wan Stiller.

- Certamente, - rispose il Corsaro, - ma io so che ci sono numerosi banchi di sabbia dinanzi al

Catatumbo e se vorrà avanzare troppo, correrà il pericolo di arenarsi.

- A questa sera, adunque, - disse Carmaux.

- Sí, se non ci avranno presi od uccisi.

- Capitano, il piraja è arrostito a puntino.

CAPITOLO XXXII

NELLE MANI DI WAN GULD.

Durante quella lunga giornata, né Wan Guld, né i marinai della caravella diedero segni di vita. Pareva che fossero ormai tanto sicuri di catturare, presto o tardi, i tre filibustieri annidati sulla cima del cono, da ritenere assolutamente superfluo un assalto.

Certamente volevano costringerli alla resa per fame e per sete, premendo al governatore di aver vivo nelle mani il formidabile filibustiere per poi appiccarlo, come aveva già fatto dei due disgraziati fratelli sulla plaza di Maracaybo.

Carmaux e Wan Stiller però si erano accertati della presenza dei marinai. Essendosi avventurati, con mille precauzioni, sotto i boschi, avevano potuto scorgere attraverso il fogliame numerosi gruppi d'uomini accampati alle falde del cono. Non ne avevano però veduto nemmeno uno presso le rive del laghetto, segno evidente che gli assedianti avevano ormai provata la bontà di quelle acque sature di niku.

Giunta la sera, i tre filibustieri fecero i loro preparativi di partenza, decisi a forzare le linee, piuttosto che attendere nel loro piccolo campo trincerato una morte lenta o per fame o per sete, essendo state loro chiuse le vie per poter rinnovare le provviste.

Verso le 11, dopo d'aver ispezionati i margini della piccola piattaforma e di essersi assicurati che i nemici non avevano abbandonati i loro accampamenti, caricatisi dei pochi viveri che possedevano e divise le munizioni che ancora rimanevano, circa una trentina di colpi ciascuno, lasciavano silenziosamente il piccolo recinto fortificato, scendendo in direzione del laghetto.

Prima di mettersi in marcia, avevano rilevate esattamente le posizioni occupate dai drappelli spagnuoli, onde non cadere improvvisamente in mezzo ad uno di quei piccoli accampamenti e dare l'allarme, cosa che volevano assolutamente evitare, per non mandare a male l'ardito progetto, il solo che avrebbe potuto sottrarli all'odio implacabile del vecchio governatore.

Vi potevano essere bensí delle sentinelle staccate, però speravano colla fitta oscurità che regnava nella foresta di poterle, con molta prudenza e con un po' d'astuzia, evitare.

Strisciando come rettili ed assai lentamente, per non far rotolare qualche sasso, dopo dieci minuti giungevano sotto i grandi alberi, dove l'oscurità era assoluta. Sostarono alcuni istanti per ascoltare, poi, non udendo alcun rumore e vedendo ancora brillare sulle falde del cono i fuochi degli accampamenti, si rimisero in cammino adagio, tastando prima il terreno colle mani onde non far scrosciare le foglie secche o evitare una caduta in qualche fenditura o in qualche burroncello.

Erano già scesi a trecento metri, quando Carmaux, che strisciava innanzi a tutti, si fermò bruscamente, tenendosi nascosto dietro il tronco d'un albero.

- Cos'hai? - gli chiese sottovoce il Corsaro, che lo aveva raggiunto.

- Ho udito un ramo spezzarsi, - mormorò il marinaio, con un filo di voce.

- Presso di noi?...

- A breve distanza.

- Che sia stato qualche animale?

- Non lo so.

- O che vi sia qualche sentinella?

- L'oscurità è troppo fitta per vedere qualche cosa, capitano.

- Fermiamoci per qualche minuto.

Si sdraiarono tutti e tre in mezzo alle erbe ed alle radici e stettero in ascolto, trattenendo il respiro.

Dopo alcuni istanti d'angosciosa aspettativa, udirono a breve distanza due persone che bisbigliavano fra loro.

- L'ora è vicina - diceva una voce.

- Sono tutti pronti? - chiedeva l'altra.

- Forse hanno già abbandonati gli accampamenti, Diego.

- Vedo però brillare ancora i fuochi.

- Non si devono spegnere per far credere ai filibustieri che nessuno di noi ha intenzione di muoversi.

- È furbo il Governatore!

- È un uomo di guerra, Diego.

- Credi che riusciremo a prenderli?

- Li sorprenderemo, te lo assicuro.

- Però si difenderanno terribilmente. Il Corsaro Nero vale da solo venti uomini, Sebastiano..

- Ma noi siamo in sessanta e poi vi è il conte che è una lama formidabile.

- Ciò non basterà per quell'indiavolato Corsaro. Temo che molti di noi faranno partenza per l'altro mondo.

- I superstiti però faranno più tardi baldoria. Diecimila piastre, da bere e da mangiare!...

- Una bella somma in fede mia, Sebastiano. Carrai! Il Governatore lo vuole proprio morto.

- No, Diego, lo vuole vivo.

- Per appiccarlo più tardi.

- Di questo non dubitare. Eh!... Hai udito, Diego?

- Sí, i compagni si sono messi in marcia.

- Avanti anche noi; le diecimila piastre sono lassú!

Il Corsaro Nero ed i suoi due compagni non si erano mossi. Confusi fra le erbe, le radici ed i festoni delle liane, avevano conservata una immobilità assoluta, alzando però i fucili, pronti a scaricarli, in caso di pericolo.

Aguzzando gli sguardi, scorsero confusamente i due marinai avanzarsi lentamente, scostando

con precauzione le fronde e le liane che impedivano loro il passo. Già li avevano oltrepassati di alcuni passi, quando uno dei due si fermò dicendo:

- Ehi, Diego, hai udito nulla?...

- No, camerata...

- A me parve di aver udito come un sospiro.

- Bah?... Sarà stato qualche insetto.

- O qualche serpente?

- Ragione di piú per allontanarci. Vieni, camerata, io non voglio essere uno degli ultimi a prender parte alla lotta.

Dopo quel breve scambio di parole i due marinai continuarono la loro marcia, scomparendo sotto la cupa ombra dei vegetali.

I tre filibustieri attesero qualche minuto per tema che i due spagnuoli tornassero indietro, o che si fossero fermati a breve distanza, poi il Corsaro si rizzò sulle ginocchia guardandosi attorno.

- Tuoni!... - mormorò Carmaux, respirando liberamente.

- Comincio a credere che la fortuna ci protegga.

- Io non avrei dato una piastra per la nostra pelle, - disse Wan Stiller. - Uno di quei due mi è passato cosí vicino, che per poco mi calpestava.

- Abbiamo fatto bene a lasciare il nostro campo. Sessanta uomini!... Chi avrebbe potuto reggere a simile assalto?

- Brutta scoperta per loro, Carmaux, quando non troveranno che delle spine e dei sassi.

- Porteranno quelli al Governatore.

- Avanti, - disse in quell'istante il Corsaro. - È necessario giungere alla spiaggia prima che gli spagnuoli possano accorgersi della nostra fuga. Dato l'allarme, non potremmo piú sorprendere le scialuppe.

Certi ormai di non incontrare altri ostacoli, né di correre il pericolo di venire scoperti, i tre filibustieri discesero verso il laghetto, poi presero il versante opposto, cacciandosi in quella specie di cañon che avevano tempestato di macigni, volendo raggiungere la spiaggia meridionale dell'isolotto onde trovarsi lontani dalla caravella.

La discesa fu eseguita senza cattivi incontri e, prima della mezzanotte, sbucavano sulla spiaggia.

Dinanzi a loro, semi-arenata all'estremità d'un piccolo promontorio, si trovava una delle quattro scialuppe. Il suo equipaggio, composto di due soli uomini, aveva preso terra e dormiva accanto ad un fuoco semi-spento, tanto era sicuro di non venire disturbato sapendo che la collina era stata circondata dai marinai della caravella e che i filibustieri si trovavano assediati sulla cima.

- L'impresa sarà facile, - mormorò il Corsaro. - Se quei due non si svegliano, prenderemo il largo senza allarmi e potremo giungere alla foce del Catatumbo.

- Non uccideremo quei due marinai? - chiese Carmaux.

- È inutile, - rispose il Corsaro. - Non ci daranno impiccio, almeno lo spero.

- E le altre scialuppe, dove sono? - chiese l'amburghese.

- Ne vedo una arenata presso quello scoglio, a cinquecento passi da noi, - rispose Carmaux.

- Presto, imbarchiamoci, - comandò il Corsaro. - Fra qualche minuto gli spagnuoli si

accorgeranno della nostra fuga.

Si avventurarono, camminando sulla punta dei piedi, sul piccolo promontorio, passando accanto ai due marinai, i quali russavano placidamente. Con una leggera scossa spinsero in acqua la scialuppa e vi balzarono dentro, afferrando i remi.

Si erano allontanati di cinquanta o sessanta passi e già cominciavano a sperare di poter prendere il largo senza essere disturbati, quando verso la cima del cono rimbombarono improvvisamente parecchie scariche, seguite da urla acute. Gli spagnuoli, giunti sull'ultima spianata, dovevano essersi slanciati all'assalto del piccolo campo, convinti di prendere i tre filibustieri.

Udendo quelle scariche rintronare sulla montagna, i due marinai si erano bruscamente svegliati. Vedendo che la scialuppa erasi allontanata e che degli uomini la montavano, si slanciarono verso la spiaggia coi fucili in mano urlando:

- Fermi!... Chi siete voi?...

Invece di rispondere, Carmaux e Wan Stiller si curvarono sui remi, arrancando disperatamente.

- All'armi!... - gridarono i due marinai, accortisi, ma troppo tardi, del tiro birbone giocato dai filibustieri.

Poi due colpi di fucile rintronarono.

- Il diavolo vi porti!... - gridò Carmaux, mentre una palla gli spaccava di colpo il remo, a tre soli pollici dal bordo della scialuppa.

- Prendi un altro remo, Carmaux, - disse il Corsaro.

- Lampi!... - gridò Wan Stiller.

- Cos'hai?

- La scialuppa che si trovava arenata sullo scoglio ci dà la caccia, capitano.

- Occupatevi dei remi voi e lasciate a me la cura di tenerla lontana a colpi di fucile, - rispose il

Corsaro.

Intanto sulla vetta della collina si udivano sempre rimbombare gli spari. Probabilmente gli spagnuoli, trovandosi dinanzi a quelle trincee di spine e di sassi, si erano fermati, per tema d'un agguato.

La scialuppa, sotto la spinta dei quattro remi, vigorosamente manovrati dai due filibustieri, s'allontanava rapida dall'isola, dirigendosi verso la foce del Catatumbo, lontana solamente cinque o sei miglia. La distanza da attraversare era considerevole, però se gli uomini rimasti a guardia della caravella non si accorgevano di ciò che succedeva sulle spiagge meridionali dell'isolotto, vi era possibilità di poter sfuggire all'inseguimento.

La scialuppa degli spagnuoli si era arrestata presso il piccolo promontorio, per imbarcare i due marinai che urlavano come indemoniati, e di quel ritardo avevano approfittato i filibustieri per guadagnare altri cento metri.

Disgraziatamente l'allarme oramai era stato udito anche sulle sponde settentrionali dell'isolotto. Gli spari dei due marinai non erano stati confusi con quelli che rimbombavano sulla cima del cono e ben presto se ne accorsero i fuggiaschi.

Non si erano ancora allontanati di mille metri, quando videro accorrere le altre due scialuppe, una delle quali, grande assai, era armata d'una piccola colubrina da sbarco.

- Siamo perduti!... - aveva esclamato involontariamente il Corsaro. - Amici: prepariamoci a vendere cara la vita.

- Mille tuoni!... - esclamò Carmaux. - Che la fortuna si sia stancata cosí presto?... Ebbene sia!... Ma prima di morire, ne manderemo parecchi all'altro mondo.

Aveva abbandonato il remo ed impugnato l'archibugio. Le scialuppe, precedute da quella piú grossa che era montata da una dozzina d'uomini, non si trovavano che a trecento passi e s'avanzavano con furia.

- Arrendetevi, o vi mandiamo a picco! - gridò una voce.

- No, - rispose il Corsaro, con voce tuonante. - Gli uomini del mare muoiono, ma non si arrendono!

- Il Governatore vi promette salva la vita.

- Ecco la mia risposta!

Il Corsaro aveva puntato rapidamente l'archibugio ed aveva fatto fuoco abbattendo uno dei rematori.

Un urlo di furore s'alzò fra gli equipaggi delle tre scialuppe.

- Fuoco! - s'udi gridare.

La piccola colubrina avvampò con grande strepito. Un istante dopo la scialuppa dei fuggiaschi s'inclinava a prora, imbarcando acqua a torrenti.

- A nuoto! - urlò il Corsaro, lasciando andare l'archibugio.

I due filibustieri scaricarono i fucili contro la grossa imbarcazione, poi si gettarono in acqua, mentre la scialuppa, la cui prora era stata fracassata dalla palla del piccolo pezzo di artiglieria, si capovolgeva.

- Le sciabole fra i denti e pronti per l'abbordaggio!... - urlò il Corsaro con furore. - Morremo sul ponte della scialuppa.

Tenendosi faticosamente a galla a causa del peso dell'acqua introdottasi nei loro lunghi stivali a tromba, i tre filibustieri si misero a nuotare disperatamente incontro all'imbarcazione decisi di tentare una lotta suprema prima di arrendersi o di venire uccisi.

Gli spagnuoli, ai quali premeva di certo di prenderli vivi perché in caso contrario sarebbe stato loro ben facile mandarli sott'acqua con una sola scarica, con pochi colpi di remo piombarono in mezzo a loro, urtandoli cosí malamente colla prora della grande scialuppa, da rovesciarli l'uno addosso all'altro.

Subito venti mani si tuffarono, afferrando strettamente le braccia dei tre filibustieri, e li trassero a bordo, disarmandoli e legandoli strettamente prima che avessero potuto rimettersi da quell'urto che li aveva mandati a bere sott'acqua.

Quando il Corsaro poté rendersi conto di quanto era avvenuto, si trovava coricato a poppa della scialuppa, colle mani strettamente legate dietro il dorso, mentre i suoi due compagni erano stati deposti sotto i banchi di prora.

Un uomo, che indossava un elegante costume da cavaliere castigliano, gli stava accanto, tenendo in mano la barra del timone.

Vedendolo, il Corsaro aveva mandata una esclamazione di stupore.

- Voi!... Conte!...

- Io, cavaliere, - rispose il castigliano, sorridendo.

- Non avrei mai piú creduto che il conte di Lerma si fosse scordato cosí presto di essere stato salvato da me, mentre avrei potuto ucciderlo nella casa del notaio di Maracaybo, - disse il Corsaro, con amarezza.

- E che cosa vi induce a credere, signor di Ventimiglia, che io abbia scordato il giorno in cui ebbi la fortuna di fare la vostra conoscenza? - chiese il conte, sottovoce.

- Mi pare che voi m'abbiate fatto prigioniero, se non mi inganno.

- È cosí?

- E che mi conduciate dal duca fiammingo.

- E perciò?

- Avete dimenticato che Wan Guld ha appiccato i miei due fratelli?

- No, cavaliere.

- Ignorate forse l'odio tremendo che esiste fra me e quell'uomo?

- Nemmeno questo.

- E che egli m'appiccherà?...

- Bah?...

- Non lo credete?

- Che il duca ne abbia desiderio, lo credo, però vi scordate che vi sono anch'io. Aggiungerò, se lo ignorate, che la caravella è mia e che i marinai ubbidiscono a me solo.

- Wan Guld è il governatore di Maracaybo e tutti gli spagnuoli devono obbedirgli.

- Vedete che io l'ho accontentato facendovi prendere, ma poi? - disse il conte, sottovoce, con un sorriso misterioso. Quindi, curvandosi verso il corsaro, gli mormorò in un orecchio:

- Gibraltar e Maracaybo sono lontani, cavaliere, vi mostrerò presto come il conte di Lerma giocherà il fiammingo. Silenzio per ora.

In quell'istante la scialuppa, scortata dalle altre due imbarcazioni, era giunta presso la caravella. Ad un cenno del conte i suoi marinai afferrarono i tre filibustieri e li trasportarono a bordo del

veliero, mentre una voce diceva con tono trionfante:

- Finalmente, anche l'ultimo è in mano mia!

CAPITOLO XXXIII

LA PROMESSA D'UN GENTILUOMO CASTIGLIANO.

Un uomo scese rapidamente dal cassero di poppa e si fermò dinanzi al Corsaro Nero, che era stato sbarazzato dai suoi legami.

Era un vecchio d'aspetto imponente, con una lunga barba bianca, con le larghe spalle, petto ampio, un uomo dotato di una robustezza eccezionale, malgrado i suoi cinquantacinque o sessanta anni.

Aveva l'aspetto d'uno di quei vecchi dogi della repubblica veneta che guidavano alla vittoria le galere della regina dei mari contro i formidabili corsari della mezzaluna.

Come quei prodi vegliardi, indossava una splendida corazza d'acciaio cesellato, portava al fianco una lunga spada che sapeva ancora maneggiare con supremo vigore, ed alla cintura aveva un pugnale col manico d'oro.

Il resto del costume era spagnuolo, con ampie maniche a sbuffo di seta nera, maglia pure di seta di egual colore e lunghi stivali a tromba, di pelle gialla, con speroni d'argento.

Egli guardò per alcuni istanti ed in silenzio il Corsaro, con due occhi che avevano ancora un lampo ardente, poi disse con voce lenta, misurata:

- Vedete bene, cavaliere, che la fortuna stava dalla mia parte. Avevo giurato di appiccarvi tutti e manterrò la parola.

Il Corsaro, udendo quelle parole, alzò vivamente il capo, e gettando su di lui uno sguardo di supremo disprezzo, disse:

- I traditori hanno fortuna in questa vita, però lo si vedrà nell'altra. Assassino dei miei fratelli:

compi la tua opera. La morte non fa paura ai signori di Ventimiglia.

- Voi avete voluto misurarvi con me, - riprese il vecchio, con tono freddo. - Avete perduta la partita e pagherete.

- Ebbene, fatemi appiccare, traditore!

- Non cosí presto.

- Cosa aspettate adunque?

- Non è ancora tempo. Avrei preferito appendervi a Maracaybo, ma giacché vi sono i vostri in quella città, offrirò lo spettacolo a quelli di Gibraltar.

- Miserabile!... Non t'è bastata la morte dei miei fratelli?... Un lampo feroce guizzò negli occhi del vecchio duca.

- No, - disse poi, a mezza voce. - Voi siete un testimonio troppo pericoloso di ciò che è avvenuto nelle Fiandre, per lasciarvi la vita, e poi, se io non vi uccidessi, domani o un altro giorno sopprimereste me. Forse non vi odio quanto voi credete: mi difendo, ecco tutto, o meglio mi sbarazzo di un avversario che non mi lascerebbe vivere tranquillo.

- Allora uccidetemi, perché se io dovessi sfuggirvi di mano, riprenderei domani stesso la lotta contro di voi.

- Lo so, - disse il vecchio, dopo alcuni istanti di riflessione. - Eppure, volendo, potreste ancora

sfuggire alla morte ignominiosa che vi aspetta nella vostra qualità di filibustiere.

- V'ho detto che la morte non mi fa paura, - disse il Corsaro, con suprema fierezza.

- Conosco il coraggio dei signori di Ventimiglia, - rispose il duca, mentre una nube gli offuscava la fronte. - Sí, ho avuto campo qui ed altrove di apprezzare il loro indomito valore ed il loro disprezzo per la morte.

Fece alcuni passi per il ponte della caravella collo sguardo tetro ed il capo chino, poi, tornando bruscamente verso il Corsaro, riprese:

- Voi non lo credete, cavaliere, eppure sono stanco della tremenda lotta che voi avete impegnata contro di me e sarei ben lieto se dovesse finalmente cessare.

- Sí, - disse il Corsaro Nero, con ironia. - E per terminarla, mi appiccate!...

Il duca alzò vivamente il capo e guardando fisso il Corsaro, gli chiese a bruciapelo:

- E se io vi lasciassi libero, che cosa fareste dopo?

- Riprenderei con maggior accanimento la lotta, per vendicare i miei fratelli, - rispose il signore di Ventimiglia.

- Allora mi costringete ad uccidervi. Vi avrei donata la vita per calmare i rimorsi che talvolta

prendono il cuore, se voi aveste acconsentito a rinunciare per sempre alle vostre vendette e tornarvene in Europa; so però che voi non accettereste mai tali condizioni perciò vi appiccherò, come ho appiccato il Corsaro Rosso ed il Verde.

- E come avete assassinato, nelle Fiandre, mio fratello primogenito.

- Tacete!... - gridò il duca, con voce angosciata. - Perché rammentare il passato? Lasciate che dorma per sempre.

- Compite la vostra triste opera di traditore e di assassino, - continuò il Corsaro. - Sopprimete pure anche l'ultimo signore di Ventimiglia, ma vi avverto che con questo la lotta non sarà terminata, poiché un altro, ugualmente formidabile ed audace, raccoglierà il giuramento del Corsaro Nero e non vi accorderà quartiere, fino al giorno in cui cadrete nelle sue mani.

- E chi sarà costui? - chiese il duca con accento di terrore.

- L'Olonese.

- Ebbene, appiccherò anche costui.

- Purché non sia lui ad appiccare presto voi. Pietro muove su Gibraltar e fra pochi giorni egli vi avrà in sua mano.

- Lo credete? - chiese il duca, con ironia. - Gibraltar non è Maracaybo e la potenza dei filibustieri si spezzerà contro le poderose forze della Spagna. Venga l'Olonese ed avrà il suo conto.

Poi volgendosi verso i marinai, disse:

- Conducete i prigionieri nella stiva e si vegli rigorosamente su di loro. Voi avete guadagnato il premio che vi ho promesso e l'avrete a Gibraltar.

Ciò detto, volse le spalle al Corsaro e si diresse verso poppa per scendere nel quadro. Era già giunto presso la scala, quando il conte di Lerma lo arrestò, dicendo:

- Signor duca, siete risoluto ad appiccare il Corsaro?

- Sí, - rispose il vecchio, con tono risoluto. - Egli è un corsaro, egli è un nemico della Spagna, egli ha guidato, coll'Olonese, la spedizione contro Maracaybo e morrà.

- È un valoroso gentiluomo, signor duca.

Tortue.

- Cosa importa?...

- Rincresce veder morire simili uomini.

- È un nemico, signor conte.

- Pure io non lo ucciderei.

- E perché?

- Voi sapete, signor duca, che corre voce che vostra figlia sia stata catturata dai filibustieri della

- È vero, - disse il vecchio, con un sospiro. - Però non abbiamo avuto ancora la conferma che la nave che montava sia stata predata.

- E se la voce fosse invece vera?

Il vecchio guardò il conte con uno sguardo pieno d'angoscia.

- Avete saputo qualche cosa voi? - chiese, con ansia indicibile.

- No, signor duca. Penso però che se vostra figlia fosse realmente caduta nelle mani dei filibustieri, si potrebbe scambiarla col Corsaro Nero.

- No, signore, - rispose il vecchio, con tono risoluto. - Con una grossa somma io potrei riscattare egualmente mia figlia, nel caso che essa potesse venire riconosciuta, ciò che io dubito, avendo prese tutte le precauzioni perché navigasse incognita; mentre liberando il Corsaro, io non sarei sicuro della mia vita. La lunga lotta che ho dovuto sostenere contro di lui e contro i suoi fratelli mi ha stremato ed è ora che debba cessare. Signor conte, fate imbarcare il vostro equipaggio, poi fate vela per Gibraltar.

Il conte di Lerma s'inchinò senza rispondere e si diresse a poppa, mormorando fra sé:

- Il gentiluomo manterrà la promessa.

Le scialuppe cominciavano allora a portare a bordo gli uomini che avevano preso parte all'attacco del cono, con quell'esito che ormai i lettori sanno.

Quando l'ultimo marinaio fu imbarcato, il conte ordinò di spiegare le vele; però, prima di far salpare l'ancora, indugiò parecchie ore, avendo fatto credere al duca, che si era impazientito di quel ritardo, che la caravella si era arenata su di un banco di sabbia e che quindi si doveva attendere l'alta marea per poter riprendere le mosse.

Fu solamente verso le quattro pomeridiane che il veliero poté lasciare l'ancoraggio.

La caravella, dopo aver bordeggiato lungo la spiaggia dell'isolotto, manovrò in modo da accostarsi alla foce del Catatumbo, dinanzi alla quale rimase quasi in panna, a circa tre miglia dalla costa.

Una calma quasi assoluta regnava in quella parte del vastissimo lago a causa anche della grande curva che descriveva in quel luogo la spiaggia.

Il duca, che era salito piú volte in coperta, impaziente di giungere a Gibraltar, aveva ordinato al conte di spingere la caravella al largo o almeno di farla rimorchiare dalle scialuppe, senza però nulla ottenere, essendogli stato risposto che l'equipaggio era stanchissimo e che i bassifondi impedivano di manovrare liberamente.

Verso le sette della sera la brezza cominciò finalmente a soffiare ed il veliero poté riprendere le mosse, senza però scostarsi molto dalla spiaggia.

Il conte di Lerma, dopo aver cenato in compagnia del duca, si era messo alla barra del timone con a fianco il pilota, chiacchierando sommessamente con questi. Pareva che avesse da dare lunghe istruzioni sulla manovra notturna, per non dare dentro ai numerosi bassifondi che, dalla foce del Catatumbo, si estendono fino a Santa Rosa, piccola località che si trova a poche ore da Gibraltar.

Quella conversazione, un po' misteriosa, durò fino alle dieci di sera, cioé fino a quando il duca si fu ritirato nella sua cabina per riposare, poi il conte abbandonò la barra ed approfittando dell'oscurità scese nel quadro, senza essere scorto dall'equipaggio, passando poi nella stiva.

- A noi, ora, - mormorò. - Il conte di Lerma pagherà il suo debito, poi accadrà ciò che vorrà! Accese una lanterna cieca che aveva nascosta nella larga tromba d'uno dei suoi stivali, poi passò

sotto il quadro proiettando la luce su alcune persone che pareva sonnecchiassero tranquillamente.

- Cavaliere, - disse, sottovoce.

Uno di quegli uomini s'alzò a sedere, quantunque avesse le braccia strettamente legate.

- Chi viene ad importunarmi? - chiese con stizza.

- Sono io, signore.

- Ah!... Voi conte, - disse il Corsaro. - Venite a tenermi compagnia, forse?...

- Vengo a far di meglio, cavaliere, - rispose il castigliano.

- Volete dire?...

- Che vengo a pagare il mio debito.

- Non vi comprendo.

- Carrai!... - disse il conte, sorridendo. - Avete dimenticato l'allegra avventura nella casa del

notaio?

- No, conte.

- Allora vi rammenterete pure voi che quel giorno mi risparmiaste la vita.

- È vero.

- Ora vengo a mantenere la promessa fattavi. Oggi non sono piú io in pericolo, bensí voi, quindi

spetta a me rendervi un favore che certamente apprezzerete.

- Spiegatevi meglio, conte.

- Vengo a salvarvi, signore.

- A salvarmi!... - esclamò il Corsaro, con stupore. - E non avete pensato al duca?...

- Dorme, cavaliere.

- Domani sarà sveglio.

- E cosí? - chiese con voce tranquilla.

- Se la prenderà con voi, vi farà imprigionare e poi appiccare in vece mia. Avete pensato a questo, conte?... Voi sapete che Wan Guld non scherza.

- E voi credete, cavaliere, che egli possa sospettare di me?... Il fiammingo è astuto, lo so, credo però che non oserà incolparmi. D'altronde la caravella è mia, l'equipaggio mi è devoto e se vorrà tentare qualche cosa contro di me, perderà il tempo ed il fiato.

Credetelo, il duca non è troppo amato qui, per la sua alterigia e per le sue crudeltà, ed i miei compatrioti lo soffrono malvolentieri. Forse farò male a liberarvi, specialmente in questo momento, in cui l'Olonese sta per piombare su Gibraltar, ma io sono un gentiluomo innanzi tutto e devo mantenere le mie promesse.

Voi mi avete salvata la vita, io ora salverò la vostra e saremo pari. Se più tardi il destino ci farà incontrare a Gibraltar voi farete il vostro dovere di Corsaro, io quello di spagnuolo e ci batteremo come due accaniti nemici.

- Non come due accaniti nemici, conte.

- Allora ci batteremo come due gentiluomini che militano sotto diverse bandiere, - disse il castigliano, con nobiltà.

- Sia, conte.

- Partite cavaliere. Ecco qui una scure che vi servirà per rompere le traverse di legno del babordo ed eccovi un paio di pugnali per difendervi contro le fiere, quando sarete a terra. Una delle scialuppe segue la caravella a rimorchio; raggiungetela coi vostri compagni, tagliate la fune ed arrancate verso la costa. Né io, né il pilota, vedremo nulla. Addio, cavaliere: spero di rivedervi sotto le mura di Gibraltar e d'incrociare ancora la spada con voi.

Ciò detto il conte gli recise i legami, gli diede le armi, gli strinse la mano e s'allontanò a rapidi passi, scomparendo su per la scala del quadro.

Il Corsaro rimase alcuni istanti immobile, come se fosse immerso in profondi pensieri o fosse ancora stupito dell'atto magnanimo del castigliano, poi, quando non udí alcun rumore, scosse Wan

Stiller e Carmaux, dicendo:

- Partiamo amici.

- Partiamo! - esclamò Carmaux, sbarrando gli occhi. - Per dove, capitano?... Siamo legati come salami e volete andarvene?...

Il Corsaro prese un pugnale e con pochi colpi tagliò le corde che imprigionavano i suoi due compagni.

- Tuoni! - esclamò Carmaux.

- E lampi! - aggiunse l'amburghese.

- Noi siamo liberi? Cos'è accaduto, signore? Che quel furfante di governatore sia diventato improvvisamente cosí generoso da lasciarci andare?

- Silenzio, seguitemi!

Il Corsaro aveva impugnata la scure e si era diretto verso uno dei babordi, il piú largo di tutti e che era difeso da grosse sbarre di legno. Approfittando del momento in cui i marinai di guardia facevano del fracasso, dovendo virare di bordo, con quattro colpi poderosi sfondò due traverse, ottenendo uno spazio sufficiente per lasciar passare un uomo.

- Badate di non farvi sorprendere, - disse ai due filibustieri. - Se vi preme la vita siate prudenti. Passò attraverso il babordo e si lasciò penzolare nel vuoto, tenendosi attaccato alla traversa inferiore. Il bordo era cosí basso che si trovò immerso fino alle reni.

Attese che un'ondata venisse ad infrangersi contro il fianco del veliero, poi si lasciò andare, mettendosi subito a nuotare lungo il bordo onde non farsi scorgere dai marinai di guardia. Un istante dopo Carmaux e l'amburghese lo raggiungevano, tenendo fra i denti i pugnali del castigliano.

Lasciarono che la caravella passasse, poi vedendo la scialuppa, la quale era attaccata alla poppa

con una funicella assai lunga, in quattro bracciate la raggiunsero ed aiutandosi l'un l'altro per mantenerla in equilibrio, vi salirono entro.

Stavano per afferrare i remi, quando la funicella, che univa la scialuppa della caravella, cadde in mare, tagliata da una mano amica.

Il Corsaro alzò gli occhi verso la poppa del veliero e sul cassero scorse una forma umana, che gli fece colla mano un gesto d'addio.

- Ecco un cuore nobile, - mormorò, riconoscendo il castigliano. - Dio lo protegga dalla collera di Wan Guld.

La caravella, con tutte le sue vele spiegate, aveva proseguita la sua corsa verso Gibraltar, senza che un grido solo si fosse alzato fra gli uomini di guardia. La si vide ancora per alcuni minuti correre bordate, poi scomparve dietro un gruppo d'isolette boscose.

- Tuoni, - esclamò Carmaux, rompendo il silenzio che regnava nella scialuppa. - Io non so ancora se sia sveglio o se sia lo zimbello d'un sogno. Trovarsi legati nella cala d'una caravella con tutte le probabilità di venire appiccati allo spuntar del sole, ed essere invece ancora liberi, non è cosa facilmente credibile. Che cosa dunque è avvenuto, mio capitano? Chi ci ha forniti i mezzi per sfuggire a quel vecchio antropofago?

- Il conte di Lerma, - rispose il Corsaro.

- Ah!... il bravo gentiluomo! Se lo incontreremo a Gibraltar lo risparmieremo, è vero Wan

Stiller?

- Lo tratteremo come un fratello della costa, - rispose l'amburghese.

- Ora andiamo, capitano?

Il Corsaro non rispose. Egli si era bruscamente alzato e guardava attentamente verso il settentrione, interrogando ansiosamente la linea dell'orizzonte.

- Amici, - disse, con una certa emozione. - Non scorgete nulla laggiú?

I due filibustieri si erano levati in piedi, guardando nella direzione indicata. Là dove la linea dell'orizzonte pareva che si confondesse colle acque del vasto lago, dei punti luminosi, simili a

piccolissime stelle, si vedevano scintillare. Un uomo di terra li avrebbe forse scambiati per astri prossimi al tramonto, ma un uomo di mare non poteva ingannarsi.

- Dei fuochi brillano laggiú, - disse Carmaux.

- E sono fuochi di legni avanzantisi sul lago, - aggiunse l'amburghese.

- Che sia Pietro che muove su Gibraltar? - si chiese il Corsaro, mentre un lampo vivido gli balenava negli sguardi. - Ah! se fosse vero, potrei ancora vendicarmi dell'uccisore dei miei fratelli.

- Sí, capitano, - disse Carmaux. - Quei punti luminosi sono fanali di barche e di bastimenti. È l'Olonese che si avanza, ne sono certo.

- Presto, alla spiaggia ed accendiamo un falò onde vengano a raccoglierci.

Carmaux e Wan Stiller afferrarono i remi, e si misero ad arrancare con gran vigore, spingendo la scialuppa verso la costa, la quale non era lontana piú di tre o quattro miglia.

Mezz'ora dopo i tre corsari prendevano terra entro una calanca abbastanza vasta per poter ricevere una mezza dozzina di piccoli velieri, e che si trovava ad una trentina di miglia da Gibraltar.

Arenata la scialuppa, fecero raccolta di rami secchi e foglie ed accesero un falò gigantesco, capace di essere scorto a quindici chilometri.

I punti luminosi allora erano vicinissimi e continuavano ad avanzarsi rapidamente.

- Amici, - gridò il Corsaro, che era salito su d'una roccia. - È la flottiglia dell'Olonese.

CAPITOLO XXXIV

L'OLONESE.

Verso le due del mattino quattro grosse barche, attirate da quel fuoco che continuava ad ardere sulla spiaggia, entravano nella calanca, gettando gli ancorotti.

Erano montate da centoventi corsari, guidati dall'Olonese e formavano l'avanguardia della flottiglia incaricata di espugnare Gibraltar.

Il famoso filibustiere rimase assai sorpreso nel vedersi comparire improvvisamente dinanzi il Corsaro, non avendo sperato di poterlo rivedere cosí presto. Lo credeva ancora nei grandi boschi o fra le paludi dell'interno, occupato a dare la caccia al governatore, ed aveva anzi perduta la speranza di averlo a compagno nell'espugnazione della poderosa cittadella.

Quand'ebbe apprese le straordinarie avventure toccate all'amico ed ai suoi compagni, disse:

- Mio povero cavaliere, tu non hai fortuna con quel dannato vecchio, ma per le sabbie d'Olonne! questa volta io spero di poterlo catturare, poiché cercheremo di circondare Gibraltar in modo da impedirgli di prendere il largo. Noi lo appiccheremo sull'alberetto della tua Folgore, te lo prometto.

- Io dubito, Pietro, di poterlo trovare a Gibraltar, - rispose il Corsaro. - Egli sa che noi

muoviamo verso la città, decisi ad espugnarla; sa che io lo cercherò di casa in casa, per vendicare i miei poveri fratelli e per questo temo di non trovarlo colà.

- Non l'hai tu veduto dirigersi verso Gibraltar, colla caravella del Conte?

- Sí, Pietro, però tu sai quanto egli sia astuto. Può piú tardi aver cambiato rotta, onde non farsi prendere fra le mura della città.

- È vero, - disse l'Olonese, che era diventato pensieroso. - Quel dannato duca è piú furbo di noi e forse può aver evitato Gibraltar per mettersi in salvo sulle coste orientali del lago.

- Io ho saputo che egli ha parenti e ricchi possessi nell'Honduras, a Porto Cavallo, e potrebbe aver cercato di uscire dal lago per rifugiarsi colà.

- Vedi, Pietro, come la fortuna protegge quel vecchio!

- Si stancherà, cavaliere. Eh!... Se io un giorno potessi avere la certezza che egli si fosse

rifugiato a Porto Cavallo, non esiterei ad andarlo a scovare. Quella città merita una visita e sono certo che tutti i filibustieri della Tortue mi seguirebbero per mettere le mani sulle incalcolabili ricchezze che vi si trovano. Se noi non lo troveremo a Gibraltar, penseremo poi sul da farsi. Io ti ho promesso di aiutarti, e tu sai che l'Olonese non ha mai mancato alla sua parola.

- Grazie, vi conto. Dov'è la mia Folgore?

- L'ho mandata all'uscita del Golfo, assieme alle due navi di Harris onde impedire ai vascelli di linea spagnuoli d'importunarci.

- Quanti uomini hai condotti con te?

- Centoventi, ma questa sera giungerà il Basco con altri quattrocento e domani mattina daremo l'assalto a Gibraltar.

- Speri di riuscire?

- Ne ho la convinzione, quantunque abbia saputo che gli spagnuoli, radunati ottocento uomini risoluti, abbiano rese impraticabili le vie della montagna che conducono alla città, ed abbiano alzato numerose batterie. Avremo un osso duro da rodere e che ci farà perdere molta gente, noi però riusciremo, amico.

- Sono pronto a seguirti, Pietro.

- Contavo sul tuo poderoso braccio e sul tuo valore, cavaliere. Vieni a bordo della mia barcaccia, a cenare, poi va' a riposarti. Credo tu ne abbia bisogno.

Il Corsaro che si manteneva in piedi per un miracolo di energia, lo seguí, mentre i filibustieri sbarcavano sulla spiaggia, accampandosi sul margine del bosco, in attesa del Basco e dei suoi compagni.

Quella giornata non doveva però andare perduta perché buona parte di quella gente instancabile

si era messa quasi subito in marcia per esplorare le vicinanze, onde piombare addosso alla forte cittadella spagnuola, possibilmente, di sorpresa. Arditi esploratori si erano spinti molto innanzi, fino già in vista dei poderosi forti di Gibraltar; per rendersi un concetto chiaro delle misure difensive prese dai nemici, ed altri avevano osato perfino di interrogare alcuni, fingendosi pescatori colà naufragati.

Quelle audaci perlustrazioni avevano però dato dei risultati tali da non incoraggiare gli intrepidi scorridori del mare, quantunque fossero abituati a superare le piú tremende prove.

Dappertutto avevano trovate le vie tagliate da trincee armate di cannoni, la campagna inondata ed enormi palizzate irte di spine. Di piú avevano saputo che il comandante della cittadella, uno dei piú valenti e dei piú coraggiosi soldati che in quel tempo la Spagna avesse in America, aveva fatto giurare ai suoi soldati che si sarebbero fatti uccidere fino all'ultimo, piuttosto d'ammainare lo stendardo della patria.

Dinanzi a cosí cattive informazioni, una certa ansietà si era fatta strada anche nei cuori dei piú fieri corsari, temendo che quella spedizione terminasse in un disastro.

L'Olonese, informato subito di quanto avevano narrato i perlustratori, non si era perduto d'animo, e alla sera, radunati tutti i capi, pronunciò quelle famose parole tramandateci dalla storia e che dimostrano quanta confidenza egli avesse in se stesso e quanto contasse sui suoi corsari.

- È d'uopo, uomini del mare, che domani combattiamo da forti, - disse. - Perdendo, oltre alla vita, perderemo i nostri tesori, che pur ci costano tante pene e tanto sangue. Abbiamo vinti nemici ben piú numerosi di quelli che sono rinchiusi in Gibraltar, e maggiori ricchezze guadagneremo colà. Guardate il vostro capo e ne seguirete l'esempio.

Alla mezzanotte le barcacce di Michele il Basco, montate da circa quattrocento uomini, giungevano su quella spiaggia.

Tutti i filibustieri dell'Olonese avevano già levato il campo, pronti a partire per Gibraltar, presso i cui forti contavano di giungere al mattino, non volendo cimentarsi in un assalto notturno.

Appena i quattrocento uomini del Basco furono sbarcati, si incolonnarono, ed il piccolo esercito, guidato dai tre capi, si mise tosto in marcia attraverso le foreste, dopo di aver lasciato una

ventina d'uomini a guardia delle scialuppe.

Carmaux e Wan Stiller, ben riposati e ben pasciuti, si erano messi dietro al Corsaro, non volendo mancare all'assalto ed essendo ansiosi di prendere Wan Guld.

- Amico Stiller, - diceva l'allegro filibustiere, - speriamo questa volta di mettere le zampe su quel furfante e di consegnarlo al comandante.

- Appena espugnati i forti correremo in città per impedirgli di prendere il largo, Carmaux. So che il comandante ha dato ordine a cinquanta uomini di precipitarsi subito nei boschi per tagliare la via ai fuggiaschi.

- E poi vi è il catalano che non lo perderà di vista.

- Credi che sia già entrato a Gibraltar?

- Ne sono certo. Quel diavolo d'uomo lo ritroveremo, se non si farà uccidere.

In quell'istante si senti battere sulle spalle, mentre una voce ben nota gli diceva.

- È vero, compare.

Carmaux e Wan Stiller si volsero vivamente e videro l'africano.

- Tu compare sacco di carbone!... - esclamò Carmaux. - Da dove sei sbucato?...

- Sono dieci ore che vi cerco, correndo lungo la spiaggia come un cavallo. È vero che il vecchio governatore vi aveva fatti prigionieri?

- Chi te l'ha detto?

- L'ho udito raccontare da alcuni filibustieri

- È vero compare, ma come vedi, gli siamo sfuggiti di mano coll'aiuto di quel bravo conte di

Lerma.

- Del nobile castigliano che avevamo fatto prigioniero nella casa del notaio di Maracaybo?...

- Sí, compare. E dei due feriti che ti avevamo lasciati, cosa è avvenuto?...

- Sono morti ieri mattina, - rispose il negro.

- Poveri diavoli!... Ed il catalano?...

- A quest'ora deve essere già a Gibraltar.

- Opporrà una resistenza accanita la città, compare!...

- Temo che questa sera un buon numero dei nostri non ceneranno. Il comandante della piazza è

un uomo che si difenderà con furore e che ha tagliate tutte le vie, piantonando dovunque trincee e batterie.

- Speriamo di non essere nel numero dei morti e d'appiccare invece Wan Guld.

Intanto le quattro lunghe colonne s'inoltravano tacitamente attraverso le folte foreste, che in quell'epoca contornavano Gibraltar, facendosi precedere da piccole bande di esploratori, composte per lo piú da bucanieri.

Ormai tutti sapevano che gli spagnuoli, avvertiti dell'avvicinarsi dei loro implacabili nemici, li attendevano ed era probabile che il vecchio comandante della cittadella avesse preparato degli agguati, per decimarli, prima che tentassero l'assalto dei forti.

Alcuni colpi di fucile, echeggiati in testa alle piccole bande, avvertirono le colonne d'assalto che la città non era lontana.

L'Olonese, il Corsaro Nero ed il Basco, credendo si trattasse di qualche imboscata, s'affrettarono a raggiungere gli esploratori con un centinaio d'uomini; ma furono tosto informati che non si trattava d'un vero attacco da parte degli spagnuoli, bensí d'un semplice scambio di fucilate fra avamposti.

L'Olonese, vedendosi ormai scoperto, comandò alle colonne di arrestarsi in attesa dell'alba, volendo prima accertarsi dei mezzi di difesa di cui disponevano gli avversari e della qualità del terreno, avendo notato che questo accennava a diventare pantanoso.

Alzandosi sulla destra una collina boscosa, s'affrettò a farne la salita in compagnia del Corsaro

Nero, certo di poter dominare parte del paese circostante.

Quando giunsero sulla vetta, cominciava ad albeggiare.

Una luce bianca, che diventava rapidamente rossa verso le sponde orientali del lago, invadeva il cielo e tingeva le acque di riflessi rosei, annunciando una splendida giornata.

L'Olonese ed il Corsaro avevano subito volti gli sguardi verso una montagna che stava loro di fronte, sulla quale si ergevano due grandi forti merlati, sormontati dallo stendardo di Spagna; mentre dietro a loro si estendevano gruppi di abitazioni dalle bianche pareti ed attruppamenti di tettoie e di capanne.

L'Olonese aveva aggrottata la fronte.

- Per le sabbie d'Olonne!... - esclamò. - Sarà un affare serio espugnare quei due forti, senza artiglierie e senza scale. Bisognerà fare prodigi di valore, o noi prenderemo tale battuta da farci levare la voglia, per molto tempo, d'inquietare gli spagnuoli.

- Tanto più che la via della montagna è stata resa impraticabile, Pietro, - disse il Corsaro. - È stata rotta e vedo invece delle batterie e delle palizzate che saremo costretti ad espugnare sotto il fuoco dei cannoni dei forti.

- E quel pantano che ci sta dinanzi e che costringerà i nostri uomini a costruire dei ponti volanti, lo vedi?...

- Sí, Pietro.

- Se fosse possibile girarlo, e gettarci nella pianura, ma che!... La pianura è stata inondata!... Guarda come l'acqua si avanza rapida!...

- Abbiamo da fare con un comandante che conosce tutte le astuzie della guerra, Pietro.

- Lo vedo.

- Cosa pensi di fare?

- Tentare la sorte, cavaliere. A Gibraltar vi sono maggiori tesori di quelli che aveva Maracaybo, e faremo una grossa raccolta. Che cosa si direbbe di noi se retrocedessimo? Non si avrebbe piú fiducia né dell'Olonese, né del Corsaro, né di Michele il Basco.

- È vero, Pietro, e la nostra fama di corsari audaci ed invincibili sarebbe finita; e poi pensa che tra quei forti vi è il mio mortale nemico.

- Sí, e io voglio farlo prigioniero. A te ed al Basco affido la partita piú grossa dei filibustieri e v'incaricherete di far loro attraversare la palude per forzare la via della montagna; io giro sul margine estremo e, tenendomi al riparo delle piante, tenterò di giungere inosservato sotto le mura del primo forte.

- E le scale, Pietro?

- Ho il mio piano. Incaricati di tenere occupati gli spagnuoli e lascia fare il resto a me. Se fra tre ore Gibraltar non sarà in nostra mano, io non sarò piú l'Olonese. Abbracciamoci, cavaliere, poiché chissà se ci rivedremo ancora vivi.

I due formidabili corsari si strinsero affettuosamente l'un l'altro; poi, ai primi raggi del sole nascente, scesero rapidamente la collina.

I filibustieri si erano accampati momentaneamente sul margine della foresta, dinanzi alla palude

che aveva loro impedito di avanzarsi ed alla cui estremità, sopra un poggio isolato, avevano scorto un piccolo ridotto difeso da due cannoni.

Carmaux e Wan Stiller, unitamente ad alcuni altri, avevano cercato di provare la solidità di quel fango, ma si erano subito accorti che non vi era da fidarsi, poiché cedeva sotto i piedi, minacciando d'inghiottire coloro che avessero osato affrontarlo.

Quell'ostacolo imprevisto e che ritenevano insuperabile, oltre gli altri che dovevano affrontare nella pianura e poi sulla montagna, prima di giungere sotto i due forti, aveva raffreddato l'entusiasmo di non pochi, tuttavia nessuno aveva osato parlare di ritirata.

Il ritorno dei due famosi corsari e la loro decisione d'impegnare senza ritardo la battaglia, aveva però rincorati i piú, avendo in quei capi una cieca fiducia.

- Coraggio, uomini del mare! - aveva gridato l'Olonese. - Dietro a quei forti vi sono maggiori

tesori da predare che a Maracaybo. Mostriamo ai nostri implacabili nemici che siamo sempre invincibili.

Diede il comando di formare due colonne, raccomandò a ognuno di non indietreggiare dinanzi ad alcun ostacolo, poi ordinò di avanzare audacemente.

Il Corsaro Nero si mise alla testa della truppa piú numerosa, in compagnia del Basco, mentre l'Olonese coi suoi s'avanzava lungo il margine del bosco, per superare la pianura inondata e giungere inosservato sotto i forti.

CAPITOLO XXXV

LA PRESA DI GIBRALTAR.

La colonna, che il Corsaro Nero ed il Basco dovevano condurre attraverso la palude difesa dalla batteria, era composta di trecentottanta uomini armati di una corta sciabola e di qualche pistola con solo trenta cariche, non avendo creduto necessario di armarsi di fucili, armi che reputavano di ben poca utilità contro i forti e d'imbarazzo nei combattimenti a corpo a corpo.

Erano però trecentottanta demoni risoluti a tutto, pronti a precipitarsi con furia irresistibile contro qualsiasi ostacolo, certi di uscire vincitori.

Al comando dei capi si misero subito in marcia, portando ognuno dei fasci di legna e dei grossi rami d'albero da gettare nella palude per rendere le sabbie accessibili.

Erano appena giunti sull'orlo di quel vasto pantano, quando si vide la batteria spagnuola, che si trovava all'opposta estremità, fiammeggiare, lanciando fra i canneti un uragano di mitraglia. Era un avvertimento pericoloso non però sufficiente per arrestare quei fieri scorridori del mare.

Il Corsaro Nero ed il Basco avevano lanciato il formidabile grido di guerra:

- Avanti, uomini del mare!...

I filibustieri si erano precipitati nella palude, gettando fasci di legna e tronchi d'albero per prepararsi la strada, senza preoccuparsi del fuoco della batteria nemica che diventava di minuto in minuto piú accelerato, facendo schizzare dovunque acqua e fango, sotto una pioggia incessante di mitraglia.

La marcia attraverso quel pantano diventava sempre piú pericolosa, di passo in passo che i filibustieri si allontanavano dal margine della foresta.

Il ponte, formato dai tronchi e dai fasci di legna, non bastava a tutti.

A destra e a sinistra, degli uomini capitombolavano, sprofondando fino alla cintola, senza essere piú capaci di uscirne se non venivano soccorsi dai compagni, e per colmo di sventura i materiali che avevano portato con loro per formarsi una via praticabile, non erano sufficienti per attraversare l'intera palude.

Quei valorosi erano costretti, di tratto in tratto, sempre sotto il fuoco della batteria, a immergersi nel fango per risollevare i tronchi ed i fasci e portarli piú innanzi, lavoro estremamente faticoso non solo, ma anche pericoloso, data la natura del fondo.

Il fuoco degli spagnuoli intanto cresceva. La mitraglia fischiava fra i canneti recidendoli, sollevava miriadi di spruzzi d'acqua limacciosa e colpiva gli uomini delle prime file, senza che questi potessero in modo alcuno rispondere a quelle scariche mortali, non possedendo che delle pistole dal tiro limitato.

Il Corsaro Nero ed il Basco, in mezzo a quel trambusto, conservavano un ammirabile sangue freddo. Incoraggiavano tutti colla voce e coll'esempio, facevano animo ai feriti, passavano   ora dinanzi ed ora indietro per sollecitare i portatori dei tronchi e dei fasci ed indicavano i luoghi piú coperti di

canneti, onde non esporre i loro uomini al fuoco incessante della batteria.

I filibustieri, quantunque cominciassero a dubitare della riuscita di quella difficile impresa, che chiamavano una vera pazzia, non si perdevano d'animo e lavoravano con lena accanita, certi che se fossero riusciti a varcare quel pantano, avrebbero facilmente vinta la batteria.

La mitraglia però faceva sempre strage fra le prime file. Piú di dodici corsari colpiti a morte erano spariti sotto il fango della palude ed oltre venti feriti si dibattevano in mezzo ai tronchi degli alberi ed ai fasci di legna, pure quei valorosi non si lamentavano, no!... Incoraggiavano invece i compagni ad avanzare, rifiutando i loro aiuti, onde non perdessero tempo ed urlando con furore:

- Avanti, compagni!... Vendicateci!...

Quella tenacia, quell'audacia ed il valore dei capi, dovevano finalmente trionfare contro gli ostacoli e contro la resistenza degli spagnuoli. Superato l'ultimo tratto, dopo nuove perdite ed immense fatiche, i filibustieri giunsero finalmente sul suolo solido.

Organizzarsi prontamente e lanciarsi come un uragano all'assalto della batteria, fu l'affare d'un solo istante.

Nessuno piú poteva resistere a quei terribili uomini assetati di vendetta nessuna batteria, per quanto formidabilmente armata e disperatamente difesa, poteva ributtarli.

Colle sciabole nella destra e le pistole nella sinistra, i corsari irruppero sui terrapieni del ridotto. Una scarica di mitraglia getta a terra i primi; gli altri montano all'assalto come furie scatenate,

massacrano i cannonieri sui loro pezzi, investono i soldati messi a guardia del posto, li opprimono, nonostante la loro accanita resistenza.

Un urrah formidabile annunzia alle bande dell'Olonese che il primo, e forse piú difficile ostacolo, è stato superato.

La loro gioia doveva però essere di breve durata. Il Corsaro ed il Basco, che si erano affrettati a scendere nella pianura per studiare la via da tenere, si erano subito accorti che un altro ostacolo sbarrava loro il passo della montagna.

Al di là d'un piccolo bosco avevano veduto ondeggiare in alto il grande stendardo di Spagna e quella bandiera annunziava la presenza di qualche forte o di qualche ridotto.

- Per la morte di tutti i baschi!... - urlò Michele, furioso. - Ancora un osso duro da rodere! Quel dannato comandante di Gibraltar vuol proprio sterminarci? Cosa dice, cavaliere?

- Penso che questo non è il momento di andare indietro.

- Abbiamo subito già delle perdite crudeli.

- Lo so.

- Ed i nostri uomini sono sfiniti.

- Accorderemo loro un po' di riposo, poi andremo ad assalire anche questa batteria.

- Credi che sia una batteria?

- Lo suppongo.

- E l'Olonese, che sia riuscito a giungere presso i forti?...

- Non abbiamo udito detonazioni verso la montagna, dunque egli deve aver raggiunti felicemente i boschi senza aver incontrato ostacoli.

- Sempre fortunato quell'uomo!...

- Speriamo di esserlo anche noi, Michele.

- Cosa facciamo ora?...

- Manderemo alcuni uomini ad esplorare il bosco.

- Andiamo cavaliere. Non bisogna lasciar raffreddare i nostri uomini.

Risalirono il poggio che si trovava a ridosso della foresta e incaricarono alcuni uomini audaci di spingersi presso la batteria.

Mentre gli esploratori s'allontanavano frettolosamente, seguiti a breve distanza da un drappello di bucanieri, incaricati di proteggerli contro le imboscate, il Corsaro Nero ed il Basco facevano

trasportare i feriti al di là della palude, onde metterli in salvo nel caso di una ritirata precipitosa, facevano gettare altri fasci ed altri tronchi d'albero, per assicurarsi una via dietro le spalle.

Avevano appena finito di gettare il nuovo ponte, quando si videro giungere gli esploratori ed i bucanieri.

Le notizie che recavano non erano troppo buone. Il bosco era stato sgombrato dagli spagnuoli, però nella pianura avevano veduto una formidabile batteria difesa da numerose bocche da fuoco e da buon nerbo di truppe e che bisognava assolutamente assalire, se si voleva giungere sulla via della montagna. Invece nessuna nuova recavano dell'Olonese e delle sue bande non avendo udito echeggiare spari in alcuna direzione.

- In marcia, uomini del mare!... - gridò il Corsaro, snudando la spada. - Se abbiamo espugnata la prima batteria, non indietreggeremo davanti alla seconda.

I corsari, premurosi di giungere sotto i forti di Gibraltar, non si fecero ripetere due volte il comando. Lasciato un drappello a guardia dei feriti, si cacciarono risolutamente sotto gli alberi marciando rapidamente colla speranza di sorprendere i nemici.

La traversata della foresta si compí facilmente, non avendo incontrata resistenza, quando però giunsero nella pianura si arrestarono indecisi, tanto loro sembrava formidabile la batteria rizzata dai nemici.

Non era un semplice terrapieno, era un vero ridotto difeso da fossati, da palizzate e da muri a secco armati di otto cannoni.

Anche il Corsaro Nero ed il Basco erano diventati titubanti

- Ecco un osso ben duro da rodere, - disse Michele al Corsaro. - Non sarà facile attraversare la pianura sotto il fuoco di questi pezzi.

- Eppure non possiamo piú tornare indietro, ora che l'Olonese è forse presso i forti. Si direbbe che noi abbiamo paura, Michele.

- Avessimo almeno qualche cannone.

- Gli spagnuoli hanno inchiodati quelli della batteria da noi conquistata. Orsú all'assalto!...

Senza guardare se era o no seguito dagli altri, l'ardito Corsaro si slanciò attraverso la pianura correndo verso il ridotto.

I filibustieri, dapprima esitarono, poi vedendo che dietro al Corsaro si erano pure lanciati il Basco, Wan Stiller, Carmaux e l'africano, si precipitarono innanzi incoraggiandosi con clamori assordanti.

Gli spagnuoli del ridotto li lasciarono accostare fino a mille passi, poi diedero fuoco ai loro

pezzi.

L'effetto di quella scarica fu disastroso. Le prime file dei corsari furono rovesciate, mentre le

altre, atterrite e scoraggiate, retrocedevano precipitosamente, nonostante le grida dei capi.

Qualche drappello tentò ancora di riorganizzarsi, ma una seconda scarica lo costrinse a seguire il grosso, il quale ripiegava confusamente verso il bosco per poi ripassare la palude.

Il Corsaro Nero non li aveva però seguiti. Raccolti intorno a sé dieci o dodici uomini fra i quali Carmaux, Wan Stiller e l'africano, si era gettato in mezzo ad alcune macchie che fiancheggiavano il margine della pianura e con una marcia rapida aveva potuto oltrepassare il raggio di tiro del ridotto giungendo felicemente ai piedi della montagna.

Si era appena cacciato nei boschi, quando in alto udí rombare le grosse artiglierie dei due forti di Gibraltar ed echeggiare le urla dei filibustieri.

- Amici!... - gridò. - L'Olonese si prepara ad assalire la città. Avanti, miei valorosi!...

- Andiamo a prendere parte all'altra festa, - disse Carmaux. - Speriamo che sia più animata ed anche più fortunata.

Quantunque fossero tutti stanchi, si misero a salire animosamente la montagna, aprendosi faticosamente il passo fra i cespugli e gli sterpi.

Sulla cima si udivano intanto tuonare con furore le grosse artiglierie dei due forti. Gli spagnuoli dovevano aver scoperte le bande dell'Olonese, e si preparavano a difendersi disperatamente.

Alle cannonate, i filibustieri del famoso Corsaro rispondevano con clamori assordanti, forse per far credere ai nemici di essere ben più numerosi di quello che realmente erano. Non avendo fucili per rispondere, cercavano d'impressionare i difensori dei forti con le loro urla.

Le palle dei grossi cannoni cadevano ovunque, perfino alla base della montagna. Quei grossi proiettili di ferro segnalavano il loro passaggio con schianti fragorosi, abbattendo piante secolari, le quali cadevano con grande fracasso.

Il Corsaro Nero ed i suoi compagni s'affrettavano per raggiungere l'Olonese, prima che questi cominciasse l'assalto dei due forti.

Avendo trovato un sentiero aperto fra gli alberi, in meno di mezz'ora si trovarono presso la cima, dove s'incontrarono colla retroguardia dell'Olonese.

- Dov'è il capo? - chiese il Corsaro Nero.

- Sul margine del bosco, - risposero.

- È cominciato l'attacco?

- Si attende il momento propizio, prima di esporci.

- Guidatemi da lui.

Due filibustieri si staccarono dalla banda e facendolo passare in mezzo a fitti cespugli, lo condussero agli avamposti dove si trovava l'Olonese con alcuni sottocapi.

- Per le sabbie d'Olonne! - esclamò il filibustiere, con voce allegra.

- Ecco un rinforzo, che mi giunge in buon tempo.

- Un magro rinforzo, Pietro, - rispose il Corsaro. - Ti ho condotto solamente dodici uomini.

- Dodici!... E gli altri? - chiese il filibustiere, impallidendo.

- Sono stati respinti nella palude, dopo d'aver subito delle gravi perdite.

- Mille fulmini!... Ed io che contavo su costoro!

- Forse hanno ritentato l'attacco della seconda batteria od hanno trovato un'altra via. Poco fa udivo i cannoni rombare nella pianura.

- Non importa. Cominceremo intanto l'assalto del forte piú grande.

- E come daremo la scalata?... Non possiedi scale.

- È vero, ma spero di costringere gli spagnuoli ad uscire.

- In quale modo?

- Simulando una fuga precipitosa. I miei corsari sono avvertiti.

- Allora attacchiamo.

- Filibustieri della Tortue! - urlò l'Olonese. - All'attacco!...

Le bande dei corsari, che fino allora si erano tenute nascoste sotto gli alberi ed i cespugli, per ripararsi dalle scariche tremende dei cannoni dei due forti, al comando del loro capo si precipitarono verso la spianata.

L'Olonese ed il Corsaro Nero si erano messi alla loro testa e s'avanzavano correndo, onde non far subire ai loro uomini perdite troppo crudeli.

Gli spagnuoli del forte piú prossimo, che era il piú importante e il meglio armato, vedendoli apparire, sparavano a mitraglia per spazzare la spianata, ma era forse troppo tardi. Malgrado molti cadessero, i corsari in pochi istanti giunsero sotto le mura e sotto le torri, tentando di arrampicarsi su per le scarpate e facendo fuoco colle pistole per allontanare dagli spalti i difensori.

Alcuni erano già riusciti, nonostante la difesa disperata della guarnigione, a salire, quando si udí echeggiare la voce tuonante dell'Olonese:

- Uomini del mare! In ritirata!...

I corsari, che si trovavano già impossibilitati a salire sulle torri e sui bastioni per mancanza di scale ed anche per la fiera resistenza che opponevano gli spagnuoli, s'affrettarono ad abbandonare

l'impresa fuggendo confusamente verso il bosco vicino, tenendo però salde le armi in pugno.

I difensori del forte, credendo di sterminarli facilmente, invece di mitragliare coi cannoni, abbassarono rapidamente i ponti levatoi e si precipitarono imprudentemente all'aperto per dare loro addosso. Era quello che aspettava l'Olonese.

I corsari, vedendosi inseguiti, tutto d'un tratto volsero la fronte assalendo furiosamente i nemici. Gli spagnuoli che non s'aspettavano quel vertiginoso contrattacco, sorpresi da tanta furia, retrocessero confusamente, poi s'arrestarono per tema che i corsari approfittassero della loro ritirata per

entrare nel forte.

Una battaglia tremenda, sanguinosissima, s'impegnò da ambo le parti sulla spianata e dinanzi ai bastioni. Corsari e spagnuoli lottavano con pari furore a colpi di spada, di sciabola e di pistola, mentre quelli rimasti sugli spalti facevano grandinare nembi di mitraglia che mietevano amici e nemici alla rinfusa.

Già gli spagnuoli, due volte più numerosi, stavano per cacciare i filibustieri e salvare Gibraltar, quando sul campo della lotta si videro irrompere le bande di Michele il Basco, il quale era riuscito ad aprirsi una via attraverso i boschi della montagna.

Quei trecento e più uomini, giunti in così buon punto, decisero le sorti della mischia.

Gli spagnuoli, incalzati da tutte le parti, furono respinti entro il forte, ma assieme a loro entrarono pure i filibustieri, coll'Olonese, il Corsaro Nero ed il Basco usciti miracolosamente illesi.

Quantunque respinti, anche entro il forte gli spagnuoli opponevano una fiera resistenza, decisi a farsi sterminare, piuttosto che ammainare il grande stendardo di Spagna.

Il Corsaro Nero, entrato fra i primi, si era scagliato in un ampio cortile, dove un duecento e più spagnuoli combattevano con accanimento disperato, cercando di rigettare gli avversari e di aprirsi il passo attraverso le loro file, per accorrere alla difesa di Gibraltar.

Già più d'un archibugiere era caduto sotto la formidabile spada del terribile filibustiere, quando si vide precipitare addosso un uomo coperto di ricche vesti e col capo ricoperto da un ampio feltro grigio, adorno d'una lunga piuma di struzzo.

- Badate, cavaliere!... - gridò quel gentiluomo, alzando la sua lunga e scintillante spada. - Io vi uccido!...

Il Corsaro, che si era allora sbarazzato, a gran fatica, di un capitano degli archibugieri, il quale finiva di spirare ai suoi piedi, si volse rapidamente e mandò un grido di stupore.

- Voi, conte!...

- Io, cavaliere, - rispose il castigliano, salutando colla spada. - Difendetevi, signore, poiché l'amicizia non sta più fra noi; voi combattete per la filibusteria ed io mi batto per la bandiera della vecchia Castiglia.

- Lasciatemi passare, conte, - rispose il Corsaro, cercando di gettarsi contro un gruppo di spagnuoli, che facevano fronte ai suoi uomini.

- No, signor mio, - disse il castigliano, con tono reciso. - O voi ucciderete me od io ucciderò

voi.

- Vi prego, conte, lasciatemi passare!... Non costringetemi ad incrociare il ferro, con voi. Se

volete battervi vi sono delle centinaia di filibustieri dietro di me. Io ho un debito di riconoscenza verso di voi.

- No, mio signore: siamo pari. Prima che la bandiera venga abbassata, il conte di Lerma sarà morto come il governatore di questo forte e tutti i suoi prodi ufficiali.

Ciò detto si scagliò contro il Corsaro, incalzandolo con furia.

Il signore di Ventimiglia, che conosceva la propria superiorità sul castigliano ed a cui rincresceva dover uccidere quel leale e generoso gentiluomo, fece due passi indietro, gridando ancora:

- Vi prego, non costringetemi ad uccidervi!...

- E sia!... - esclamò il conte, sorridendo. - A noi, signor di Ventimiglia!

Mentre attorno a loro la lotta ferveva con crescente furore fra urla, imprecazioni, gemiti di feriti e detonazioni di archibugi e di pistole, si assalirono reciprocamente coll'animo deliberato di uccidere o di farsi uccidere.

Il conte attaccava con grande impeto, raddoppiando le stoccate e coprendo il Corsaro in uno scintillio di colpi, che venivano prontamente ribattuti. Entrambi, oltre le spade, avevano estratti anche i pugnali, per meglio parare le botte. Si avanzavano, retrocedevano, s'incalzavano con nuova lena, tenendosi in piedi con grandi stenti a causa del sangue che scorreva per il cortile.

Ad un tratto il Corsaro, che aveva rinunciato all'idea di uccidere il nobile castigliano, con una battuta di terza, seguita da un rapido semicerchio, fece balzare la spada del conte, giuoco che gli era già riuscito nella casa del notaio.

Disgraziatamente pel castigliano, accanto a lui rantolava il capitano degli archibugieri, che poco prima era caduto sotto i colpi del Corsaro. Precipitarsi addosso a lui, strappargli la spada che ancora stringeva fra le dita rattrappite dalla morte e gettarsi nuovamente addosso all'avversario, fu l'affare d'un solo istante. Nel medesimo tempo un soldato spagnuolo era accorso in suo aiuto.

Il Corsaro, costretto a far fronte a quei due avversari, non esitò piú. Con una stoccata fulminea abbatté il soldato, poi volgendosi contro il Conte che lo assaliva di fianco, andò a fondo a corpo perduto.

Il castigliano, che non s'aspettava quel doppio colpo, ricevette la botta in mezzo al petto e la spada del filibustiere gli uscí dietro il dorso.

- Conte! - gridò il signor di Ventimiglia, prendendolo fra le braccia, prima che cadesse. - Triste vittoria per me questa, ma voi l'avete voluta.

Il castigliano, che era diventato pallido come un morto e che aveva chiusi gli occhi, li riaprí

fissandoli sul Corsaro, poi gli disse con un mesto sorriso:

- Cosí voleva... il destino... cavaliere... Almeno... non vedrò... ammainare... lo stendardo... della vecchia Castiglia.

- Carmaux... Wan Stiller!... Soccorso! - gridò il Corsaro.

- È inutile... cavaliere... - rispose il conte, con voce semispenta. - Io... sono... uomo... morto... Addio mio gentiluomo... ad...

Uno sbocco di sangue gli spense la frase. Chiuse gli occhi, cercò di sorridere un'ultima volta, poi esalò l'ultimo respiro.

Il Corsaro, piú commosso di quanto avrebbe creduto, depose lentamente al suolo il cadavere del nobile e fiero castigliano, gli baciò la fronte che era ancora tiepida, raccolse sospirando la spada sanguinante, e si scagliò nella mischia, urlando con una voce che aveva un singhiozzo strozzato:

- A me, uomini del mare!...

La lotta ferveva ancora con estremo furore entro il forte.

Sugli spalti, sulle torri, nei corridoi, nelle camerate e perfino nelle casematte, gli spagnuoli combattevano colla rabbia che infonde la disperazione. Il vecchio e valoroso comandante di Gibraltar e tutti i suoi ufficiali erano stati uccisi, ma gli altri non s'arrendevano ancora.

La strage durò un'ora, durante la quale quasi tutti i difensori caddero attorno alla bandiera della patria lontana, piuttosto che cedere le armi.

Mentre i filibustieri dell'Olonese occupavano il forte, il Basco con un'altra grossa sortita assaliva l'altro che era poco lontano, costringendo i difensori alla resa, dopo d'aver promesso loro salva la vita.

Alle due, quell'aspra battaglia cominciata al mattino era terminata, ma quattrocento spagnuoli e centoventi filibustieri giacevano estinti, parte nei boschi e parte intorno al forte, cosí ostinatamente difeso dal vecchio Governatore di Gibraltar.

CAPITOLO XXXVI

IL GIURAMENTO DEL CORSARO NERO.

Mentre i filibustieri, avidi di saccheggio, si rovesciavano come una fiumana impetuosa sulla città ormai indifesa, per impedire che tutta la popolazione fuggisse nei boschi, portando seco le cose più preziose, il Corsaro Nero, Carmaux, Wan Stiller e Moko rimuovevano i cadaveri ammonticchiati nell'interno del forte, colla speranza di trovare fra di loro anche il Governatore di Maracaybo, l'odiato Wan Guld.

Orribili scene si presentavano ad ogni passo, dinanzi ai loro occhi. Vi erano mucchi di morti dovunque, orribilmente deformati da colpi di sciabola e di spada, e colle braccia tronche, o coi petti squarciati, o col cranio spaccato, orrende ferite dalle quali sfuggivano ancora getti di sangue che correvano giú per gli spalti o per le gradinate delle casematte, formando delle pozze esalanti acri odori.

Si vedevano alcuni che avevano ancora conficcate nelle carni le armi che li avevano spenti; altri che stringevano ancora gli avversari, coi denti confitti nella gola di questo o di quello ed altri ancora che stringevano, con un ultimo spasimo, la spada o la sciabola che li aveva vendicati. Di quando in quando, in mezzo a quei cadaveri, s'alzava un gemito e qualche ferito, rimuovendo a grande stento i vicini, mostrava il suo volto pallido, o lordo di sangue, chiedendo con voce fioca un sorso d'acqua.

Il Corsaro, che nessun odio conservava contro gli spagnuoli, quando udiva qualche ferito, s'affrettava a sbarazzarlo dai morti che lo circondavano ed aiutato da Moko e dai due filibustieri lo portava altrove, incaricando l'uno o l'altro di prodigargli le prime cure.

Avevano già rimossi tutti quei disgraziati, quando giunti in un angolo del cortile interno, dove si vedeva un altro gruppo di cadaveri composto di spagnuoli e di corsari, udirono alzarsi una voce che a loro pareva nota.

- Per mille pescicani!... - esclamò Carmaux, - Io ho udito ancora questa voce leggermente nasale!...

- Anch'io - confermò Wan Stiller.

- Che sia del mio compatriota Darlas?

- No, - disse il Corsaro. - È la voce d'uno spagnuolo.

- Agua, caballeros.!... Agua.!... - si udiva chiedere, sotto quel gruppo di morti.

- Tuoni d'Amburgo!... - esclamò Wan Stiller. - È la voce del catalano!...

Il Corsaro e Carmaux si erano slanciati innanzi, rimuovendo rapidamente i cadaveri. Una testa imbrattata di sangue, poi due braccia lunghe e magre comparvero, quindi un corpo lunghissimo coperto da una corazza di pelle, del pari imbrattata di sangue e di spruzzi di materia cerebrale.

- Carrai!... - esclamò quell'uomo, vedendo il Corsaro e Carmaux. - Ecco davvero una bella fortuna che giunge inaspettata.

- Tu!... - esclamò il Corsaro.

- Ehi!... catalano del mio cuore! - gridò Carmaux, lietamente. - Sono ben contento, compare, di rivederti ancora vivo. Spero che non t'avranno guastato troppo il tuo magro corpo.

- Dove sei ferito? - gli chiese il Corsaro, aiutandolo ad alzarsi.

- Mi hanno dato un colpo di sciabola su d'una spalla ed un altro sul viso, ma sia detto senza offendervi, il Corsaro che mi ha conciato in tal modo, l'ho infilzato come un capriolo. Vi giuro però, caballeros, che sono lieto di rivedervi vivi.

- Credi che siano pericolose le tue ferite?

- No, signore. Mi hanno però causato un dolore cosí vivo, da farmi cadere svenuto. Da bere, signore, un sorso solo...

- Prendi, compare, - disse Carmaux, porgendogli una fiaschetta piena d'acqua mescolata a

dell'aguardiente. - Questa ti rinvigorirà.

Il catalano, che si sentiva rodere dalla febbre, la vuotò avidamente, poi guardando il Corsaro

Nero gli disse:

- Voi cercavate il Governatore di Maracaybo, è vero?

- Sí, - rispose il Corsaro. - L'hai veduto?

- Eh!... Signore, voi avete perduta l'occasione d'impiccarlo ed io di rendergli venticinque legnate.

- Cosa vuoi dire? - chiese il Corsaro, con voce sibilante.

- Che quel furfante, prevedendo forse la vostra vittoria, non è approdato qui.

- Dov'è andato dunque?

- Da uno dei suoi soldati che lo accompagnavano e che qui venne, ho saputo che Wan Guld si è fatto condurre, dalla caravella del conte di Lerma, sulle coste orientali del lago, per sfuggire alla crociera delle vostre navi e che è andato ad imbarcarsi a Coro, dove sapeva trovarsi un veliero spagnuolo.

- E dove andrà?

- A Porto Cavallo, dove ha le sue possessioni e dei parenti.

- Sei certo di questo?

- Certissimo, signore.

- Morte e dannazione! - urlò il Corsaro, con voce terribile. - Sfuggirmi ancora, quando credevo di averlo raggiunto! Sia! Fugga pure anche all'inferno, ma il Corsaro Nero andrà a scovarlo anche laggiú! Dovessi dar fondo alla mia ricchezza, andrò a trovarlo anche sulle coste dell'Honduras, lo giuro su Dio!

- Ed io vi accompagnerò, signore, se non vi dispiace, - disse il catalano.

- Sí, tu verrai, giacché il nostro odio per quell'uomo è eguale. Una domanda ancora.

- Parlate, signore.

- Credi che sia possibile inseguirlo?

- A quest'ora si sarà imbarcato e, prima che voi possiate giungere a Maracaybo, la sua nave avrà raggiunte le coste di Nicaragua.

- Sia pure, fugga, ma quando saremo tornati alla Tortue, organizzerò tale spedizione che mai ne avranno veduta una eguale nel Golfo del Messico. Carmaux, Wan Stiller, incaricatevi di questo uomo: l'affido alle vostre cure, e tu Moko seguimi in città. Bisogna che veda l'Olonese.

Il corsaro, seguito dall'africano, abbandonò il forte e scese a Gibraltar.

La città che i corsari avevano invasa, senza quasi trovare resistenza, offriva uno spettacolo non meno desolante dell'interno del forte.

Il saccheggio ferveva in tutte le case. Dovunque si udivano ancora urla d uomini, pianti di donne, strilli di fanciulli, bestemmie, grida feroci, colpi d arma da fuoco.

Torme di cittadini fuggivano per le vie, cercando di salvare le cose piú preziose, inseguiti dai

corsari e dai bucanieri. Risse sanguinose scoppiavano ovunque fra i saccheggiatori ed i disgraziati abitanti, e dei cadaveri venivano precipitati dalle finestre a sfracellarsi sul selciato.

Talvolta s'alzavano anche delle urla strazianti, emesse probabilmente dai notabili della città sotto i tormenti inflitti loro dai corsari per costringerli a confessare dove avevano nascoste le loro ricchezze, poiché quei tremendi scorridori del mare, pur di avere dell'oro, non si arrestavano dinanzi mezzi piú estremi.

Alcune case, già vuotate, ardevano, spandendo all'intorno una luce sinistra e lanciando in alto nembi di scintille, col pericolo d'incendiare l'intera città.

Il Corsaro, abituato a quelle scene che aveva già veduto ripetersi nelle Fiandre, non s'impressionava, pure s'affrettava a passare oltre, facendo un gesto di disgusto.

Giunto sulla piazza centrale, in mezzo ad una banda di filibustieri che avevano colà radunati

numerosi cittadini, vide l'Olonese affaccendato a far pesare l'oro che i suoi uomini continuavano ad accumulare, giungendo da tutte le parti.

- Per le sabbie d'Olonne... - esclamò il filibustiere, scorgendolo. - Credevo che tu fossi già partito da Gibraltar od occupato ad appiccare Wan Guld. Toh!... Non mi sembri contento, cavaliere.

- È vero, - rispose il Corsaro.

- Quali nuove adunque?

- Wan Guld a quest'ora naviga verso le coste di Nicaragua.

- Lui!... Fuggito ancora!... È il diavolo costui? Per le sabbie d'Olonne!... È vero quanto mi dici?...

- Sí, Pietro. Egli va a rifugiarsi nell'Honduras.

- E tu che pensi di fare?

- Venivo a dirti che io ritorno alla Tortue per riorganizzare una spedizione.

- Senza di me!... Ah!... Cavaliere!

- Verrai?

- Te lo prometto. Fra qualche giorno partiremo ed appena tornati alla Tortue raduneremo una nuova flotta per andare a scovare quel vecchio birbante.

- Grazie, Pietro, conto su te.

Tre giorni dopo i filibustieri, terminato il saccheggio, si imbarcavano sulle numerose scialuppe mandate loro dalla squadra, la quale non aveva lasciata l'estremità del lago.

Portavano con loro oltre duecento prigionieri dai quali contavano ricavare presto o tardi dei buoni riscatti, grandi quantità di viveri, di merci e oro pel valore enorme di duecentosessantamila piastre, somma che in poche settimane doveva venire interamente consumata alla Tortue, in banchetti ed in feste.

La traversata del lago si compí senza incidenti, e all'indomani i corsari salivano a bordo dei loro legni veleggiando verso Maracaibo, essendo loro intenzione visitare nuovamente quella città per taglieggiarla una seconda volta se era possibile.

Il Corsaro Nero ed i suoi compagni avevano preso imbarco sulla nave dell'Olonese, la Folgore essendo stata mandata alla uscita del golfo, per impedire una sorpresa da parte delle squadre spagnole, le quali veleggiavano lungo le coste del gran Golfo onde proteggere le numerose piazze maritime del Messico, dell'Yucatan, dell'Honduras, di Nicaragua e di Costa-Rica.

Carmaux e Wan Stiller non avevano dimenticato di condurre con loro anche il catalano, le cui ferite erano state riconosciute di nessuna gravità.

Come i filibustieri avevano sospettato, gli abitanti di Maracaybo erano entrati in città, colla speranza che le navi corsare non avrebbero gettata l'ancora una seconda volta in quel porto, sicché quei disgraziati, che avevano subìto un completo saccheggio e che si trovavano nell'impossibilità di opporre la minima resistenza, si videro obbligati a fare un nuovo versamento di trentamila piastre, sotto pena di nuove rapine e d'un incendio generale.

Non ancora contenti, quegli avidi approfittarono della nuova fermata per mettere a ruba le chiese, privandole degli arredi sacri, dei quadri, dei crocifissi e perfino delle campane, onde provvedere a una cappella che contavano d'innalzare alla Tortue!...

Nel pomeriggio dello stesso giorno però la squadra corsara abbandonava definitivamente quei paraggi, veleggiando frettolosamente verso l'uscita del golfo.

Il tempo era diventato minaccioso e tutti avevano fretta di lasciare quelle coste pericolose.

Dalla parte della Sierra di Santa Maria, dei neri nuvoloni s'alzavano, minacciando d'oscurare il sole prossimo al tramonto e di estendersi sul mare, mentre la brezza si tramutava in vento forte.

Morgan, scorto il segnale e veduti i fanali della squadra, aveva messa la prora verso l'entrata del Golfo. In quattro bordate la rapida nave del Corsaro accostò la scialuppa ed imbarcò il suo comandante ed i suoi amici.

Appena il Corsaro mise piede sul ponte, un urlo immenso lo accolse.

- Viva il nostro comandante!

Il Corsaro, seguito da Carmaux e da Wan Stiller, che sorreggevano il catalano, attraversò la sua nave fra due ali di marinai, e mosse rapidamente verso una bianca figura che era apparsa sulla scala del quadro.

Una esclamazione di gioia era uscita dalle labbra del fiero uomo:

- Voi, Honorata!...

- Io, cavaliere, - rispose la giovane fiamminga, muovendogli rapidamente incontro. - Quale felicità nel rivedervi ancora vivo!

In quell'istante un lampo abbagliante ruppe la profonda oscurità che regnava sul mare, seguito da un lontano rullio. A quell'improvvisa luce che aveva mostrate le adorabili sembianze della giovane fiamminga, un grido era sfuggito dalle labbra del catalano.

- Lei!... La figlia di Wan Guld qui!... Gran Dio!...

Il Corsaro, che stava per precipitarsi incontro alla duchessa, si era arrestato, poi volgendosi impetuosamente verso il catalano che guardava la giovane con due occhi smarriti, gli chiese con un tono di voce che pareva più nulla avesse di umano:

- Hai detto?... Parla... o t'uccido!...

Il catalano non rispose. Curvo innanzi, guardava in silenzio la giovane che retrocedeva lentamente, barcollando, come se avesse ricevuto un colpo di pugnale al cuore.

Per alcuni istanti un profondo silenzio regnò sul ponte della nave, rotto solo dai cupi muggiti delle onde. I centoventi uomini dell'equipaggio non fiatavano piú concentrando la loro attenzione ora sulla giovane che continuava a indietreggiare ed ora sul Corsaro, che teneva il pugno teso verso il catalano.

Tutti presentivano una tremenda tragedia.

- Parla! - ripeté ad un tratto il Corsaro, con voce strangolata. - Parla!...

- Costei... è la figlia di Wan Guld, - disse il catalano, rompendo il silenzio che regnava sulla

nave.

- La conoscevi?

- Sí.,.

- Giura che è lei...

- Giuro...

Un vero ruggito era uscito dalle labbra del Corsaro Nero a quell'affermazione solenne. Fu

veduto ripiegarsi lentamente su sé stesso, come fosse stato percosso da un colpo di mazza, fin quasi a toccare il ponte, ma ad un tratto si rialzò con uno scatto di tigre.

La sua voce rauca echeggiò fra i fragori delle onde.

- Ho giurato, la notte che io solcavo queste acque, portando con me il cadavere del Corsaro

Rosso. Sia maledetta quella notte fatale che mi uccide la donna che amo!...

- Comandante, - disse Morgan, avvicinandosi.

- Silenzio, - urlò il Corsaro con uno scoppio di pianto. - Qui comandano i fratelli miei!

Un brivido di superstizioso terrore aveva fatte vibrare le membra dell'equipaggio. Tutti gli occhi si erano volti verso il mare, che scintillava, come la notte in cui il Corsaro aveva pronunciato il terribile giuramento, credendo di veder sorgere, fra i flutti tempestosi, i cadaveri dei due Corsari che erano colà stati sepolti negli abissi.

La giovane fiamminga continuava intanto a indietreggiare, colle mani strette attorno ai capelli che il vento scompigliava ed il Corsaro la seguiva passo passo, cogli occhi sfolgoranti. Entrambi non parlavano, come se la loro voce fosse repentinamente spenta.

I filibustieri, muti, immobili, terrorizzati da quella scena, li seguivano cogli sguardi. Anche

Morgan non aveva piú osato accostarsi al comandante.

Ad un tratto la giovane giunse sull'orlo della scaletta che conduceva nel quadro. S'arrestò un istante, facendo con ambo le mani un gesto di muta disperazione, poi scese a ritroso, sempre seguita dal Corsaro.

Quando giunsero nel salotto, la giovane duchessa s'arrestò nuovamente, poi parve che l'energia che fino allora l'aveva sostenuta, tutto d'un tratto le mancasse, poiché si lasciò cadere di peso su di una sedia.

Il Corsaro, chiusa la porta, le aveva gridato, con voce rotta dai singhiozzi:

- Disgraziata!...

- Sí, - mormorò la giovane, con voce semispenta. - Disgraziata!...

Successe un breve silenzio, rotto solamente dai singhiozzi sordi della fiamminga.

- Maledizione al giuramento!... - riprese il Corsaro con un impeto di disperazione. - Voi.. La figlia di Wan Guld, di colui a cui io ho giurato odio eterno!... Figlia del traditore che ha assassinati i miei fratelli!... Dio!... Dio!... È spaventevole!...

S'interruppe nuovamente, poi continuò con esaltazione:

- Ma non sapete voi dunque che io ho giurato di sterminare tutti coloro che avrebbero avuto la sfortuna di appartenere alla famiglia del mio mortale nemico? Io l'ho giurato la notte in cui abbandonavo fra le onde il cadavere del mio terzo fratello, spento da vostro padre, e Dio, il mare, i miei uomini sono stati testimoni di quel fatale giuramento, che ora costerà la vita alla sola fanciulla che io abbia amata, perché voi... signora... morrete!...

- Ebbene, - diss'ella. - Uccidetemi! Il destino ha voluto che mio padre divenisse traditore e assassino... uccidetemi, ma voi, colle vostre mani. Morrò felice, colpita dall'uomo che immensamente amo.

- Io!... - esclamò il Corsaro, indietreggiando con spavento. - Io!... No... no... colpire voi.... No, non v'ucciderò... guardate!

Aveva afferrata la giovane per un braccio e l'aveva trascinata verso l'ampia finestra che guardava sul tribordo.

Il mare scintillava allora, come se getti di bronzo fuso o di zolfo liquido scorressero sotto le onde, mentre sul fosco orizzonte, gravido di nubi, balenava di tratto in tratto qualche lampo.

- Guardate, - disse il Corsaro con maggior esaltazione. - Il mare scintilla, come la notte che ho lasciato cadere nel seno di questi flutti i cadaveri dei miei fratelli, le vittime di vostro padre. Essi sono lí, mi spiano, guardano la mia nave... vedo i loro occhi fissi su di me... chiedono vendetta... vedo i loro cadaveri oscillare fra le onde, perché sono tornati a galla e vogliono che io adempia il mio giuramento. Fratelli! Sí... sarete vendicati... ma io ho amata questa donna... vegliate su di lei... io l'ho amata!... Io l'ho amata!...

Uno scoppio di pianto aveva spenta la sua voce, che in quel momento pareva quella d'un pazzo o d'un delirante. Si era curvato sulla finestra e guardava le onde che s'accavallavano, muggendo sordamente.

Forse nella sua disperazione gli sembrava di vedere emergere i corpi ischeletriti del Corsaro

Rosso e del Corsaro Verde.

Ad un tratto si volse verso la giovane, che gli era sfuggita di mano.

Ogni traccia di dolore era scomparsa dal suo volto. Il Corsaro Nero diventava ancora il terribile scorridore del mare, dall'odio implacabile.

- Preparatevi a morire, signora, - le disse con voce lugubre. - Pregate Dio ed i miei fratelli di proteggervi. Vi attendo sul ponte.

Lasciò il salotto con passo fermo, senza volgersi, salí la scala, attraversò la tolda e s'issò sul ponte di comando.

Gli uomini dell'equipaggio non si erano mossi. Solamente il timoniere, ritto sul cassero, guidava la Folgore verso il nord, seguendo le navi filibustiere, i cui fanali brillavano in lontananza.

mare.

- Signore, - disse il Corsaro, avvicinandosi a Morgan. - Fate preparare un canotto e calatelo in

- Che cosa volete fare, comandante? - chiese il secondo.

- Mantenere il mio giuramento, - rispose il Corsaro, con voce semispenta.

- Chi scenderà nella scialuppa?...

- La figlia del traditore.

- Signore!...

- Silenzio: i miei fratelli ci guardano. Obbedite!... Qui, su questo legno, comanda il Corsaro

Nero!...

Nessuno però si era mosso per obbedirlo: quell'equipaggio, formato di uomini fieri quanto il loro capo, che avevano combattuto cento battaglie con un coraggio disperato, in quel supremo momento si sentivano come inchiodati sulle tavole del vascello, da un terrore invincibile.

La voce del Corsaro Nero, che era diventata stridula, risuonò di nuovo sul ponte di comando, con un tono gravido di minaccia.

- Obbedite, uomini del mare!...

Il mastro d'equipaggio uscí dalle file, facendo cenno ad alcuni uomini di seguirlo e calò in mare, sotto la scala di tribordo, una scialuppa, facendovi gettare entro dei viveri, avendo ormai compreso ciò che voleva fare il Corsaro della disgraziata figlia di Wan Guld.

Aveva appena terminato, quando si vide uscire dal quadro la giovane fiamminga.

Era ancora vestita di bianco ed aveva i biondi capelli sciolti sulle spalle. All'equipaggio parve un fantasma.

La giovane attraversò la tolda della nave senza pronunciare una parola e come se sfiorasse

appena appena il tavolato. Camminava però diritta, risoluta senza esitazioni.

Quando giunse presso la scaletta, dove il mastro d'equipaggio le indicava la scialuppa, che le onde spingevano contro i fianchi della nave, facendo risuonare sordamente coi suoi colpi la stiva, s'arrestò un istante, poi si volse verso poppa guardando il Corsaro, la cui nera figura spiccava sinistramente sul fondo del cielo illuminato da vividi lampi.

Guardò per alcuni secondi il fiero nemico di suo padre, che si manteneva ritto sul ponte di comando, colle braccia strettamente incrociate, gli fece colla mano un gesto d'addio, poi scese rapida la scala e balzò nella scialuppa.

Il mastro aveva ritirata la corda senza che il Corsaro avesse fatto un gesto per trattenerlo. Un grido era sfuggito dalle labbra dell'intero equipaggio.

- Salvatela!...

Il Corsaro non rispose. Si era curvato sulla murata e guardava la scialuppa che le onde spingevano rapidamente al largo, facendola oscillare spaventosamente.

Soffiava forte il vento allora e nella profondità del cielo guizzavano vividi lampi, mentre allo scrosciare delle onde si univa il rombo dei tuoni.

La scialuppa s'allontanava sempre. A prora si vedeva spiccare la bianca figura della giovane fiamminga. Teneva le braccia tese verso la Folgore ed i suoi occhi parevano fissi sul Corsaro.

Tutto l'equipaggio si era precipitato a tribordo e la seguiva cogli sguardi; ma nessuno parlava. Tutti avevano compreso che qualsiasi tentativo per smuovere il vendicatore sarebbe stato inutile.

Intanto la scialuppa s'allontanava sempre. La si vedeva spiccare come un grosso punto nero sulle onde che la fosforescenza ed i lampi rendevano scintillanti. Ora si alzava sulle creste, ora spariva negli abissi, poi ritornava a mostrarsi come se un essere misterioso la proteggesse.

Per alcuni minuti ancora la si poté scorgere, poi scomparve sul tenebroso orizzonte, che dense nubi, nere come se fossero sature d'inchiostro, avvolgevano.

Quando i filibustieri volsero gli sguardi atterriti verso il ponte di comando, videro il Corsaro piegarsi lentamente su se stesso, poi lasciarsi cadere su di un cumulo di cordami e nascondere il volto

fra le mani. Fra i gemiti del vento ed il fragore delle onde si udivano, ad intervalli, dei sordi singhiozzi.

Carmaux si era avvicinato a Wan Stiller e, indicandogli il ponte di comando, gli disse con voce

triste:

- Guarda lassú: il Corsaro Nero piange!...

FINE

CPSIA information can be obtained
at www.ICGtesting.com
Printed in the USA
LVHW031534190121
676894LV00003B/416

9 781984 126504